Chinesische Gegenwartsphilosophie zur Einführung

Fabian Heubel

Chinesische Gegenwartsphilosophie zur Einführung

JUNIUS

Junius Verlag GmbH
Stresemannstraße 375
22761 Hamburg
www.junius-verlag.de

Umschlaggestaltung: Florian Zietz
Titelbild: Kalligrafie Yú Yòurèn, »Revolution« (*géming*),
Sammlung HCS Calligraphy Foundation, Taipei
Satz: Junius Verlag GmbH
Printed in the EU 2016
ISBN 978-3-88506-745-0

Die Deutsche Nationalbibliothek – CIP-Einheitsaufnahme

Bibliografische Information der Deutschen Nationalbibliothek
Die Deutsche Nationalbibliothek verzeichnet diese Publikation
in der Deutschen Nationalbibliografie; detaillierte bibliografische Daten
sind im Internet über http://dnb.d-nb.de abrufbar.

Zur Einführung ...

... hat diese Taschenbuchreihe seit ihrer Gründung 1977 gedient. Zunächst als sozialistische Initiative gestartet, die philosophisches Wissen allgemein zugänglich machen und so den Marsch durch die Institutionen theoretisch ausrüsten sollte, wurden die Bände in den achtziger Jahren zu einem verlässlichen Leitfaden durch das Labyrinth der neuen Unübersichtlichkeit. Mit der Kombination von Wissensvermittlung und kritischer Analyse haben die Junius-Bände stilbildend gewirkt.

Seit den neunziger Jahren reformierten sich Teile der Geisteswissenschaften als Kulturwissenschaften und brachten neue Fächer und Schwerpunkte wie Medienwissenschaften, Wissenschaftsgeschichte oder Bildwissenschaften hervor. Auch im Verhältnis zu den Naturwissenschaften sahen sich die traditionellen Kernfächer der Geisteswissenschaften neuen Herausforderungen ausgesetzt. Diesen Veränderungen trug eine Neuausrichtung der Junius-Reihe Rechnung, die seit 2003 von der verstorbenen Cornelia Vismann und zwei der Unterzeichnenden (M.H. und D.T.) verantwortet wurde.

Ein Jahrzehnt später erweisen sich die Kulturwissenschaften eher als notwendige Erweiterung denn als Neubegründung der Geisteswissenschaften. In den Fokus sind neue, nicht zuletzt politik- und sozialwissenschaftliche Fragen gerückt, die sich produktiv mit den geistes- und kulturwissenschaftlichen Problemstellungen vermengt haben. So scheint eine erneute Inventur der

Reihe sinnvoll, deren Aufgabe unverändert darin besteht, kompetent und anschaulich zu vermitteln, was kritisches Denken und Forschen jenseits naturwissenschaftlicher Zugänge heute zu leisten vermag.

Zur Einführung ist für Leute geschrieben, denen daran gelegen ist, sich über bekannte und manchmal weniger bekannte Autor(inn)en und Themen zu orientieren. Sie wollen klassische Fragen in neuem Licht und neue Forschungsfelder in gültiger Form dargestellt sehen.

Zur Einführung ist von Leuten geschrieben, die nicht nur einen souveränen Überblick geben, sondern ihren eigenen Standpunkt markieren. Vermittlung heißt nicht Verwässerung, Repräsentativität nicht Vollständigkeit. Die Autorinnen und Autoren der Reihe haben eine eigene Perspektive auf ihren Gegenstand, und ihre Handschrift ist in den einzelnen Bänden deutlich erkennbar.

Zur Einführung ist in der Hinsicht traditionell, dass es den Stärken des gedruckten Buchs – die Darstellung baut auf Übersichtlichkeit, Sorgfalt und reflexive Distanz, das Medium auf Handhabbarkeit und Haltbarkeit – auch in Zeiten liquider Netzpublikationen vertraut.

Zur Einführung bleibt seinem ursprünglichen Konzept treu, indem es die Zirkulation von Ideen, Erkenntnissen und Wissen befördert.

Michael Hagner
Ina Kerner
Dieter Thomä

Inhalt

Vorwort 11

I. Chinesische Philosophie im Umbruch

1. Hybride Modernisierung 20
2. Revolution(en) 26

II. Altes und neues China zwischen Konflikt und Versöhnung

1. Die Seele Chinas und das Auftauchen einer neuen Welt 37
2. Die drei Volksprinzipien als Brücke 42
3. Von der bürgerlichen zur kommunistischen Revolution 47
4. Kritische Rekonstruktion und das Paradigma der Kommunikation 53

III. Drei Traditionen und ihre paradoxe Konstellation

1. Legitimationskrise im Sozialismus chinesischer Prägung 63
2. Die ambivalente Renaissance der klassischen Bildungskultur 70
3. Selbstverkehrung der Tradition des Weges 78
4. Revolution und Transformation 84

IV. Immanente Transzendenz

1. Zwischen Kontinuität und Diskontinuität 91
2. Revolution und das *Buch der Wandlungen* 94
3. Was heißt Metaphysik? 100
4. Transformation und Kommunikation 106

V. Das transformative Subjekt

1. Ein neues Paradigma der Subjektivität 111
2. Regime der Aktivität 119
3. Selbstkultivierung, Kunst und imperiale Ordnung 123

VI. Gleichheit anders denken

1. Demokratiebewegung und Kritik des Neoliberalismus 129
2. Krise der Demokratie und Verteidigung des Sozialismus 133
3. Gleichstellung der Dinge 136
4. Selbstverkehrung und Selbstbesinnung 144
5. Ein chinesischer Traum 149

VII. Gewundene Kommunikation oder Probleme der Demokratisierung Chinas

1. Konfliktlinien 158
2. Das universalistische Potenzial der alten Kultur .. 161
3. Politik und Selbstkultivierung 165
4. Gegenläufige Transformation 170
5. Wider die Versuchung des ethnozentrischen Nationalismus 175

VIII. Paradox denken lernen?

1. Das Ethos des Lernens und transkulturelle Kritik 181
2. Mörderische Dialektik 191
3. Lösung durch Nicht-Lösung 201

Anhang

Umschrift und Aussprache des Chinesischen 212
Personenregister 244
Sachregister 245
Über den Autor 256

Für meinen Schwiegervater Jiǎng Zhōngyì (Chiang Chung-yi 蔣忠義), der als junger Mann mit viel Glück den Leichenbergen des chinesischen Bürgerkrieges entronnen ist, in dankbarer Erinnerung.

Vorwort

»Ungeschriebenes, zu
Sprache verhärtet, legt
einen Himmel frei.«
Paul Celan

Chinas Wiederaufstieg zu einer ökonomischen und politischen Weltmacht weckt Bewunderung, aber auch Ängste. In dieser Situation muss es erstaunen, dass die Auseinandersetzung mit den kulturellen und geistigen Hintergründen dieser Entwicklung im deutschsprachigen Raum nur sehr schwach entwickelt ist. Chinesische Gegenwartsphilosophie ist selbst in philosophischen und sinologischen Fachkreisen weitgehend unbekannt. Wenn überhaupt, dann erfreut sich die antike chinesische Philosophie einer gewissen Beachtung. Die Aufgabe, eine Einführung in die chinesische Gegenwartsphilosophie zu schreiben, stellt von daher vor beträchtliche Schwierigkeiten. Diese sind so groß, dass jeder Versuch in diese Richtung unvermeidlich zum Experimentieren nötigt. Denn es geht darum, mit einem sehr ausgedehnten, weitgehend unbekannten und zugleich höchst unübersichtlichen Gebiet bekannt zu machen. Dabei ist die Auswahl der diskutierten Aspekte unvermeidlich von Perspektiven und Einschätzungen geprägt, die dem begrenzten Erfahrungs- und Wissenshorizont des Autors geschuldet sind.

Das vorliegende Buch versucht sinologischen Fachjargon zu vermeiden. Es ist von der Überzeugung geprägt, dass es unter den gegebenen Umständen wichtiger ist, philosophische Diskurse in kulturellen und politischen Kraftfeldern zu verorten, als hermeneutischen und argumentativen Feinheiten nachzugehen, für die dieses Buch nicht der richtige Ort sein kann. Während des Schreibens wurde zunehmend klar, dass mir eine Einführung in die chinesische Gegenwartsphilosophie heute eigentlich nur als – waghalsiger – Versuch sinnvoll erscheint, die geistige Situation der chinesischen Gegenwart zu skizzieren. Dafür habe ich mir gelegentlich vorgestellt, wie ich eine Einführung in die deutsche Gegenwartsphilosophie für ein Publikum schreiben würde, das von der deutschen Geschichte des 20. Jahrhunderts sehr wenig weiß. Die enge Verbindung von Philosophie und Vergangenheitsaufarbeitung ist nicht zuletzt aus solchen Überlegungen heraus erwachsen. Von daher kommen immer wieder historische Hintergründe zur Sprache, ohne deren Beschreibung es an den elementarsten Bedingungen der Möglichkeit mangeln würde, eine vertiefte Auseinandersetzung mit spezielleren Themen auch nur zu beginnen.

Ich habe mich also gefragt, wie sich ein Zugang finden lässt, der sich nicht in der Aneinanderreihung von Personen und Lehrmeinungen verliert, sondern eher wie durch ein Mikroskop hindurch ausgewählte Aspekte von Philosophie in der chinesischen Gegenwart experimentell und exemplarisch sichtbar zu machen vermag. Allmählich hat sich eine Perspektive herauskristallisiert, die nun den Leitfaden bildet, der die verschiedenen Kapitel zusammenhält: das Verhältnis von Philosophie und Revolution. In immer neuen Anläufen wird versucht, die reflexive Arbeit zu beleuchten, die jene revolutionären Umwälzungen begleitet hat, von denen China seit dem späten 19. Jahrhundert erschüttert worden ist.

In dieser Einführung gehe ich davon aus, dass eine Rekonstruktion der chinesischen Gegenwartsphilosophie unmöglich ist, ohne diese revolutionären (Ab-) Gründe von Philosophie in China zu berücksichtigen. Das mag nach einer provokanten These klingen, versucht jedoch zunächst nur der Tatsache Rechnung zu tragen, dass die Entwicklung chinesischsprachiger Philosophie im 20. Jahrhundert unverständlich bleiben muss, ohne die revolutionäre Dynamik systematisch zu berücksichtigen. Die methodische Verbindung von Philosophie, Kritischer Theorie und philosophisch interessierter Sinologie scheint mir besonders gut geeignet zu sein, diesem Ziel näherzukommen. Denn diese Verbindung vermag den Blick dafür zu schärfen, dass Philosophie im chinesischsprachigen Raum sich seit dem späten 19. Jahrhundert unter den Bedingungen revolutionärer Brüche herausbildet, welche nicht nur die sich rasch intensivierende Auseinandersetzung mit der nun so genannten »westlichen Philosophie« prägen, sondern auch die seit den 1910er Jahren zunehmend Gestalt gewinnende Rekonstruktion der Geschichte »chinesischer Philosophie«.

Der Leitfaden des Verhältnisses von Philosophie und Revolution wird vor allem mithilfe von zwei Leitmotiven weitergesponnen, die direkt in die gewaltige Dynamik chinesischer Modernisierung seit dem 19. Jahrhundert hineinführen: hybride Modernisierung und die Spannung zwischen Revolution und Transformation. Mit dem umfassenden Phänomen hybrider Modernisierung geht eine transkulturelle Dynamik einher, in der Altes und Neues, Östliches und Westliches ineinander verschlungen werden. Politisch und kulturell lassen sich drei revolutionäre Momente unterscheiden, die Herausforderung hybrider Modernisierung revolutionär zu bewältigen: ein konservativer, ein liberaler und ein sozialistischer, markiert durch die Jahreszahlen 1898, 1911 und 1949. Auch wenn ein besonderes Augenmerk auf den geistigen Entwicklungen nach 1989 liegt, ist es gleichwohl notwendig, die politischen und kulturellen Umwälzungen einzubeziehen, die China insbesondere seit 1895, dem Jahr der Niederlage im ersten sino-japanischen Krieg, massiv verändert haben. Denn die Nachwirkungen der damals beginnenden Reihe revolutionärer Brüche prägen auch noch die geistige Situation zu Beginn des 21. Jahrhunderts. Und zwar so stark, dass es gerechtfertigt sein dürfte, den Beginn der chinesischen Gegenwart im Jahr 1895 anzusetzen: Die paradoxe Konstellation dreier revolutionärer Momente, in die China damals eingetreten ist, bleibt nach wie vor in hohem Maße *gegenwärtig*. Die philosophische Bemühung, die diese Einführung durchzieht, besteht nun darin, verschiedenen Diskursformen nachzugehen, in denen der Versuch unternommen wird, die wechselnde Konstellation dieser drei Momente zu reflektieren. Dabei gehe ich davon aus, dass sich idealtypisch zwei Hauptformen unterscheiden lassen, mit dieser paradoxen Konstellation umzugehen: einerseits sich an Radikalität gegenseitig überbietende Versuche, den paradoxen Knoten der Momente auf die eine oder andere Weise zu durchschlagen und damit endgültig aufzulösen; andererseits Versuche, mit ihm leben zu lernen und ihn, auf selbst wiederum paradoxe Weise, durch Nicht-Lösung zu lösen: auf dem Wege der paradoxen Kommunikation zwischen den drei Momenten. Entsprechend können die Überlegungen zum Verhältnis von Revolution und Transformation zu der These zusammengefasst werden, dass die post-revolutionäre Transformation nach 1989 mit dem Problem ringt, die drei revolutionären Momente nicht länger auf zerstörerische Weise gegeneinander auszuspielen, Transformation vielmehr als paradoxe Kommunikation der drei Momente in sich und untereinander zu denken. Das mag zunächst einmal ziemlich rätselhaft klingen, wird aber hoffentlich im Laufe der folgenden Kapitel verständlich werden.

Die modernen chinesischen Wörter für »Revolution« (*gémìng*) oder »Metaphysik« (*xíngshàngxué*) lassen sich auf Wendungen im klassischen *Buch der Wandlungen* (*Yìjīng*) zurückverfolgen. In ihnen kreuzen sich der Einfluss westlicher Auffassungen dieser Begriffe und Bedeutungsschichten, die bis weit in das chinesische Altertum hinabreichen. An das Motiv einer paradoxen Konstellation dreier revolutionärer Momente schließt sich von daher die Überzeugung an, dass chinesische Gegenwartsphilosophie ohne die breite Rezeption westlicher Philosophie in China nicht verstanden werden kann; aber auch nicht ohne die unablässigen Bemühungen um die Rekonstruktion der klassischen Bildungskultur und die Bezüge auf Chinas lange Geschichte – unabhängig davon, ob solche Bezüge in normativ-rekonstruktiver oder in polemisch-destruktiver Absicht hergestellt werden. Dieser Situation ist mit den Mitteln einer komparativen Philosophie, die sich des kontrastiven Schemas von Ost und West, China und Europa bedient, nur sehr unzureichend beizukommen. Denn chinesische Gegenwartsphilosophie ist durch und durch transkulturell in dem Sinne, dass in ihr eine zeitliche und eine räumliche Dimension unauflöslich ineinander verflochten sind: einerseits die Dimension von Altem und Neuem, von Klassischem und Modernem, wobei das Verhältnis von altem und neuem China von besonderer Bedeutung ist, aber durchaus auch die klassischen Kulturen in Europa, etwa die griechische oder die deutsche; andererseits die Dimension von Ost und West, Nord und Süd, wobei das Verhältnis von Ost und West aufgrund des westlichen Imperialismus stark im Vordergrund steht, zugleich aber die Geschichte der revolutionären Umwälzungen nicht zu verstehen ist, ohne die internen Spannungen zwischen Nord- und Süd-China – die republikanische Revolution von 1911 wie die sozialistische von 1949 begannen sich im Süden Chinas zu formieren.

Darüber hinaus berücksichtigt mein Verständnis »chinesischer« Gegenwartsphilosophie ganz bewusst die Tatsache, dass eine deutschsprachige Einführung alleine schon durch die Nötigung zur Übersetzung in einer Tradition der westlichen Rezeption chinesischer Philosophie steht, die einbezogen und thematisiert werden muss. Diese Einführung arbeitet deshalb vielfach mit dem Wechsel zwischen interner und externer Perspektive. In ihr werden zahlreiche chinesische Autoren berücksichtigt, deren Schriften bisher kaum oder gar nicht in deutscher oder englischer Übersetzung vorliegen. Zugleich bezieht sie die zeitgenössische Beschäftigung mit chinesischsprachiger Philosophie (klassisch oder modern) in europäischen Sprachen als Teil chinesischer Gegenwartsphilosophie mit ein. Der Grund dafür liegt nicht nur im Zurückwirken des westlichen Chinabildes auf die chinesische Selbstwahrnehmung, sondern auch darin, dass Philosophen chinesischer Herkunft ihre Arbeiten über klassische chinesischsprachige Philosophie auch dann als »chinesische Philosophie« verstanden wissen wollen, wenn sie in Fremdsprachen (vorzugsweise auf Englisch) verfasst sind. Wenn jene allerdings auf Chinesisch über Kant oder Hegel, Heidegger oder Adorno schreiben, können diese Schriften entsprechend als Teil *chinesischsprachiger Gegenwartsphilosophie* gelten.

Dieser Einführungsband versucht von daher der Überzeugung gerecht zu werden, dass *chinesische Gegenwartsphilosophie* selber bereits ein Begriff zu sein hat, in den jene transkulturelle Dynamik eingelassen ist, die für die philosophische Entwicklung im China des 20. Jahrhunderts prägend war. Ziel der Einführung ist es deshalb, einen Eindruck vom kreativen Potenzial dieser Dynamik zu vermitteln, ohne je den destruktiven Furor zu vergessen, durch den hindurch sie sich herausgebildet hat.

Eine erste Konzeption dieses Buches ist 2012 entstanden, als ich die Gelegenheit hatte, einen von der Alexander von Humboldt-Stiftung geförderten Forschungsaufenthalt an der Johann Wolfgang Goethe-Universität in Frankfurt am Main zu verbringen.

Axel Honneth vom Institut für Sozialforschung (IfS) und Iwo Amelung vom Institut für Sinologie bin ich für ihre Unterstützung dankbar. Die Anregung zur vorliegenden Einführung kam von Ina Kerner, mit der ich auch einen ersten konzeptuellen Entwurf ausführlich diskutiert habe. Weitere Forschungsaufenthalte am IfS waren wichtig für die theoretische Präzisierung. Drei von mir dort organisierte Tagungen – »History, Morality and Poltitical Thought in Contemporary China« (2014, zusammen mit Thomas Fröhlich), »The Repressed Republic? China in the Light of its Revolutions« (2015) und »Thinking Through Paradoxes. Between Critical Theory and Contemporary Chinese Philosophy« (2016) – boten Gelegenheit, wichtige Aspekte der Konzeption zur Diskussion zu stellen. Insbesondere Axel Honneth und Sidonia Blättler vom IfS haben diesen experimentellen Prozess kontinuierlich unterstützt. Die Anregungen, die ich von Diskussionen am Institut und der von Axel Honneth vertretenen Forschungsperspektive zu normativen Paradoxien der Gegenwart empfangen habe, sind in vieler Hinsicht in dieses Buch eingegangen.

Mithilfe von Christoph Menke konnte ich im Sommersemester 2014 und 2015 am philosophischen Institut der Goethe-Universität Seminare zu den Themen »Chinesische Philosophie der Gegenwart« und »Philosophie und Revolution in China« anbieten, durch die ich weiter dazu genötigt wurde, mir über den eingeschlagenen Weg Klarheit zu verschaffen. Christoph Menke war überhaupt immer wieder ein anregender Gesprächspartner, der dazu ermutigt hat, mich von den zu erwartenden Einwänden gegen die starke Verflechtung von chinesischer Gegenwartsphilosophie und Kritischer Theorie nicht abschrecken zu lassen. Gespräche mit Martin Saar haben mich wiederholt in dem Eindruck bestärkt, dass die allmählich Konturen gewinnenden Leitmotive dieser Einführung auch im Kontext zeitgenössischer

Diskussionen in Europa eine Resonanz finden könnten, die ich derzeit noch nicht wirklich abzuschätzen vermag.

Heiner Roetz, der mich schon während meines Sinologiestudiums darin bestärkt hat, Sinologie und Kritische Theorie zu verbinden, bin ich für hilfreiche Kommentare zu verschiedenen Teilen des Buches dankbar. Dennis Schillings eindrucksvoller Kenntnis der klassischen wie der neueren philosophischen Literatur Chinas verdanke ich wichtige Hinweise. Jean François Billeter und François Jullien, denen es, auf unterschiedliche und einander teilweise schroff widersprechende Weise, gelungen ist, Sinologie und Gegenwartsphilosophie eng aufeinander zu beziehen, konnte ich zu Tagungen nach Taipei einladen, auf denen Fragen der Interpretation chinesischer Philosophie im Horizont von philosophischen Problemen der Gegenwart eingehend – und kontrovers – diskutiert worden sind.

Die entscheidenden Anregungen für dieses Buch kamen allerdings weder aus der Kritischen Theorie noch aus der europäischen Sinologie, sondern aus meiner langjährigen Arbeit am Institute of Chinese Literature and Philosophy der Academia Sinica in Taipei und der intensiven Zusammenarbeit mit Freunden und Kollegen in Taiwan und der VR China. Erst im Zuge der aktiven Teilnahme an der Entwicklung chinesischer Gegenwartsphilosophie ist mir deren transkulturelles Potenzial wahrhaft bewusst geworden. Lee Ming-huei [Lǐ Mínghuī] hat mich mit dem zeitgenössischen Neokonfuzianismus vertraut gemacht und mich vielfältig dazu ermutigt, am Institute of Chinese Literature and Philosophy Projekte durchzuführen, in denen die diesem Buch zugrunde liegende Perspektive transkultureller Forschung Gestalt gewinnen konnte. Die Schriften von Yáng Rúbīn [Yang Rurbin] und die freundschaftlichen Auseinandersetzungen, die ich seit vielen Jahren mit ihm führe, haben meinen Zugang zur chinesischsprachigen Gegenwartsphilosophie tiefgreifend geprägt.

Viele Freunde und Kollegen in Taiwan und der VR China haben entscheidend zur Herausbildung der in diesem Buch skizzierten Perspektive beigetragen, nicht zuletzt durch insistenten Widerspruch und kontroverse Diskussionen. An dieser Stelle kann ich nur einige nennen: Chung Chen-yu (Zhōng Zhènyǔ; Academia Sinica, Taipei), Jiāng Dāndān (Jiāo Tōng University, Shànghǎi), Kē Xiǎogāng (Tóngjì University, Shànghǎi), Lài Xīsān (National Sun Yat-sen University, Kaohsiung), Lǐ Xuětaō (Běijīng Foreign Studies University), Lín Jùnchén (Míngdào University, Changhua), Liu Tsang-long (Liú Cānglóng; National Taiwan Normal University, Taipei), Joyce C.H. Liu (Liú Jìhuì; National Chiaotong University, Hsinchu), Kai Marchal (Soochow University, Taipei), Mathias Obert (National Sun Yat-sen University, Kaohsiung), Péng Guóxiáng (Zhèjiāng University, Hángzhōu), Peng Hsiao-yen (Péng Xiǎoyán; Academia Sinica, Taipei), Xià Kějūn (Rénmín University of China, Běijīng).

Dieses Buch ist Ergebnis einer Reflexions- und Kommunikationsdynamik, in der sich viele Fäden auf eine Weise verschlingen, die auch für mich selber nur schwer zu entwirren ist. Der Charakter eines Einführungsbuches hat mich zu Vereinfachungen und Zuspitzungen genötigt, die eigentlich einer viel umfassenderen Rechtfertigung bedürften, als sie im vorgegebenen Rahmen geleistet werden kann. Andererseits habe ich das Fehlen eines solchen Buches zunehmend als Verpflichtung empfunden, einen Anfang zu machen. In diesem Sinne kann diese Einführung nicht den Anspruch erheben, einen wohlgeordneten Überblick über den Forschungsstand in einem wohldefinierten Gebiet zu geben. Sie ist vielmehr der selbstbesonnene Versuch, Einsichten in ein dynamisches, sich herausbildendes Forschungsfeld nachzuzeichnen und weitergehende Auseinandersetzungen mit dem Thema anzuregen.

I. Chinesische Philosophie im Umbruch

1. Hybride Modernisierung

Die interkulturelle Kommunikation zwischen China und Europa verändert sich einschneidend, sobald die Perspektive der politischen und kulturellen Modernisierung Chinas mitsamt ihren intellektuellen Konsequenzen Berücksichtigung findet. Seitdem anglo-europäische Staaten im 19. Jahrhundert begonnen haben, imperialistisch nach China zu expandieren, sind chinesisches und europäisches Denkens *in China* dazu genötigt worden, miteinander zu kommunizieren. Der damit einsetzende Rezeptions- und Transformationsprozess westlichen Denkens in China ging schnell weit über den Einfluss hinaus, den jesuitische Missionare im 17. und 18. Jahrhundert ausgeübt haben. China und Europa treten nun in einen hochgradig asymmetrischen Dialog ein, in dem Europa spricht und China zuhört, China spricht und Europa weghört. Auch das sich im 19. Jahrhundert herausbildende Interesse chinesischer Gelehrter für westliche Philosophie steht unverkennbar im Zeichen der schweren Krise, in die China durch die unabweisbare Dynamik einer Modernisierung gestürzt wird, die insbesondere nach der Niederlage im sino-japanischen Krieg (1895) in einen Sog revolutionärer Radikalisierung gerät, der schließlich das chinesische Kaiserreich zum Einsturz bringt (1911).

Die ersten systematisch angelegten philosophischen Studien, die nach der Gründung der Republik China entstehen, sind zutiefst von den Erfahrungen dieser politischen und kulturellen Umwälzungen geprägt. Das Problem der Differenz zwischen westlichen und östlichen Kulturen – neben China findet vor allem Indien Beachtung – sowie die Aufmerksamkeit für ihre philosophischen Grundlagen, treten in dem Moment als dringlich hervor, in dem das Bewusstsein für die Gefährdung der kulturellen Identität Chinas sich dramatisch zuspitzt: Das komparative Interesse für kulturelle Differenzen – und die damit verbundene Bemühung um die Rekonstruktion der Geistesgeschichte Chinas mithilfe von Kategorien westlicher Philosophie – ist von der Dynamik chinesischer Modernisierung hervorgebracht worden. Es ist nicht zu übersehen, dass *chinesische Philosophie* erst im Rahmen eines sich im Spannungsfeld von Ost und West verstärkenden kulturellen Krisenbewusstseins zum Brennpunkt intellektueller Auseinandersetzungen geworden ist.[1] Damit soll die Legitimität der Rede von chinesischer Philosophie keineswegs prinzipiell bestritten werden, vielmehr möchte ich nur betonen, dass nach der Revolution der Wissensordnung zu Beginn des 20. Jahrhunderts – markiert vor allem durch die Abschaffung des von den konfuzianischen Klassikern geprägten Bildungs- und Prüfungssystems (1905) – alle Interpretationen der klassischen chinesischen Bildungskultur dazu genötigt sind, sich auf die eine oder andere Weise mit diesem Umbruch auseinanderzusetzen.

Die Gegenwartsphilosophie beginnt in China mit einer interkulturellen Konfrontation, durch die das Problem, wie denn ein Gegenüber von chinesischem und europäischem Denken hergestellt werden könne, bereits auf gewaltsame Weise vorentschieden worden ist.[2] Durch die Revolution der Wissensordnung ist jene asymmetrische Kommunikation beider Seiten in die Wege geleitet worden, in der sich europäische Indifferenz gegenüber China und chinesisches Interesse an Europa gegenüberstehen. Diese Wissensasymmetrie ist nach wie vor – und vermutlich noch auf lange Zeit – ein schwerwiegendes Hindernis für die interkulturelle Kommunikation zwischen China und Europa. Deswegen ist ein interkulturelles Philosophieren vonnöten, das nicht die Augen vor den gewaltsamen Wendungen der chinesischen Modernisierung verschließt, vielmehr in dieser die Bedingung der Möglichkeit sieht, um in die Auseinandersetzung mit chinesischer Philosophie – nicht nur mit chinesischer Gegenwartsphilosophie – überhaupt eintreten zu können. Die Dynamik der Moderne ist ein Problem, das China und Europa teilen und in dessen Umfeld sich auf beiden Seiten philosophische Diskurse der Moderne herausgebildet haben. Diese machen unterschiedliche, ihnen sprachlich und kulturell zugängliche Quellen fruchtbar. Modernisierung wird somit als ein gemeinsamer Bezugspunkt erkennbar, durch den China und Europa in eine historische Konstellation eingetreten sind, welche die Bedingungen der Möglichkeit definiert, unter denen Zugang zu beiden Kulturarchiven gefunden werden kann. Aufgrund der Nachwirkungen des im 19. Jahrhundert entstandenen geopolitischen Machtgefälles sind die Möglichkeiten interkultureller Kommunikation jedoch innerhalb der chinesischsprachigen Philosophie deutlich weiter entwickelt als etwa in der deutschsprachigen. Das zeigt sich schon darin, dass der systematischen und umfassenden Übersetzung europäischer Klassiker ins Chinesische eine peinliche Leere gegenübersteht, bestenfalls ein dürftiger Flickenteppich, der noch dazu in weiten Teilen vor vielen Jahrzehnten geknüpft worden ist.

Auf dem chinesischen Weg der Modernisierung wird aus alten und neuen, östlichen (vor allem chinesischen, japanischen und indischen) und westlichen (vor allem europäischen und nordamerikanischen) Quellen der Philosophie geschöpft. Diese Quellen treten in ein dynamisches Verhältnis. Mit der dringlichen Frage vor Augen, welchen Weg China einschlagen kann und soll, um den Herausforderungen der Modernisierung wirkungsvoll zu begegnen, werden mögliche Perspektiven auf ihre Angemessenheit und Überzeugungskraft hin untersucht – und zwar durchaus unabhängig von der Willkür ethnozentrischer und kulturnationalistischer Grenzziehungen. Aspekte westlicher Philosophie können nun unter Berufung auf Aspekte klassischer chinesischer Philosophie kritisiert werden und umgekehrt, wobei diese transkulturelle Dynamik zu Konfliktlinien führt, die nicht nur zwischen verschiedenen intellektuellen Strömungen und Schulen verlaufen, sondern auch durch einzelne Denker und ihre Philosophien hindurch. Es kommt zu Widersprüchen, die darin bestehen können, auf der einen Seite ein leidenschaftlicher Verteidiger des vielbeschworenen Geistes chinesischer Kultur zu sein, gleichzeitig jedoch eine in hohem Maße von westlicher Terminologie beeinflusste Sprache zu sprechen, um diesem Geist Ausdruck zu verleihen. Diese hybride Situation ist folglich einerseits von komparativen Kontrasten geprägt, die an (kultureller) Differenz und Identität hängen, aber auch von Möglichkeiten kreativer Transformation, in der Heterogenes zu etwas Neuem zusammenfließt, für das die alten komparativen Kategorien – östlich und westlich, chinesisch und europäisch – offensichtlich nicht mehr zureichend sind.

Aus dem bisher Gesagten dürfte bereits deutlich geworden sein, dass mir die Begriffe »Moderne« (*xiàndàixìng*) und »Modernisierung« – wörtlich: moderne Transformation (*xiàndàihuà*) – unverzichtbar erscheinen, um Orientierung in der »normativen Unübersichtlichkeit«[3] der chinesischen Gegenwart zu finden. Die weitere Diskussion wird darüber hinaus erhellen müssen, warum in diesem Kontext ein prozessual verstandener Begriff der Modernisierung angemessener ist als die Rede von der einen Moderne oder auch von multiplen Modernen. Weil mit der Aufmerksamkeit für die chinesische Gegenwart die Fixierung auf anglo-europäische Modernisierungswege allenthalben herausgefordert und in Zweifel gezogen wird, stellt sich nämlich die Frage, welcher Begriff geeignet sein könnte, den Weg chinesischer Modernisierung zu charakterisieren. *Hybride Modernisierung* ist ein Begriff, den ich in dieser Hinsicht für vielversprechend halte. Er markiert den Versuch, die Interpretation chinesischer Moderne sowohl von der einseitigen Orientierung am Einfluss der Verwestlichung (und der mit ihr verbundenen externen Modernisierung) als auch von einem eurozentrischen Universalismus zu emanzipieren, der die Eigendynamik der chinesischen Entwicklung verfehlt. An deren Stelle tritt die Hinwendung zur hybridisierenden Verflechtung von externer und interner Modernisierung.[4] Externe Modernisierung ist bezogen auf das Verhältnis von China zum Westen, interne Modernisierung auf das Verhältnis von altem und neuem China.

Aus dieser Perspektive fällt auf, dass ein eigentümlicher Weg der Modernisierung in China in Gang kommen konnte, weil es bereits vor dem Einbruch imperialistischer Mächte eine interne Bewegung der Selbstreflexion und Selbsttransformation gab, die es erleichtert hat, Anstöße von außen aufzunehmen und zu verarbeiten. Etwas schematisch gesagt, kann somit interne Modernisierung als Bedingung der Möglichkeit externer Modernisierung verstanden werden, während umgekehrt erst der mit externer Modernisierung verbundene Kulturbruch die Bedingungen der Möglichkeit dafür geschaffen hat, die Geschichte jener internen Modernisierung in ihrer Kontinuität zu rekonstruieren, um sodann, durch diese Rekonstruktion hindurch, wiederum normative Kriterien für die Beurteilung der externen Modernisierung zu gewinnen. Die Idee hybrider Modernisierung scheint mir in besonderem Maße geeignet zu sein, den großen Hintergrund jener transkulturellen Dynamik auf den Begriff zu bringen, welche die Entwicklung Chinas im 20. Jahrhundert maßgeblich geprägt hat. Die transkulturelle Dynamik lässt sich in einer Sieben-Schriftzeichen-Formel zum Ausdruck bringen, in der etwas wie der kulturelle Imperativ des philosophischen Diskurses in China seit dem späten 19. Jahrhundert sich konzentriert: *tōng gǔ jīn dōng (zhōng) xī zhī biàn* 通古今東（中）西之變. Frei übersetzt: Lasse Altes und Neues, Östliches (Chinesisches) und Westliches in ihren Veränderungen miteinander kommunizieren.[5] Auf die transkulturelle Formel des »Kommunizierens der Veränderungen zwischen Alt und Neu, Ost und West« werde ich in späteren Kapiteln zurückkommen.

Aus dieser Perspektive erweist sich eine Kritik am Eurozentrismus, die – im Namen der vermeintlichen Achtung vor der Eigenart chinesischer Kultur – jede Anwendung westlicher Begriffe auf China als »geistigen Imperialismus«[6] zurückweist, als fruchtlose und falsche Rücksichtnahme. Denn nicht nur die politische und kulturelle Modernisierung Chinas muss im Kern unverständlich bleiben, sobald die Rezeption und Transformation moderner westlicher Begriffe als konstitutiver Faktor ausgeblendet wird; mehr noch: eine interkulturelle Kommunikation mit kritischem Anspruch – also eine, die immer auch die gemeinsame Arbeit an einer geteilten Problemgeschichte im Blick hat – wird sich nur entwickeln können, wenn auf europäischer Seite die Einsicht in die hybride Dynamik chinesischsprachiger Gegenwartsphilosophie wächst. Es wäre gar zu überlegen, ob mit dem Begriff der hybriden Modernisierung nicht eine Perspektive ins Spiel kommt, die auch für die Auseinandersetzung mit dem gegenwärtigen Europa und seiner Geschichte fruchtbar sein könnte. Zunächst einmal steht er jedoch für eine Herausforderung. Denn er bezeichnet nicht nur eine historisch-analytische Perspektive, sondern auch eine normative, insofern Erfahrungen hybrider Modernisierung, wie sie paradigmatisch vor allem außerhalb Europas gemacht worden sind, nun zum Maßstab für die Beurteilung von Moderne (und Postmoderne) in Europa werden; normativ auch deshalb, weil die Erfahrung hybrider Modernisierung regionale Sprachen in einer Weise zu interner Pluralisierung genötigt hat – das moderne Chinesisch ist aufgrund langer und komplexer Übersetzungsprozesse zu einer in sich pluralisierten Sprache geworden –, die sich in Europa (mit seiner Pluralität der Sprachen) so bisher nicht entwickelt hat. Im Ringen mit der Dialektik von Identität und Pluralität existieren deshalb in Ostasien Potenziale, die bisher nicht gut verstanden, geschweige denn genutzt worden sind.

Wie könnte eine zukünftige Politik – der Demokratisierung? – den normativen Gehalt hybrider Modernisierung fruchtbar machen? Die einseitige Orientierung an Modellen und Begriffen, die im Kontext anglo-europäischer Modernisierungsprozesse entstanden sind, blockiert die Möglichkeit, eine solche Frage auch nur sinnvoll zur Diskussion zu stellen. Somit drängt sich die Folgerung auf, ein interkultureller Diskurs zum Problem der politischen und kulturellen Modernisierung könne überhaupt nur in Gang kommen, wenn zumindest zweierlei vermieden wird: Die Modernisierung Chinas darf weder vorschnell an vermeintlich festen Maßstäben westlicher Moderne gemessen werden, noch ist es sinnvoll, westliche Begriffe aus der Diskussion ausschließen zu wollen, da chinesische Gelehrte und Intellektuelle seit dem 19. Jahrhundert selber in großem Maßstab die Geschichte Chinas mithilfe dieser Begriffe zu diskutieren versucht haben.

2. Revolution(en)

Wie lässt sich der Begriff hybrider Modernisierung mit den politischen und kulturellen Revolutionen Chinas seit dem 19.

Jahrhundert sowie den mit ihnen korrespondierenden philosophischen Diskursen verbinden? Ich werde versuchen, diese Verbindung herzustellen, indem ich mich vor allem auf die Umwälzungen beziehe, die China seit 1895 tiefgreifend verändert haben. Dabei möchte ich, in Anlehnung an Wolfgang Frankes Analyse von »Stufen der Revolution in China«[7], drei revolutionäre Momente unterscheiden: ein konservatives, ein liberales und ein sozialistisches. Für das Verständnis der philosophischen Selbstreflexion auf den chinesischen Weg der Modernisierung, auf die ich mich konzentrieren möchte, scheint es mir ausreichend zu sein, die großen historischen Wendepunkte im Auge zu behalten und deshalb nur drei *politische Revolutionen* zu unterscheiden, mit denen jeweils eine *kulturelle Revolution* verbunden ist: 1. konservative Revolution (1898) und Revolution der Wissensordnung (1905); 2. liberale (bürgerlich-demokratische) Revolution (1911) und Kulturrevolution der 4.-Mai-Bewegung (1919); 3. sozialistische (kommunistische) Revolution (1949) und Große Proletarische Kulturrevolution (1966–1976). Bei diesen Jahreszahlen handelt es sich um historische Kristallisationspunkte, die jeweils eine lange und verschlungene Vor- und Nachgeschichte haben, auf die ich in den folgenden Kapiteln wiederholt zu sprechen kommen werde.

Die Annahme von drei großen revolutionären Momenten, deren konflikthafte Verstrickung China zwischen 1898 und 1989 in einen unüberwindlichen Bann geschlagen hat, ist eine theoretische Stilisierung, deren Rechtfertigung nur die Fruchtbarkeit ihrer Anwendung in den folgenden Kapiteln erweisen kann. Wogegen sich diese Perspektive vor allem richtet, ist klar: gegen ein Revolutionsparadigma, das allein die Revolution von 1949 zum Dreh- und Angelpunkt für den Zugang zur Entwicklung Chinas vorher und nachher macht. Zugleich wendet sich das Drei-Revolutionen-Paradigma gegen die Tendenz, aus dem allmählichen

Zusammenbruch des von der Kommunistischen Partei Chinas propagierten Geschichtsmodells die Konsequenz zu ziehen, eine Revolution im emphatischen Sinne habe im modernen China gar nicht stattgefunden, weil sich auch die rote Dynastie der kommunistischen Partei letztlich in die große Kontinuität der chinesischen Geschichte einfügen lässt.

Rechtfertigungsbedürftig an der Annahme von drei revolutionären Momenten ist insbesondere die Rede von einer *konservativen Revolution* mit Bezug auf die von Kāng Yǒuwéi inspirierte Hundert-Tage-Reform von 1898 und die bis ins 21. Jahrhundert reichenden Folgeeffekte seines Denkens. Der noch weitgehend im von den konfuzianischen Klassikern geprägten Bildungssystem aufgewachsene Kāng Yǒuwéi ist eine der einflussreichsten, aber auch eine der zwiespältigsten geistigen Figuren in der Umbruchphase zwischen später Qīng-Zeit und früher Republikzeit. Einerseits war sein Schritt von der »Revolutionierung des Konfuzianismus zur Konfuzianisierung der Revolution«[8] für die reaktionären Kräfte des Manchu-Reiches eine unerhörte Provokation, auf die diese mit dem Verbot seiner Schriften und der Verfolgung seiner Person reagierten; andererseits hielt Kāng sein Leben lang dem Kaisertum die Treue und war ein erbitterter Gegner der revolutionären Bewegung, die es schließlich zum Einsturz brachte. Er war einer von jenen denkwürdigen Traditionalisten, die Tradition zerrütten, indem sie sie neu erfinden.

Zu Beginn des 21. Jahrhunderts steht Kāng Yǒuwéi für eine in ihrer Radikalität nicht zu unterschätzende, in sich zutiefst paradoxe politische und kulturelle Option: die Zurückweisung sowohl des Erbes der liberalen als auch der kommunistischen Revolution, um zu verwirklichen, was diese nur versprochen, aber nicht eingelöst haben. Es scheint die Vision eines radikal anderen Anfangs zu sein, von der die enorme Anziehungskraft ausgeht, die seine Schriften heute wieder ausüben. In diesem Sinne markiert der Begriff der konservativen Revolution auch die geistige Ambivalenz und die politischen Gefahren, die mit einem solchen Denken verbunden sind – der indirekte Bezug, der damit zur gleichnamigen Denkströmung in Deutschland hergestellt wird, ist beabsichtigt, wobei ich nicht nur an in China einflussreiche Autoren wie Martin Heidegger und Carl Schmitt denke, sondern auch an Hugo von Hofmannsthal und Rudolf Borchardt, die eine Verbundenheit von Sprache und Nation beschworen haben, eine Idee »von der Sprache als dem Genius der Völker«[9], die mit dem »Dritten Reich« untergegangen ist. Während der Arbeit an diesem Buch bin ich zunehmend zu der Überzeugung gekommen, dass es dringlich ist, sich dieser Herausforderung – um nicht zu sagen Zumutung – zu stellen: Aufarbeitung der deutschen Vergangenheit in China und durch China hindurch; Aufarbeitung der chinesischen Vergangenheit in Deutschland und durch Deutschland hindurch. Welchen Sinn sollte die philosophische Bewegung zwischen China und Europa haben, wenn sie interkulturelle Kommunikation nicht an heikle Punkte im geistigen Selbstverständnis beider Seiten führt, an Punkte des Scheiterns und der Unmöglichkeit von Kommunikation? Wenn sie nicht zu einer Selbstreflexion nötigt, die immer wieder schwierig sein kann und schmerzlich bis zur Unerträglichkeit? Und sei es nur, um jene Kräfte verstehen und bezeichnen zu lernen, »die zur Katastrophe treiben«[10], weil sie nicht Freiheit, sondern Bindung suchen: eine geistige Einheit, auf welche die »Bildung einer wahren Nation« – wie es in Hugo von Hofmannsthals berühmt-berüchtigter Rede über »Das Schrifttum als geistiger Raum der Nation« heißt – gegründet werden können soll. Insofern mich die Diskussion des Konservatismus im gegenwärtigen China auf dieses heikle Gebiet führt, möchte ich davon ausgehen, dass sprachlicher und ethnischer Nationalismus unterschieden werden können, auch wenn beide häufig auf fatale Weise miteinander vermischt werden. Als Orientierung in diesem mit Tabus und Idiosynkrasien verminten Feld dienen mir dabei Adornos vielfältige Reflexionen zum Konservatismus der Weimarer Republik, in denen er sich unermüdlich darum bemüht hat, sowohl einen sprachgestützten Bildungskonservatismus zu verteidigen – und damit seine affektive Verbundenheit mit der deutschen Sprache –, als auch die klassische Bildungskultur so strikt wie möglich von ethnozentrischem Blut-und-Boden-Geraune und von aller Bindungsideologie loszulösen. Während der, nicht zuletzt von der maoistischen Idee der Kulturrevolution inspirierten, Studentenbewegung der 1960er Jahre hat Adorno schmerzlich erfahren müssen, wie schwer es ist, aus einem Rechts-Links-Schema herauszutreten, in dem Bildungskonservatismus und linke Gesellschaftskritik einander als unvereinbar gegenübergestellt werden.

Das verbreitete, von der offiziellen kommunistischen Geschichtsschreibung nach Kräften genährte Klischee sieht in Kāng Yǒuwéi keinen Revolutionär, sondern einen Reformer, dem das politische Ziel einer konstitutionellen Monarchie vorschwebte. In der neueren Forschung taucht hingegen ein anderes Bild auf, nämlich das Bild einer radikal gegen die Moderne gerichteten Moderne. In ihm wird Kāng als Kopf einer »konservativen Revolution« erkennbar, in der Geistiges und Politisches eine Synthese bilden, die nun als innere Gegenbewegung gegen die Geistesumwälzungen von Moderne und Aufklärung gedacht werden kann.

Die Niederlage im ersten sino-japanischen Krieg (1895) war offenbar ein schwerer Schlag für die politische und kulturelle Ordnung des seit den Opium-Kriegen (1839–1842, 1856–1860) und der christlich inspirierten Tàipíng-Revolution (1851-1864) bereits mächtig ins Wanken geratenen Qīng-Reiches. Weit schwieriger ist die Beurteilung der Bedeutung des Wendejahres 1989 für China. Mit Lǐ Zéhòu[11] und Wāng Huī[12] gehe ich davon aus, dass dieses Jahr auch in China einen historischen Einschnitt markiert, der zwar nicht mit dem Zerfall des kommunistischen Regimes einhergegangen ist, ideologisch jedoch den Übergang in eine post-revolutionäre Entwicklungsphase einleitet. Demnach ist mit der militärischen Niederschlagung der Demokratiebewegung jene historisch-materialistische Teleologie zusammengebrochen, auf der die historische Legitimität des 1949 etablierten Regimes der kommunistischen Partei und ihrer »demokratischen Diktatur des Volkes« bis dahin im Wesentlichen gegründet war. An die Stelle eines linearen Fortschritts politischer Umwälzungen, gipfelnd in der kommunistischen Machtergreifung, tritt nun zunehmend eine paradoxe Konstellation von drei Revolutionsmomenten, deren Dynamik aus der Tendenz zu ihrer normativen Gleichstellung erwächst. Obwohl die Kommunistische Partei Chinas aus naheliegenden Gründen die damit verbundene diskursive Öffnung durch intellektuelle Kontrolle und Repression zu unterbinden oder zumindest zu verlangsamen sucht, scheint mir viel dafür zu sprechen, dass sich zu Beginn des 21. Jahrhunderts ein komplexes Spannungsfeld herausgebildet hat, in dem vor allem konservative, liberale und sozialistische Positionen diskursiv um die politische und kulturelle Zukunft Chinas ringen.

In den damit verbundenen Auseinandersetzungen stellt sich zunächst einmal die Frage, welche Position die Vormacht gewinnen (oder aufrechterhalten) können wird und inwiefern eine Versöhnung zwischen diesen Positionen denkbar erscheint. Im Legitimationsdiskurs der kommunistischen Partei sind inzwischen Versuche geradezu dominant geworden, die – unter der Bedingung des Verbots, die Legitimität des sozialistischen Regimes öffentlich anzuzweifeln oder zu unterwandern – daran arbeiten, die drei Positionen zu harmonisieren oder zumindest in einen Zustand der wechselseitigen Nicht-Negation zu überführen: konfuzianischen Überzeugungen wird zunehmend Raum zur

Entwicklung gegeben; ökonomische Liberalisierung und rechtsstaatliche Reformen sollen vorangetrieben werden; zugleich wird die Idee eines Sozialismus chinesischer Prägung hartnäckig verteidigt. Eine denkbare Perspektive des chinesischen Weges der Modernisierung besteht demnach darin, die 1989 offenbar gewordene Paradoxie der verschiedenen revolutionären Momente innerhalb des sozialistischen Regimes einzuhegen, also auf dem Wege systeminterner Transformation so weit als möglich harmonisch zu integrieren.[13] Für die Kommunistische Partei Chinas würde dies bedeuten, sich mit den großen beiden Feinden des »Feudalismus« (Konfuzianismus) und des »Kapitalismus« zu arrangieren. Eine kaum zu überwindende Schwierigkeit besteht dabei jedoch in der Tatsache, dass die ideologische und in der Verfassung festgeschriebene Verankerung im Marxismus-Leninismus und im Denken Máo Zédōngs in ihrer schroffen Einseitigkeit kaum zu korrigieren ist, ohne die Rolle der kommunistischen Partei tiefgreifend zu verändern.

Im Hinblick auf diese historische Situation liegt nun die Frage nahe, ob China sich nicht auf dem Wege hybrider Modernisierung politisch und kulturell in eine normative Paradoxie manövriert hat, für die es keine einfachen Lösungen gibt – eine normative Paradoxie verstanden im Sinne einer auf absehbare Zeit unauflösbaren Verknotung von einander widersprechenden und gleichzeitig aufeinander angewiesenen Positionen sowie den mit ihnen verbunden Idealen. Mit Blick auf die paradoxe Konstellation von drei revolutionären Momenten, welche die beiden je anderen in sich enthalten, drängt sich ein Verständnis des Verhältnisses von Paradoxie und Pathologie auf, das nicht ganz einfach zu verstehen ist, weil es nun nicht die Paradoxie selber ist, deren selbstdestruktive Dynamik für pathologische Effekte verantwortlich ist. Vielmehr drängt sich die Vermutung auf, dass es falsche, von eindimensionaler Radikalisierung geprägte Versuche waren, diese paradoxe Konstellation aufzulösen, die als eigentliche Ursache pathologischer, um nicht zu sagen katastrophaler Umschläge anzusehen sind.

Von daher erscheint es sinnvoll, zunächst einmal davon auszugehen, dass es zwischen Paradoxie und Pathologie keine direkte Verknüpfung gibt.[14] Ganz im Gegenteil: Ein Diskurs, der die paradoxe Konstellation, die aus der hybriden Modernisierung Chinas erwachsen ist, selber als pathologisch qualifizierte, würde Gefahr laufen, die Möglichkeiten, jene Konstellation zu verstehen und mit ihr umzugehen, von vornherein empfindlich einzuengen. Denn nur dann lässt sich die Möglichkeit überhaupt auch nur denken, dass die paradoxe Konstellation der drei revolutionären Momente nicht nur an sich nicht pathologisch ist, ihr vielmehr ein normativer Gehalt innewohnen könnte, der in der Auseinandersetzung um die Verwirklichung normativer Ideale von Anbeginn mit bedacht zu werden verdient. So gesehen würde es in die Irre führen, die paradoxe Konstellation der drei Revolutionen selber als pathologisch zu verstehen. Ins Zentrum der Aufmerksamkeit rücken dafür als pathologisch zu charakterisierende Versuche, den paradoxen Knoten einseitig zugunsten des einen oder anderen Moments auflösen zu wollen.

Damit zeichnet sich die zeitdiagnostische Perspektive ab, der dieses Buch allmählich präzisere Konturen zu geben versuchen wird. In der VR China ist zu Beginn des 21. Jahrhunderts und im historischen Kontext wiedergewonnener ökonomischer und politischer Stärke eine deutliche Tendenz zu beobachten, die verschlungene Dynamik hybrider Modernisierung im 20. Jahrhundert grundsätzlich als pathologisch wahrzunehmen. Zweifellos ist das kollektive Leiden an den von ihr hervorgebrachten destruktiven Effekten enorm; nicht minder groß ist allerdings auch der Drang, den aus einem Gewirr von widersprüchlichen Entwicklungslinien gebildeten Knoten endlich mit einem erlösenden Schlag zu durchtrennen. Aus der Sicht des kulturnationalistischen Diskurses etwa leidet China an kultureller Schizophrenie. Die interne Spaltung des Nationalcharakters in eine »chinesische« und eine »westliche« Seite wird sich demnach nur dann heilen lassen, wenn es gelingt, den westlichen Einfluss zurückzudrängen und zu einer reineren kulturellen und politischen Identität zurückzufinden. Da aber der Marxismus bisher ganz offiziell die Legitimationsgrundlage der Volksrepublik China bildet, muss das Regime der kommunistischen Partei fürchten, dass die von ihr teilweise nach Kräften geförderte Renaissance der Nationalkultur sich zunehmend auch gegen jenen – wie immer auch bereits sinisierten – Marxismus wenden wird, auf den sie ideologisch nicht verzichten kann. Andererseits hat sich nach 1989 ein Trend zu neoliberal ausgerichteten Reformen Bahn gebrochen, welcher der Insistenz auf einem Sozialismus chinesischer Prägung Hohn zu sprechen scheint.

Während sich das Regime der kommunistischen Partei auf die verschlissenen Ideale des Marxismus-Leninismus-Maoismus alleine nicht länger stützen kann, muss es fürchten, dass, im Schatten der viel beschworenen Renaissance der chinesischen Nation, konservative Positionen heranwachsen, für welche sowohl die liberale Demokratie als auch der Sozialismus chinesischer Prägung ihre normative Anziehungskraft eingebüßt haben und die nun darauf abzielen, den chinesischen Traum in Form einer konservativen Revolution zu verwirklichen, die sich auf einen fundamentalistisch-religiös verstandenen Konfuzianismus stützt. Ähnliche Bestrebungen sind allerdings bereits im späten 19. und frühen 20. Jahrhundert mehrfach gescheitert. Zweifel sind angebracht, ob ihnen im 21. Jahrhundert mehr Erfolg beschieden sein wird. Die Große Kulturrevolution, deren Anti-Traditionalismus in der orthodox-marxistischen Geschichtsschreibung als Radikalisierung jener Traditionskritik gesehen wird, welche bereits die kulturelle Revolution der 4.-Mai-Bewegung geprägt hat, lässt sich demgegenüber als Versuch verstehen, gleichzeitig zwei Traditionen loszuwerden: die als reaktionär verschriene konfuzianische Tradition und die – vermeintlich mit dem westlichen Imperialismus im Bunde stehende – liberale. Ganz anders wiederum die Demokratiebewegung von 1989, in der die Tendenz zum Ausdruck kam, sowohl das konfuzianische als auch das sozialistische Erbe gleichermaßen abzuwerfen.[15] Diese drei einseitigen Möglichkeiten, auf die paradoxe Konstellation chinesischer Modernisierung zu reagieren, sind alle mit der Erfahrung historischen Scheiterns belastet – was jedoch nicht bedeuten muss, dass es nicht neuerliche Versuche geben kann, das Scheitern auf die unzureichende Klarheit der revolutionären Ideale oder auf die ungünstigen Bedingungen ihrer Verwirklichung zurückzuführen und einen neuen Anlauf zu machen.

Im akademischen Diskurs nach 1989 zeigt sich meiner Auffassung nach allerdings verstärkt eine neue Form, auf die von hybrider Modernisierung hervorgebrachte Paradoxie zu reagieren. In ihr geht es nicht mehr vor allem darum, chinesischsprachige Quellen auf ihre Kraft zur Erschließung von Wegen aus der normativen Paradoxie der Gegenwart hin zu überprüfen, sondern sich zu fragen, ob es nicht zur Vorstellung einer wie auch immer gearteten Überwindung der Paradoxie eine Alternative gibt: eine Alternative, für welche die Auflösung von Paradoxien nicht mehr zwingend ist, weil diese nicht länger bloß als Symptom von Fehlentwicklungen, sondern nun selber als Triebkraft für die Herausbildung von Kommunikationsformen gelten können, durch die hindurch die Bedingungen der Möglichkeit für die Verwirklichung der mit den revolutionären Momenten verbundenen normativen Ideale überhaupt erst geschaffen werden. Den Umgang mit jenen Momenten zu üben erweist sich dann als Aufgabe individueller und kollektiver Subjektbildung: »Die

Stärke eines Ich bewährt sich darin, dass es fähig ist, objektive Widersprüche in sein Denken aufzunehmen und nicht gewaltsam wegzuschaffen.«[16]

Im Hinblick auf tiefliegende Probleme Chinas drängt sich eine Frage auf, welche die folgenden Kapitel begleiten wird: Wenn es als aussichtslos gelten kann, die durch hybride Modernisierung hervorgebrachte paradoxe Konstellation gewaltsam wegschaffen zu wollen, wäre es dann nicht angemessener, sich darum zu bemühen, sie ins eigene Denken aufzunehmen? Sobald das Verhältnis von Philosophie und Revolution erst einmal auf diese Weise in den Blick kommt, zeigt sich, dass es im weiteren Umfeld chinesischer Gegenwartsphilosophie keineswegs an theoretischen Bemühungen fehlt, die paradoxe Konstellation der revolutionären Momente zu überdenken und Alternativen zur Tendenz zu skizzieren, sie gewaltsam wegschaffen zu wollen. Das Auftauchen solcher Möglichkeiten führt nicht nur zur Auseinandersetzung mit wichtigen Aspekten chinesischer Gegenwartsphilosophie, sondern auch zu der Frage, inwiefern in ihr Möglichkeiten des Denkens fortwirken, die bereits in der klassischen chinesischen Philosophie auf die eine oder andere Weise erörtert worden sind.

II. Altes und neues China zwischen Konflikt und Versöhnung

1. Die Seele Chinas und das Auftauchen einer neuen Welt

Kurz nach seiner Rückkehr aus China und der Gründung des Frankfurter China-Instituts veröffentlicht Richard Wilhelm das autobiografische Buch *Die Seele Chinas*. Er ist sich bewusst, dass sein Aufenthalt in China (1899–1924) in die Zeit eines historisch beispiellosen Umbruchs fiel. Von daher beschäftigt sich der größte Teil des Buches nicht mit dem alten, sondern mit dem »neuen« oder »jungen« China. Im Vorwort schreibt Wilhelm: »›In China rechnet man nach Jahrhunderten.‹ Das war in der Vergangenheit stets die Losung der alten Kolonisten im Fernen Osten. Aber diese Losung ist längst zur Unwahrheit geworden. Heute entwickelt sich das Leben in China in fieberhafter Eile. Jeder Tag bringt neue Ereignisse und Entwicklungen, und hinter den lauten Tagesereignissen vollzieht sich etwas ganz Großes: das Auftauchen einer neuen Welt. Ganz langsam und allmählich fing es an, aber mit immer wachsender Beschleunigung rollt das Rad des Geschehens weiter, dieses Rad der Wiedergeburt, das Altes, Überlebtes mit sich hinunter nimmt in die Unterwelt des Vergessens und Neues, nie Dagewesenes aus dem Nichts hervorhebt. Aber das ist nicht etwas, das ganz unvermittelt entstünde.

Seine Keime und Anknüpfungspunkte liegen in der Vergangenheit. Wer die Keime des Werdens zu deuten versteht, vermag aus ihnen die Zukunft zu lesen. [...] gerade die jetzt vergangenen fünfundzwanzig Jahre waren besonders wichtig, weil sie es waren, in denen Altes und Neues sich trafen. Ich habe noch das alte China gesehen, daß für Jahrtausende zu dauern schien. Ich habe seinen Zusammenbruch miterlebt und habe erlebt, wie aus den Trümmern neues Leben blühte.«[17]

Wilhelm ist ein scharfer Beobachter und engagierter Teilnehmer der Zeit vor und nach der Revolution von 1911. Obwohl seine Vorliebe nicht dem neuen, sondern dem alten China gilt, dessen klassische Bücher er unermüdlich ins Deutsche übersetzt hat, ist ihm klar, dass das neue China nicht ohne das alte und das alte nicht ohne das neue verstanden werden kann. Im Jahre 1925, als Wilhelm – inzwischen nach Deutschland zurückgekehrt – das Vorwort schrieb, kann er nicht wissen, dass das damals aus den Trümmern erwachende »neue Leben« alsbald wieder unter den Trümmern einer weiteren Revolution begraben werden sollte. Allerdings ist sein Buch ein interessantes Zeugnis dafür, dass erst mit der kommunistischen Revolution von 1949 die historischen Bedingungen für jene radikale Traditionsfeindschaft geschaffen worden sind, die seither häufig auf die frühe Republikzeit zurückprojiziert wird. Denn erst nach 1949 gewinnt ein Diskurs die Vorherrschaft, der die rücksichtslose und vollständige Vernichtung des alten China propagiert, das nun als entscheidendes Hindernis auf dem Weg einer erfolgreichen Modernisierung gilt. Zur Zeit der Großen Proletarischen Kulturrevolution schien es, als habe der Anti-Traditionalismus der kommunistischen Partei den Kampf zwischen dem alten und dem neuen China derart radikalisiert, dass die alte Kultur die Gewalt diverser Modernisierungsschübe letztlich nicht würde überleben können.

Diese Auffassung hat sich als falsch erwiesen. Denn nach dem Tode Máos und dem Ende der Großen Kulturrevolution beginnt sich zunächst zögerlich, dann aber mit zunehmender Entschiedenheit eine Gegenbewegung zu formieren: die Renaissance der chinesischen Kultur. Insbesondere seit dem Beginn des 21. Jahrhunderts hat die Rückbesinnung auf vielfältige Aspekte klassischer chinesischer Kultur in Medien, Bildungssystem, Alltagsleben und Politik einen nicht mehr zu übersehenden Einfluss gewonnen. Diese Wiederkehr des alten China, das Auftauchen einer Korrespondenz von altem und neuem, klassischem und modernem China, ist vor wenigen Jahrzehnten noch kaum für möglich gehalten worden – man denke nur an den verzweifelten Ton, mit dem im neukonfuzianischen Manifest von 1958 die Lebendigkeit der klassischen chinesischen Kultur beschworen worden ist (siehe Kapitel VIII). Bittere Ironie der Geschichte: Offenbar hat die barbarische Gewalt der Großen Kulturrevolution weder überkommenen Sitten und Gebräuchen noch der klassischen Bildungskultur den Garaus gemacht, sondern, ganz im Gegenteil, eine tiefe Sehnsucht nach dem alten China hervorgebracht, die nun der sogenannten Renaissance chinesischer Kultur eine Breitenwirkung verleiht, welche weit über die akademische Sphäre hinausreicht.

Umso überraschender ist es zu sehen, mit welcher Klarheit Wilhelm die Möglichkeit des Kommunizierens von altem und neuem China in der schwierigen kulturellen Situation der frühen Republikzeit wahrnimmt. »Wenn man das neue China, das im Verlauf der letzten Jahrzehnte sich gebildet hat, wirklich verstehen will«, muss man, so betont er, der »doppelten Geschichte« Aufmerksamkeit schenken, die sich in China abspielt: »die Geschichte des von Europa importierten, in gegenseitigen Kämpfen sich erschöpfenden Militarismus und die Geschichte der im stillen heranwachsenden und immer mehr Selbstbewußtsein bekommenden chinesischen Kultur. Die Führer dieser geistigen Bewegung Jung-Chinas haben sie wohl gelegentlich mit der europäischen Renaissance verglichen. Jedenfalls ist sie auch eine Neugeburt auf geistigem Gebiet.«[18] Versucht man sich den normativen Gehalt der frühen Republikzeit zu vergegenwärtigen und sich die geistige Affinität verständlich zu machen, die viele chinesische Intellektuelle über hundert Jahre später wieder mit dieser Zeit verbindet, können Beobachtungen wie diese sehr hilfreich sein, weil sie die Wahrnehmung für lange vernachlässigte Entwicklungen unter der Oberfläche militärischer, politischer, wirtschaftlicher und ideologischer Kämpfe schärfen.[19]

Allerdings hat Richard Wilhelm offenbar die explosiven Nachwirkungen der von ihm beobachteten Situation unterschätzt: das Ausmaß der zivilisatorischen Verwilderung, in die ein seit dem 17. Jahrhundert mandschurisch regiertes China gestürzt wurde, das durch die imperialistische Gewalt erst des Westens und dann auch noch Japans vollständig seine kulturelle Balance verlieren sollte – eine Balance, die es auch über hundert Jahre nach dem Zusammenbruch des Kaiserreichs noch nicht wiedergefunden hat. Gleichwohl hat Wilhelm eine philosophische Perspektive auf jenen Umbruch entwickelt, die auch noch – oder vielleicht gerade wieder – unter stark veränderten historischen Bedingungen von Interesse ist. Sein Verständnis des Verhältnisses von altem und neuem China geht aus von der Möglichkeit der Reintegration des »neuen China« in eine transformative Logik von historischem Aufstieg und Verfall, von Absterben und Wiederaufleben, in der menschliches und natürliches Wandlungsgeschehen aufeinander verweisen und miteinander verflochten sind: von der Möglichkeit, wie auch immer gebrochen und entstellt, die Gewalt revolutionärer Umwälzungen in eine Konzeption der Transformation integrieren zu können, die, wie vormals auch die Philosophie des *Buches der Wandlungen*, unwiederbringlich überholt zu sein schien.

Wilhelm benennt einerseits die »Unwahrheit« eines Chinabildes, das die revolutionären Brüche im neuen China unterschlägt, lehnt aber andererseits ein Verständnis des neuen China ab, das auf die Bezüge zum alten verzichten zu können glaubt. Vor diesem Hintergrund vermag er bemerkenswerte Bezüge zur Transformationsphilosophie des *Buches der Wandlungen* herzustellen, dessen kongeniale Übersetzung die wohl bedeutendste philosophisch-sinologische Frucht seines langen China-Aufenthalts ist. In seiner Rede von einer Deutung der Keime des Werdens – um »aus ihnen die Zukunft zu lesen« – klingt sowohl die diagnostische und prognostische Seite des *Buches der Wandlungen* als Orakelbuch an wie auch jene geschichtsphilosophische, moralische und politische Seite, die konfuzianische Interpretationen dieses klassischen Textes später in den Vordergrund stellen sollten.[20] Die Möglichkeit, in das dynamische Verhältnis von Vergangenheit, Gegenwart und Zukunft einzutreten, wird hier von einem Wissen um die im Keimstadium noch fast unmerklichen, subtilen Anfänge in der Gegenwart her gedacht, von noch verborgenen Entwicklungen her, die erst in der Zukunft allgemein sichtbare Gestalt annehmen werden.[21]

Wilhelm heißt das neue China als notwendig willkommen und baut enge Kontakte zu Intellektuellen auf, die sich um Vermittlung von Altem und Neuem bemühen – zu denken ist dabei zuerst an seinen Freund Cài Yuánpéi (Tsai Yüan Pei), dem *Die Seele Chinas* gewidmet ist und der verschiedene einflussreiche Ämter bekleidete: Präsident der Peking Universität, Erziehungsminister der Republik China, Präsident der Academia Sinica. Wilhelm scheint davon überzeugt gewesen zu sein, dass das aus den Trümmern der Kaiserzeit neu erblühende kulturelle und geistige Leben in der jungen Republik dabei war zu lernen, mit der unvermeidlichen Spannung zwischen Kontinuität und Diskontinuität umzugehen, um so ein keineswegs einfaches, gleichwohl aber gelingendes Kommunizieren von altem und neuem China zu erreichen.

2. Die drei Volksprinzipien als Brücke

Ein Beispiel für Wilhelms normativ aufgeladenes Verständnis der kulturellen und politischen Situation der frühen Republikzeit sind die verstreuten Bemerkungen über Sun Yat-sen [Sūn Yìxián oder Sūn Wén, Sūn Zhōngshān], »den Führer der chinesischen Revolution« und Vater der Republik. Sie lassen sich als Hinweise dafür lesen, wie eine Versöhnung zwischen altem und neuem China damals vorstellbar war. Suns Bedeutung als »Sammlungsmittelpunkt« und als »einigendes Symbol«[22] gründet sich demnach auf die Absicht, drei große, konflikthaft ineinander verknotete Tendenzen vermitteln zu wollen: 1. »Sun Yat Sen hat die Werte erkannt, die, aus dem chinesischen Altertum stammend, für die neue Gesellschaft notwendig sind«[23]; 2. das Festhalten an »altchinesischen Grundlagen verhindert Sun Yat Sen nicht«, in freier Weise »die Errungenschaften des Westens als Grundlage für die neue chinesische Gesellschaft zu nehmen«[24]; 3. die zunehmende Aufmerksamkeit für die »soziale Frage« schließlich veranlasste ihn dazu, »immer mehr sozialistische Gedanken« in sein Programm aufzunehmen[25] – wobei Wilhelm betont, dass »sozialistische Überzeugungen« keineswegs erst durch sowjetischen Einfluss nach China kamen, sondern bereits die »ganze klassische Literatur der Chinesen« solchen Überzeugungen nahesteht.[26] Das stilisierte Bild Sun Yat-sens, das in dieser Beschreibung erkennbar wird, zeigt ihn kulturell als (moderaten und kritischen) Konservativen, politisch als liberalen, verfassungsstaatlich orientierten Demokraten (der ein autoritäres Regime allenfalls in einer Übergangsphase zu tolerieren bereit ist) und sozio-ökonomisch als Sozialisten (der sich jedoch deutlich von der marxistischen Idee des Klassenkampfes abgrenzt).

Es ist unschwer erkennbar, dass das Verhältnis dieser drei Momente Suns Denken nicht nur vage und implizit geprägt hat, er vielmehr darum bemüht war, es in seiner Lehre von den drei Volksprinzipien theoretisch zu klären und zum politischen Programm zu erheben. Sun selber hat die Lehre von den drei Volksprinzipien – oder »drei großen Ismen« (*sān dà zhǔyì*), wie Sun in einem Text von 1905 schreibt – im Laufe seines Lebens allerdings unterschiedlich ausgelegt und akzentuiert.[27] Das hat sich nicht zuletzt in verschiedenen Übersetzungsvorschlägen niedergeschlagen: Volkstum, Volksselbständigkeit oder Nationalismus (für *mínzú zhǔyì*); Volksrecht, Volksherrschaft, Volksgewalt oder Demokratie (für *mínquán zhǔyì*); Volksleben, Volkswohlstand oder Sozialismus (für *mínshēng zhǔyì*).[28] Wichtige Inspiration war Abraham Lincolns berühmtes Wort: »government of the people, by the people, for the people«. Zudem ist augenfällig die Affinität zu den drei großen Prinzipien der Französischen Revolution, zum »Geist von Freiheit, Gleichheit und Brüderlichkeit«, der in einem Manifest von 1907 beschworen wird. In Suns Gedanken, die für Wilhelm in der neuen chinesischen Wissenschaft und der Schöpfung einer neuen Volkssprache durch die »literarische Revolution«[29] ihre Bestätigung finden, »sehen wir China im Moment einer großartigen Selbstbesinnung«[30]. Obwohl Wilhelm die enormen Schwierigkeiten, die mit der Aufgabe der Versöhnung dieser drei Momente verbunden sind, keineswegs verborgen geblieben sind – er übt sehr deutliche Kritik an den verheerenden Wirkungen des europäischen Imperialismus und Kapitalismus[31] –, zeigt er wenig Verständnis für die interne Dynamik von Suns Denken und damit jenen Drang zur politischen Radikalisierung, der ihn dazu brachte, »immer mehr sozialistische Gedanken« in sein Programm aufzunehmen.

Am Ende des Kapitels »Gefahren und Krisen« seines 1928 publizierten Buches über Ostasien schreibt Wilhelm: »So steht China heute trotz aller Wirren am Anfang eines neuen Zeitalters, man sieht die Gefahren, die vom Westen drohen, und ist entschlossen, ihnen zu begegnen. So ist man im Begriff, bewußt in den Kampf einzutreten, und es fragt sich, wie das Ende dieses Kampfes sein wird.«[32] Wilhelm hat vor allem den Kampf Chinas gegen den westlichen Imperialismus vor Augen und vernachlässigt das destruktive Potenzial der innerparteilichen und innenpolitischen Kämpfe, die nach Suns Tod (1925) offen ausbrechen. Diese sorgen dafür, dass sein fragiles, von unablässigen Korrekturen und Experimenten geprägtes geistiges Erbe alsbald in den unentrinnbaren Sog ideologischer Kämpfe gerät, in denen sein normativer Gehalt bis zur Unkenntlichkeit überwuchert und entstellt werden wird.

Sun Yat-sen war sicherlich kein großer Theoretiker. Die Grundzüge seiner Lehre von den drei Prinzipien sind zudem weniger als individuelles denn als ein kollektives Werk entstanden. Wenige Jahre vor dem Sturz des Kaiserreichs macht sich ein Kreis von revolutionär gesinnten Intellektuellen im japanischen Exil an die vorläufige Ausarbeitung. Die letzte Version von 1924 beruht sodann auf Vorträgen, die Sun in einem gesundheitlich bereits sehr angeschlagenen Zustand weitgehend frei halten musste, nachdem ein umfangreiches Manuskript bei einem Anschlag auf sein Wohnhaus vernichtet worden war. Vielen seiner Kampfgenossen galten die drei Prinzipien als zu idealistisch, während er selber sie für unverzichtbar hielt und eher bereit war, auf Amt und Würden zu verzichten, als den Versuch aufzugeben, sie zu verwirklichen. Mit seinem politischen Scheitern einerseits und der ideologischen Instrumentalisierung der drei Prinzipien andererseits ist es fast unmöglich geworden, ihren normativen Gehalt auszumachen und die bleibende Bedeutung der republikzeitlichen Geisteskultur zu rekonstruieren. Richard Wilhelms konzise Reflexionen erlauben es allerdings, jenen Gehalt zumindest andeutungsweise zu beschreiben und denjenigen Aspekt republikzeitlichen Denkens in den Blick zu nehmen, der auch unter den veränderten Bedingungen der Gegenwart noch der Aktualisierung fähig zu sein scheint. Es ist dies der Aspekt der Fähigkeit zu transkultureller und transpositionaler Kommunikation von Altem und Neuem, von Östlichem und Westlichem sowie, auf dieser Grundlage beruhend, von Konservatismus, Liberalismus und Sozialismus: transkulturell in dem Sinne, dass östliche und westliche Quellen unter der Voraussetzung einer wechselseitigen Lern- und Transformationsdynamik ineinander und durcheinander fließen; transpositional in dem Sinne, dass ein paradoxes Wandern durch einander widerstreitende ideologische Positionen hindurch angestrebt wird.

In Wilhelms Beschreibung der intellektuellen und politischen Situation der frühen Republikzeit sind diese beiden Aspekte unschwer erkennbar. Einerseits hat er in seinem Austausch mit bedeutenden Intellektuellen und Gelehrten dieser Zeit beobachten können, dass Selbstbesinnung und offene Lernbereitschaft dem Westen gegenüber zwar in einem schwierigen und konfliktbeladenen Verhältnis stehen, aber einander keineswegs ausschließen müssen, ja sich teilweise sogar auf höchst produktive Weise wechselseitig befruchten können. Andererseits hat die frühe Republikzeit Möglichkeiten der Kommunikation zwischen einander ideologisch scheinbar ausschließenden Positionen eröffnet. Vor allem das Beispiel der Pekinger Reichsuniversität und die Rolle Cài Yuánpéis hat Wilhelm dabei vor Augen: »Es gelang Ts'ai Yüan P'e [Cài Yuánpéi] die bedeutendsten jungen Kräfte heranzuziehen. Ein unglaublich produktives wissenschaftliches Leben begann. Trotz geringer Bezahlung, die infolge der trostlosen Finanzverhältnisse oft monatelang in Rückstand bleibt, herrscht eine beispiellose Schaffensfreudigkeit unter den Professoren und ein enger Kontakt zwischen Lehrern und Studenten. Ts'ai Yüan P'e hat die unbedingte Freiheit der Wissenschaft zum Prinzip gemacht. Auch die kühnste, revolutionärste Weltsicht kam zu Wort, aber auch stark konservativ gerichtete Lehrkräfte konnten sich ungehindert beteiligen. Selbst der Reaktionär Ku Hong Ming [Gū Hóngmíng] war eine Zeitlang Dozent an der Universität.«[33]

In der von Wilhelm skizzierten politischen Lehre Sun Yatsens findet diese Offenheit eine Entsprechung, insofern sie als Versuch erscheint, eine Plattform für die Kommunikation von konservativen, liberalen und sozialistischen Positionen bereitzustellen. Wilhelms Beschreibung legt durchaus den Schluss nahe, dass es der Keim zu transkultureller und transpositionaler Kommunikation ist, in dem der normative Kern der frühen Republikzeit gesehen werden kann: Darin ist die Bedingung der Möglichkeit gelegt worden, Altes und Neues, Östliches und Westliches miteinander und durcheinander kommunizieren zu lassen – und schließlich auch Konservatismus, Liberalismus und Sozialismus. Dass das Wachstum dieses Keimlings keineswegs den erhofften Verlauf genommen hat, sondern alsbald von der Gewalt historischer Ereignisse verschüttet worden ist, spricht an sich sicherlich nicht gegen die Idee solcher Kommunikation und die Ergebnisse ihrer zunächst nur experimentellen Verwirklichung. Steht nicht Sun als »transkultureller Grenzüberschreiter« und »Kommunikator«[34] für Qualitäten der frühen Republikzeit, denen, nach Jahrzehnten grausamster ideologischer Kämpfe, eine kaum zu leugnende Aktualität innewohnt?[35]

3. Von der bürgerlichen zur kommunistischen Revolution

Karl August Wittfogels Analyse der frühen Republikzeit weckt starke Zweifel an Wilhelms Deutung. Zeugt diese nicht von einer idealistischen Verklärung, die in Anbetracht der realen politischen und sozialen Kämpfe bestenfalls rührende Naivität verrät? In der Zeit, in der Wilhelm *Die Seele Chinas* (1926) und *Ostasien* (1928) publiziert, erscheinen auch zwei Bücher Wittfogels: *Das erwachende China* (1926) und *Sun Yat Sen* (1927). Beide sind in der Zeit geschrieben worden, in der Wittfogel mit dem Frankfurter Institut für Sozialforschung assoziiert war.[36] Wittfogel stand zudem in Kontakt mit dem von Richard Wilhelm geleiteten China-Institut.[37] Seine dezidiert marxistische Analyse der »gegenwärtigen Probleme Chinas« und des Revolutionärs Sun Yatsen sympathisiert ebenfalls unverkennbar mit diesem, jedoch in ganz anderer Weise als Wilhelm. Dieser geht nämlich davon aus, dass die »Bolschewisierung Chinas«, zumindest »in absehbarer Zeit«, nicht erfolgreich sein wird.[38] Im Vorwort zu dem Buch *Die geistigen Grundlagen des Sun Yat Senismus* von Dài Jìtāo (Tai Chi-tao oder Tai Tschi Tao) versteigt sich Wilhelm zu einer geradezu schwärmerischen Apologie Sun Yat-sens: »Die Größe Sun Yat Sens beruht nun darauf, dass er eine lebendige Synthese gefunden hat zwischen den Grundprinzipien des Konfuzianismus und den Anforderungen der neuen Zeit, eine Synthese, die über die Grenzen Chinas hinaus für die ganze Menschheit noch einmal von Bedeutung werden kann. Sun Yat Sen vereinigt in sich die eherne Konsequenz des Revolutionärs und die große Menschenliebe des Erneuerers. Sun Yat Sen ist der gütigste von allen Revolutionären der Menschheit gewesen. Und diese Güte hat er dem Erbe des Konfuzius entnommen. So steht sein geistiges Werk da als eine verbindende Brücke zwischen der alten und der neuen Zeit. Und es wird das Heil Chinas sein, wenn es entschlossen diese Brücke beschreitet.«[39] In der Bedeutung, die Sun den Idealen von Brüderlichkeit (*bóài*) und Menschlichkeitsliebe (*rénài*) sowie der alten konfuzianischen Vision einer befriedeten Weltgemeinschaft (*dàtóng*) beigemessen hat, konnte sich Richard Wilhelm, der »Weltbürger unseres Zeitalters«[40], offenbar wiedererkennen.

Für Wittfogel ist Dài Jìtāo ein reaktionärer Revisionist, der »führende Theoretiker der rechten Kuo Min Tang [KMT, *Guómíndǎng*]«, der versucht, einen »bürgerlichen Klassenstandpunkt« zu schaffen, aber dabei verleugnet, dass Sun in Lenin und keineswegs in Konfuzius den »großen Lehrer der chinesischen Revolution« gesehen hat.[41] Während Wilhelm demnach für den rechten KMT-Flügel Partei ergriffen hat, kämpft Wittfogel für die Behauptung, der linke Flügel könne das Erbe Sun Yat-sens legitimerweise für sich beanspruchen. Kaum zu leugnen ist jedenfalls, dass es dem engagierten Blick Wittfogels gelingt, eine luzide Analyse der politischen Situation zu geben und eine Prognose über den Aufstieg des chinesischen Kommunismus in einer Zeit, in der dieser durch brutale Repressionen des »rechten Flügels« der KMT um Chiang Kai-shek (Jiǎng Jièshí) dramatisch geschwächt wird. In Kenntnis des ja erst viele Jahre später eintretenden machtpolitischen Erfolgs der kommunistischen Revolution ist es verblüffend zu sehen, in welchem Maße es Wittfogel in dieser Zeit gelingt, »die Keime des Werdens zu deuten«, um »aus ihnen die Zukunft zu lesen«.

Wittfogel vermag es, der Erörterung Sun Yat-sens und der politisch-ökonomischen Situation im »neuen China« eine historisch-kritische Tiefenschärfe zu verleihen, die so bei Wilhelm nicht zu finden ist. Wittfogels Analyse erlaubt einen Blick auf die strategischen Entscheidungen, durch die sich Máo Zédōngs Idee kommunistischer (oder sozialistischer) Revolution gegen die durch Sun Yat-sen repräsentierte bürgerliche Revolution abgrenzt, der sich zuvor wiederum von den konservativen Revolutionären um Kāng Yǒuwéi abgesetzt hatte. Wittfogel macht deutlich, dass sich hier zwei unterschiedliche Paradigmen der Modernisierung Chinas gegenüberstehen, die gleichwohl vielfältig aufeinander bezogen bleiben. Aus dieser Perspektive lässt sich der von Máo favorisierte Weg der Modernisierung nämlich so verstehen, dass er in jedes der drei Volksprinzipien eine strategische Spaltung einführt, die dem politischen Kampf der kommunistischen Partei zugutekommen soll: Es wird zunächst eine Spaltung vorgenommen zwischen Nationalismus und traditioneller Kultur (repräsentiert vor allem durch den Konfuzianismus); es wird sodann eine Spaltung zwischen Demokratie und bürgerlicher Freiheit eingeführt – dabei wird davon ausgegangen, dass das Volk (der Arbeiter und Bauern) nur wird zu seinem Recht kommen können, wenn es zugleich den Kapitalismus bekämpft und an die Stelle der bürgerlichen eine proletarische Demokratie tritt; die Durchsetzung des Sozialismus in China ist schließlich mit der versöhnlichen Haltung Suns nicht zu erreichen, bedarf vielmehr der gezielten Verschärfung des Klassenkampfes. Während in Wilhelms Verständnis die drei Momente von Sun Yat-sens Lehre sich wechselseitig und versöhnungsfähig ergänzen, ordnet Wittfogel sie so an, dass sie – sowohl biografisch als auch historisch – Stufen eines teleologisch ausgerichteten Fortschrittsprozesses bilden. Wittfogels schneidende Analyse hat den Vorteil, präzise das Ungenügen und die Fragilität von Suns theoretischen Bemühungen offenlegen zu können, um darüber hinaus jene Widersprüche zu identifizieren, die ihn historisch selber den Weg der Radikalisierung der bürgerlichen in Richtung einer kommunistischen Revolution haben einschlagen lassen.[42]

Wittfogel sieht die Grenze von Sun Yat-sens revolutionärem Bewusstsein in seiner Weigerung, Kommunist oder Marxist zu werden.[43] Aus kommunistischer Sicht blieb der transkulturelle Kommunikator demnach hoffnungslos verstrickt in das verwirrende Verhältnis sich objektiv widersprechender und von daher unversöhnbarer Positionen, um deren Kommunizieren er gleichwohl unablässig bemüht war: Erneuerung des Konfuzianismus, Errichtung einer parlamentarischen Demokratie und Kampf für gerechtere Lebensbedingungen. Der indische Revolutionär Manabendra Nath Roy, auf den Wittfogel in *Das erwachende China* hinweist, analysiert die Gründe von Suns Scheitern mit ätzender Schärfe. Für ihn ist er der Apostel eines »im Kern reaktionären, kleinbürgerlichen Radikalismus«[44], dem weder die Unvereinbarkeit von altem und neuem China klar geworden ist, noch dass der kleinbürgerliche Charakter der parlamentarischen Demokratie überwunden werden muss: »Sun Yat-sen trat niemals mit Bestimmtheit für eine revolutionäre [proletarische] Demokratie ein, weil er nicht erkannte, daß ein neues China ohne gründliche Beseitigung des alten nicht aufgebaut werden konnte. In den Fußstapfen von Konfuzius wandelnd, bemühte er sich, eine Kompromißformel zwischen den sozialen Verhältnissen des alten China und der Erringung einer modernen Demokratie zu finden. Diese Formel ist in seinen Drei Prinzipien [Nationalismus, Demokratie und Sozialismus] enthalten [...].«[45] Während Sun für Roy bis zu seinem Tod (1925) in die paradoxe Konstellation der drei Volksprinzipien ausweglos verstrickt geblieben ist, sieht Wittfogel bei ihm gegen Ende seines Lebens immerhin eine klare Wende in Richtung Sozialismus und damit einen entscheidenden Schritt hin zur Auflösung dieser aus miteinander unvereinbaren Prinzipien gebildeten Paradoxie. Sun hat, so Wittfogel, »das Kommende im Keime gesehen, ja er ist als alter Mann selbst noch auf den Weg gegangen. Immerhin, er blieb am Anfang der Bahn. Die arbeitenden Massen Chinas, die ihm so viel verdanken, werden sein Erbe antreten, indem sie den Weg weiter beschreiten, von dem er nur den Anfang sehen konnte.«[46] Und Wittfogel schließt seine Einleitung mit revolutionärem Pathos: »So wird denn die Geschichte Ostasiens über Sun ›hinausgehen‹, aber so, wie der zweite Schritt über den ersten hinausgeht. Der zweite Schritt wäre nicht möglich, wenn der erste nicht vorher gewesen wäre. Der zweite Schritt ›hebt‹ den ersten ›auf‹, aber indem er revolutionär aus ihm hervorwächst, indem er ihn zur gleichen Zeit fortsetzt *und* vernichtet. Nur in *diesem* Sinne kann Sun Yat Sen, theoretisch und praktisch, richtig gewürdigt – und richtig ›überwunden‹ – werden.«[47]

Bemerkenswert ist jedoch nicht nur Wittfogels Urteil über die Notwendigkeit, Sun zu überwinden, sondern auch seine Beschreibung jenes Prozesses der Selbstüberwindung, durch den dieser überhaupt erst zur herausragenden revolutionären Figur werden konnte. Wittfogel schreibt: »Im Laufe von vierzig Jahren durchmaß die chinesische Revolution – und Sun als ihr führender Kopf mit ihr – eine Reihe von Entwicklungsstadien, zu deren Bewältigung die Staaten des Westens jeweils Jahrzehnte, ja Jahrhunderte gebraucht haben. [...] Suns Kraft war die Kraft seiner Entwicklungsfähigkeit, die Kraft der Anpassung an die neuen Erfordernisse neuer revolutionärer Situationen.«[48] Wittfogel unterscheidet sodann vier Stadien, die Sun persönlich und das revolutionäre China historisch durchlaufen haben: 1. »spätmittelalterlicher« Bauernaufstand (bis 1895; Sympathie Suns für die Tàipíng-Revolution); 2. »früh-bürgerliche« Zeit mit der Forderung nach konstitutioneller Monarchie und allmählicher Radikalisierung in Richtung der Forderung nach dem Ende der Mandschu-Dynastie (1895–1905); 3. Forderung nach einer bürgerlichen Revolution und Kampf um die fragile Republik (1900–1921); 4. ab 1922 Übergang zum sozialistischen Kampf um eine »revolutionäre Einheitsfront aller unterdrückten Klassen«. Es ist unschwer zu erkennen, dass Suns drei Prinzipien in ihrer Version von 1924 mit den Phasen zwei bis vier korrespondieren, wobei sich für alle ein normativer Gehalt ausmachen lässt, der in Suns Prinzipien zum Ausdruck kommt: Versöhnung von Nationalismus und kultureller Rekonstruktion; Versöhnung von parlamentarischer Demokratie und moderner Ökonomie; Sozialismus ohne Klassenkampf.

Der von Wittfogel betonte Zusammenhang von biografischer und revolutionärer Entwicklung ist kaum von der Hand zu weisen. Allerdings legt die Entwicklungsgeschichte der Theorie der drei Volksprinzipien die Möglichkeit nahe, deren Verhältnis weniger als teleologische Stufenfolge denn als dynamische Konstellation normativer Prinzipien zu verstehen, deren Spannungsverhältnis unauflösbar sein mag, die jedoch andererseits keineswegs schicksalhaft im Zustand mörderischen Konflikts verharren müssen. Wittfogel weist mit Recht darauf hin, dass es schmerzliche historische Erfahrungen waren, die Sun an der Versöhnbarkeit der drei Prinzipien haben zweifeln lassen. Inzwischen stellt sich allerdings die Frage, ob die normative Überlegenheit von Suns gegenüber Máos Paradigma der Revolution nicht gerade darin besteht, eine vielversprechende Grundlage für die Aufarbeitung und Anerkennung des hybriden Charakters chinesischer Modernisierung gelegt zu haben. Diese Grundlage ist darin zu sehen, dass die paradoxe Konstellation der drei Volksprinzipien historisch mit den drei großen Phasen revolutionärer Umwälzung nach 1895 korrespondiert.

Die Geschichte Chinas ist in der Tat über Sun Yat-sen hinausgegangen. Die bürgerliche Revolution von 1911 ist 1949 nochmals revolutionär überboten worden. Nachdem aber im Laufe des 20. Jahrhunderts auch in China der historische Materialismus und die damit verbundene Fortschrittsteleologie fragwürdig geworden sind, beginnt die Bedeutung Sun Yat-sens als »Sammlungsmittelpunkt« wieder deutlicher erkennbar zu werden. Nun stellt sich die Frage, ob die Grenze Wittfogels nicht darin gesehen werden kann – im Unterschied zu Wilhelm –, von dieser Möglichkeit nicht das Geringste geahnt zu haben.[49] Gleichwohl ist Wittfogels Analyse in Verbindung mit derjenigen Wilhelms hilfreich, um sich innerhalb einer politischen Situation Chinas zu orientieren, in der die Suche nach einer post-kommunistischen Zukunft längst begonnen hat und in der deshalb ganz bewusst auf die vermeintlich überwundenen Stadien der konservativen und der bürgerlichen Revolution zurückgegriffen wird. Die normative Paradoxie der drei Momente, die doch durch die sozialistische Revolution aufgelöst und überwunden zu sein schien, ist somit wieder an die Oberfläche der chinesischen Gegenwart getreten. Bevor ich mich jedoch der Frage zuwende, wie der Umgang mit ihr im chinesischsprachigen Diskurs zu Beginn des 21. Jahrhunderts wieder aufgenommen wird, sei zunächst eine weitere sinologische Perspektive ins Spiel gebracht, mit der die philosophischen Implikationen der mit Bezug auf Wilhelm und Wittfogel erörterten Problematik klarer werden dürften.

4. Kritische Rekonstruktion und das Paradigma der Kommunikation

Der Schwerpunkt von Richard Wilhelms Arbeit lag auf dem alten China, ohne dass er jedoch das neue vernachlässigt hätte, dessen Herausbildung er nicht nur distanziert beobachtet, sondern aktiv mitgestaltet hat – der Aufbau des von der Republik China geförderten China-Instituts in Frankfurt am Main war nur die letzte Etappe eines jahrzehntelangen Engagements. Gleichwohl bleiben in der geistigen Haltung, die aus seinen Übersetzungen und Erörterungen spricht, altes und neues China merkwürdig voneinander abgespalten. Er hat die Kommunikation von Altem und Neuem, von Östlichem und Westlichem wirklich praktiziert, ist aber theoretisch komparativen Schematisierungen in einem Maße verhaftet geblieben, die hinter seiner Erfahrung peinlich zurückbleiben: als sei ihm nicht klar gewesen, dass Einheitlichkeit und Kontinuität der chinesischen Seele und des chinesischen Wesens von revolutionären Umwälzungen radikaler infrage gestellt worden sind als je zuvor in der Geschichte Chinas. Er war ein Gelehrter, dessen Zuneigung der klassischen Kultur des alten China galt. Das neue, das revolutionäre China erschien ihm eigentlich nur anerkennungswürdig, sofern in ihm das Potenzial, das Alte und das Neue zu versöhnen, zum Ausdruck kam.

Mitte der 1920er Jahre kreuzen sich für einen kurzen Moment die Wege des alten Wilhelm und des jungen Wittfogel, der klassischen Sinologie und der sich formierenden Kritischen Theorie, in deren interdisziplinärem Rahmen die Beschäftigung mit dem zeitgenössischen China einen gewissen Platz fand. Aber ihre Positionen bleiben einander fremd, politisch wie wissenschaftlich. Wilhelm hegt tiefe Sympathie für die Bemühungen seines Freundes Cài Yuánpéi, Altes und Neues, Östliches und Westliches miteinander kommunizieren zu lassen. Er bleibt geistig im Bann der bürgerlichen Revolution und der republikzeitlichen Gelehrsamkeit. Aus der Perspektive des Kampfes für die sozialistische Revolution musste eine solche Position reaktionär erscheinen. In diesem Sinne ist Cài Yuánpéi für Roy zugleich »Apologet der alten chinesischen Kultur« und »anerkannter Ideologe des kleinbürgerlichen Radikalismus«.[50] Den Schwerpunkt von Wittfogels Interesse bildet in dieser Zeit Chinas kommunistische Bewegung, mit der er sympathisiert, und eine marxistische Analyse der politisch-ökonomischen Situation. Die Bemühungen des einen wie des anderen mögen heute peinlich anachronistisch wirken. Dennoch könnte es sein, dass die damals unfruchtbar gebliebene Begegnung von klassischer Sinologie und Kritischer Theorie einen philosophischen Sinn enthält, der für die Auseinandersetzung mit chinesischer Gegenwartsphilosophie von Bedeutung ist. Denn dem Problem, dass die Kenner des klassischen China auf der einen Seite und diejenigen des kommunistischen auf der anderen Seite einander wenig zu sagen haben, steht die zunehmend dringlicher werdende Aufgabe gegenüber, beide kennen zu müssen, um Gegenwart und Vergangenheit nicht nur der ostasiatischen Moderne, sondern auch »unserer Moderne« verstehen zu können. Im Hinblick auf die Verflechtung der Fäden von Altem und Neuem, von Östlichem und Westlichem fehlen in der anglo-europäischen Beschäftigung mit chinesischer Philosophie bisher weitgehend die nötigen begrifflichen Mittel, die dieser Aufgabe wirklich gewachsen wären. Allzu häufig wird das eine Moment gegen das andere ausgespielt, so dass eine ungezwungene Kommunikation der Momente erst überhaupt nicht in Gang zu kommen vermag.

Heiner Roetz hat die lange vernachlässigte und vergessene Möglichkeit, klassische Sinologie und Kritische Theorie zusammenzuführen, wieder aufgenommen. Er hat eine Perspektive wiederbelebt, die es erlaubt, das bisher über Wilhelm und Wittfogel Gesagte stärker im philosophischen Diskurs der Gegenwart zu situieren. Klar ist, dass diese Wiederbelebung auf sehr indirekte Weise in Gang kommt, nämlich indem sich Roetz – wie auch andere europäische Sinologen seiner Generation – von maoistischen Sympathien abwendet, um sich dem Studium der klassischen chinesischen Philosophie zuzuwenden. Er vollzieht damit eine Bewegung, die auch für die philosophische Forschung in der VR China seit den 1980er Jahren charakteristisch gewesen ist: Abwendung vom Glauben an die kommunistische Revolution und Rückwendung zum alten China, wobei die damit einhergehenden rekonstruktiven Bemühungen sehr bald das marxistische Raster sprengen, das jahrzehntelang die Interpretation klassischer philosophischer Texte beherrscht hat.

In der von Roetz entwickelten Perspektive kreuzen sich somit von Anbeginn das Interesse am alten und am neuen, am klassischen und am revolutionären China auf eine Weise, die weder für Wilhelm noch für Wittfogel denkbar war. In einer Zeit, in der in der VR China selber klassische Texte unter post-maoistischen Bedingungen allmählich wieder stärker thematisiert und studiert werden, beginnt Roetz eine Arbeit der kritischen Rekonstruktion chinesischer Philosophie. Dabei behält er immer auch den europäischen Chinadiskurs im Auge und ist sich der Notwendigkeit bewusst, sich kritisch in ihm situieren zu müssen. Die Idee einer »nicht regressiven Aneignung der Tradition«[51], die diese rekonstruktive Arbeit anleitet, ist unverkennbar geprägt vom Impuls zur Aufarbeitung der Vergangenheit und Versuchen einer philosophischen Fundierung der liberal-demokratischen Entwicklungen in der Bundesrepublik Deutschland nach 1945. Wie auch Wilhelm und Wittfogel, allerdings auf andere Weise, rührt seine vom *»universalistischen Potential* der alten Kultur«[52] überzeugte Interpretation konfuzianischer Ethik an Korrespondenzen und Divergenzen zwischen chinesischer und deutscher Modernisierung im 19. und 20. Jahrhundert. Polemisch wendet er sich gegen die seit Hegel und Max Weber einschlägig gewordene Behauptung, »der Konfuzianismus vertrete eine bloße heteronome *Ethik der Anpassung*«.[53] Diese Perspektive ist in der anglo-europäischen Forschung zuweilen dem Vorwurf der Projektion eines kantischen Universalismus auf die konfuzianische Ethik ausgesetzt. Im zeitgenössischen Neokonfuzianismus eines Móu Zōngsān jedoch, der konfuzianisches Lernen und liberale Demokratie zu versöhnen sucht, verfügt sie über einen einflussreichen Verbündeten, denn auch dort ist es eine von Kant inspirierte Perspektive, die an moralischer Subjektivität und Autonomie ausgerichtete Rekonstruktionsbemühungen anleitet.

Roetz wendet sich allerdings auch kritisch gegen das Verhaftetsein in einem bewusstseinsphilosophischen Paradigma, das er im zeitgenössischen Neokonfuzianismus noch am Werk sieht.[54] Dabei rührt er an Schwierigkeiten eines Dialogs zwischen konfuzianischer Gegenwartsphilosophie und einem Paradigma der Kommunikation, das Karl-Otto Apel und Jürgen Habermas ausgearbeitet haben. Die größte Schwierigkeit besteht in der Kluft zwischen einer Auffassung moralischer Autonomie, die im Konfuzianismus metaphysisch begründet worden sein soll, und einem Verständnis konfuzianischer Ethik, das von einer intersubjektiv ausgerichteten Diskursethik ausgeht, welche die Universalität ethischer Normen auf die nachmetaphysische Immanenz sprachlicher Kommunikation zu gründen sucht. In dieser Konfrontation einer metaphysischen und einer nachmetaphysischen Interpretation moralischer Autonomie im Konfuzianismus deuten sich weitreichende philosophische Fragen an, die durch die Einbeziehung der kommunikationstheoretischen Wende in die Auseinandersetzung mit chinesischer Philosophie einfließen.

Die damit eröffnete Möglichkeit, klassische Sinologie und Kritische Theorie miteinander zu verknüpfen, ist ein wichtiger Schritt über Wilhelm und Wittfogel hinaus, weil durch sie die Professionalisierung der Auseinandersetzung mit chinesischer Philosophie vorangetrieben wird. Wichtige Entwicklungen in diesem Bereich sind in Zukunft sicherlich nicht von pauschalen Auslassungen über *die* Chinesen oder *das* chinesische Denken zu erwarten, sondern von gemeinsamer Arbeit an geteilten und spezifischen Problemstellungen. Als Ausgangspunkt vielfältiger Debatte hat sich bereits die Problematik des universalistischen Gehalts konfuzianischer Ethik und der Rolle von Menschenrechten und Menschenwürde in ihr erwiesen.[55] Hier möchte ich mich auf diese verschlungene Diskussion nur beziehen, insofern sie dabei hilft, einen Begriff der Kommunikation zu präzisieren, der für die weiteren Erörterungen von herausragender Bedeutung sein wird – das heißt, dass ich nicht auf die grundlegende Frage des Eurozentrismus Kritischer Theorie eingehe, auch nicht auf eine interkulturelle Methodologie, die sich allgemein mit der Frage beschäftigt, wie das »Fremde« und das »Andere« verstanden werden kann, vielmehr möchte ich beispielhaft skizzieren, an welchen Punkten ein problemorientierter Dialog zwischen chinesischer Gegenwartsphilosophie und Kritischer Theorie fruchtbar sein kann.[56]

François Jullien hat auf eine Heiner Roetz direkt entgegengesetzte Weise klassische Sinologie und Gegenwartsphilosophie zusammengeführt. Der unter französischen Intellektuellen verbreiteten Kritik am »zeitgenössischen Rationalismus« von Karl-Otto Apel und Jürgen Habermas gibt er eine Wende, die als Zurückweisung des Versuchs angesehen werden kann, konfuzianische Ethik kommunikationstheoretisch zu deuten. Julliens Verständnis des chinesischen Denkens als eines Denkens der Immanenz dominiert seine Diskussion einer rationalistischen Kommunikationstheorie, deren universalistischen Anspruch er mit dem Hinweis auf die Sprachauffassung in Konfuzianismus und Daoismus zurückweist. Diese sieht er stärker geprägt von Manipulation und Strategie als von Überzeugung und Argument. Seiner Auffassung nach wird in den *Gesprächen* (*Lúnyǔ*) des Konfuzius die »Reziprozität in der Argumentation« ständig umgangen.[57]

Aufgrund dieser Überzeugung verwirft er die universalistische Deutung der Goldenen Regel in den *Gesprächen* (etwa in *Lúnyǔ* IV.15 und XV.23) als eurozentrisch. In der zweiten Stelle wird Konfuzius gefragt, ob es ein Wort gibt, dass man sein ganzes

Leben praktizieren kann. Er antwortet (ich folge Julliens Übersetzung): »Wäre das nicht die Reziprozität? Was man selber nicht wünscht, tue man nicht Anderen an.« Und Jullien kommentiert diese Formel wie folgt: »mehr denn als abstrakte Maxime zu dienen, die einen Vorgeschmack auf den kategorischen Imperativ gibt, bleibt sie geprägt vom chinesischen Sinn für die Resonanz oder Responsivität (gan-ying [*gănyìng*]), dem gemäß Ethik nicht vom Bereich der Affekte zu trennen ist [...].«[58] Die Verbindung von Konfuzius und Kant läuft demnach Gefahr, konfuzianische Weisheit in einen Universalismus einzuspeisen, der auf Uniformismus hinausläuft, auf geistige Standardisierung nach westlichen Normen.[59]

Folglich verwirft Jullien den universalistischen Anspruch einer auf Diskussion und Überzeugung durch Gründe beruhenden »Ethik der Kommunikation« als ethnozentrisch. Apel und Habermas sehen einen Ausweg aus dem Dilemma von Irrationalismus und Formalismus, indem sie »die Universalität im Reglement der als Kommunikation verstandenen Sprache selbst suchen«. Aber: »Wenn man den europäischen Kontext verlässt, fragt man sich allerdings, ob ein solches Reglement selbst nicht willkürlich oder zumindest kulturell geprägt ist?«[60] Von China aus betrachtet, so Jullien, erscheint Habermas' Überzeugung von »*apriorischen* Regeln der Kommunikation« einem kulturellen Partikularismus geschuldet, denn bei genauerer Betrachtung erweist sich ein auf Diskussion, Argumentation und das Prinzip der Widerspruchsfreiheit gestütztes Paradigma der Kommunikation als eine »griechische Sache«.[61] Mit diesem Hinweis glaubt er die vermeintliche Unhintergehbarkeit der Argumentationssituation ihrer kulturellen Partikularität überführen zu können. Während Apel und Habermas, so Jullien weiter, sich nicht vorstellen können, ihr auf Aristoteles zurückgehendes Schema des ausgeschlossenen Dritten abzuschwächen, gehen die Weisheitstexte des alten China »in ihren konfuzianischen oder taoistischen Versionen mit Leichtigkeit und ohne Komplexe oder Gewissenbisse« über diese Regeln hinaus: Weder unterwirft sich der Weise dem Prinzip der Widerspruchsfreiheit, noch verwirft er es. Er vermeidet es vielmehr, sich zum Gefangenen der einen oder der anderen Position zu machen. Weder lässt er sich von der Logik der Ausschließung beschränken, noch beraubt er sich der Möglichkeit, sie als Ressource zu nutzen. So hält er sich alle Optionen offen und bleibt disponibel, wie Jullien gerne sagt.[62] Er übt sich spielerisch im paradoxen »Sprechen ohne Sprechen« (parole sans parole) und wünscht sich, »einen Menschen zu finden, der das Sprechen vergisst, um mit ihm zu sprechen«.[63]

Der von Jullien aufgeworfene Zweifel an einem auf Diskussion und Argumentation gegründeten Paradigma der Kommunikation speist sich aus der Bedeutung von Formen indirekter, diskreter und responsiver Kommunikation, die er in seinen Analysen von chinesischer Dichtung, Kunst und Philosophie unermüdlich herausarbeitet. Sowohl er als auch Roetz stellen, wenn auch aus verschiedenen Perspektiven, die Frage nach der Bedeutung von Kommunikation für die Auseinandersetzung mit dem alten und dem neuen China. Dabei beschränkt sich Jullien nicht darauf, ein griechisches Paradigma der Kommunikation und ein chinesisches Paradigma der Nicht-Kommunikation einander gegenüberzustellen, sondern spricht in seiner Interpretation chinesischen Prozessdenkens wiederholt von »Kommunikation« (eine seiner Übersetzungen für *tōng* 通) und einer unblockierten »Spontaneität der Kommunikativität«.[64] Damit stehen sich mit argumentativer (räsonierender) und responsiver (resonierender) Kommunikation zwei Möglichkeiten gegenüber, Kommunikation zu verstehen. Für eine an normativen und zeitdiagnostischen Fragen interessierte Perspektive auf chinesische Gegenwartsphilosophie werden Julliens komparative Erörterungen jedoch erst in dem Moment interessant, in dem der von ihm plakativ eingesetzte Kontrast von China und Griechenland zugunsten einer stärker an der Komplexität chinesischsprachiger Diskurse orientierten Diskussion ersetzt wird. Dann kommt die Frage auf, ob es nicht sinnvoll sein könnte, über die Öffnung einer einseitig diskursiv und argumentativ fundierten kommunikativen Vernunft in Richtung einer responsiv-kommunikativen Vernunft (*gǎntōng lǐxìng*) nachzudenken.

Mit Blick auf die chinesischsprachige Diskussion lässt sich zumindest sagen, dass damit eine viel beachtete Streitfrage berührt ist. Hú Shìs bahnbrechende Studie zur Logik der Argumentation im alten China ist vor dem Hintergrund der allgemeinen Bemühung zu sehen, in China selber nach Ansätzen des Denkens zu suchen, die nach modernem Maßstab als wissenschaftlich gelten können. Die verbreitete Überzeugung, Logik und Mathematik seien in der chinesischen Gelehrsamkeit nur unzureichend entwickelt worden, hat deshalb, seit dem frühen 20. Jahrhundert, zu einem starken Interesse an Logik in der philosophischen Forschung geführt.[65] Gleichzeitig entwickelt sich jedoch auch ein wissenschaftsskeptischer Diskurs, in dem einer als instrumentalistisch und materialistisch verstandenen westlichen Wissenschaft eine responsive und vitalistische Alternative gegenübergestellt wird. Nach der Katastrophe der Ersten Weltkriegs, in einem für die Schattenseiten moderner Wissenschaft und Technik sensibilisierten Europa, entwickelt sich tatsächlich ein interkultureller Diskurs, der dieser Alternative gewidmet ist.[66]

Wer einmal auf die Verbreitung und Bedeutung paradoxer Denkfiguren im Schrifttum der großen geistigen Strömungen des Konfuzianismus, Daoismus und Buddhismus gestoßen ist, wird die Berechtigung von Julliens Hinweisen wohl kaum grundsätzlich leugnen wollen. Die Fixierung auf Argumentation, Diskussion und Widerspruchsfreiheit verstellt die Sicht auf kommunikative Praktiken, die weniger auf argumentative Verständigung denn auf transformative Effekte zielen – und haben nicht Pierre Hadot und Michel Foucault gezeigt, das auch die europäische Philosophiegeschichte reich an nicht-diskursiven Praktiken ist? Allerdings ist es – zumindest aus der Perspektive einer sich durch Altes und Neues, Östliches und Westliches hindurch bewegenden Gegenwartsphilosophie – in keiner Weise hilfreich, Argumentation (Europa) und Responsivität (China), Logik (Europa) und Intuition (China) regional zuzuordnen, kulturell zu fixieren und damit theoretisch zu verdinglichen. Deshalb ist Julliens Neigung zu griffigen Kontrastierungen zwar für eine erste Orientierung im geistigen Kraftfeld von China und Europa hilfreich, für eine vertiefende Auseinandersetzung jedoch geradezu hinderlich. In Anbetracht der Aufgabe, jenen Diskursformen nachzugehen, in denen die paradoxe Konstellation der chinesischen Gegenwart artikuliert wird, scheint es mir folglich wenig ratsam, das kommunikationstheoretische Paradigma entweder kognitivistisch oder resonanztheoretisch zu beschränken. Die Schwierigkeit der damit gestellten Aufgabe besteht offenbar darin, einen Bereich philosophisch durchdringen zu wollen, in dem einerseits diskursive Kommunikation in nicht-diskursive übergeht, andererseits jedoch nicht-diskursive Kommunikation wiederum in diskursive zurückgeholt wird. Um sich dieser Aufgabe einigermaßen gewachsen zu zeigen, dürfte es notwendig sein, den Begriff der Kommunikation für überraschende, vielleicht gar paradoxe Wendungen offenzuhalten.

III. Drei Traditionen und ihre paradoxe Konstellation

1. Legitimationskrise im Sozialismus chinesischer Prägung

Die gewaltsame Niederschlagung der Pekinger Demokratiebewegung von 1989 hat zu einer tiefen Legitimationskrise der VR China und ihrer in der Verfassung festgeschriebenen marxistisch-leninistischen Grundlagen geführt. Gleichzeitig vollzog sich in der Republik China auf Taiwan eine Demokratisierung mit dem Übergang von der Einparteienherrschaft der Nationalen Volkspartei Chinas (Kuomintang oder abgekürzt: KMT; voller Name: *Zhōngguó Guómíndǎng*) zu einem Mehrparteiensystem. Damit ist eine der beiden die chinesische Politik des 20. Jahrhunderts bestimmenden großen Revolutionsparteien aus dem diktatorischen Schatten herausgetreten. Auch nach der weitgehenden Aushöhlung ihrer bisherigen ideologischen Grundlagen versucht die Kommunistische Partei Chinas (KPCh) hingegen ihr Machtmonopol mit allen Mitteln zu verteidigen. Dabei regiert sie keineswegs bloß mit Repression, sondern reagiert auch theoretisch immer wieder mit großer Flexibilität und experimentellen Neuerungen auf sich verändernde Herausforderungen. Eine zu Beginn des 21. Jahrhunderts zunehmend deutlicher werdende Tendenz besteht nun darin, Marktliberalismus und (konfuzianische) Tradition in den »Sozialismus chinesischer Prägung« zu integrieren. Theoretisch hat diese Tendenz in der Idee eines

»neuen Kommunizierens der drei Traditionen« (*xīn tōng sān tǒng*) Ausdruck gefunden.[67]

Das Motiv der drei Traditionen hat eine Geschichte, die bis in die chinesische Antike, nämlich auf den konfuzianischen Klassiker der *Frühlings- und Herbstannalen* sowie dessen Kommentare, zurückreicht. Die Aktualisierung dieses Motivs, die der Philosoph Gān Yáng in einer einflussreichen Rede aus dem Jahr 2005 vorgeschlagen hat, beschreibt chinesische Tradition (Konfuzianismus), maoistischen Sozialismus und marktwirtschaftliche Reform- und Öffnungspolitik (Dèng Xiǎopíng) als drei Traditionen, die nicht gegeneinander ausgespielt werden, vielmehr miteinander vereinbart werden sollten. Neu ist an Gān Yángs Vorschlag freilich nicht die Dreierkonstellation selbst, sondern die spezifische Zuspitzung, die er ihr verleiht. Denn verwunderlich ist zunächst einmal, dass es im kommunistischen China nach 1949 mehrerer Jahrzehnte bedurfte, bis die drei Momente der Konstellation von Konservatismus, Liberalismus und Sozialismus allmählich aus einer Situation des tödlichen Kampfes heraustreten konnten, um eine wechselseitige Bezogenheit zurückzugewinnen, die doch in Sun Yat-sens Konzeption der drei Volksprinzipien bereits als Ideal umrissen worden war. Mehr noch, das ebenfalls zu Beginn des 21. Jahrhunderts stark gewachsene Interesse an Kāng Yǒuwéi und an dem von ihm vertretenen revolutionären Konservatismus (Konfuzianismus) – Wolfgang Bauer spricht, wie bereits erwähnt, mit Bezug auf Kāng Yǒuwéi vom Schritt von der »Revolutionierung des Konfuzianismus zur Konfuzianisierung der Revolution« – dürfte sich kaum alleine mit der Rückkehr imperialer Fantasien in einem wiedererstarkten China erklären lassen; vielmehr ist ein tieferer Grund darin zu vermuten, dass Kāng Yǒuwéi der Konstellation der drei Traditionen bereits einen Ausdruck zu geben vermochte, der mit der politischen und kulturellen Situation etwa hundert Jahre später auf ungeahnte Weise korrespondiert.

Von daher lässt sich die Aufmerksamkeit, die Gān Yángs Interpretation der drei Traditionen auf sich gezogen hat, sicherlich nicht bloß durch die ideologische Absicht erklären, die seinen Vortrag ganz offensichtlich kennzeichnet. Zweifellos kann er als geschichtsphilosophische Verteidigung des Regimes einer Kommunistischen Partei Chinas gedeutet werden, die sich um die harmonische Koexistenz von Sozialismus, ökonomischer Liberalisierung und (konfuzianischer) Tradition unter ihrer politischen Vorherrschaft bemüht. Gleichzeitig liegen die Schwächen dieser Verteidigung jedoch derart offen zutage, dass die Brisanz von Gān Yángs Vorschlag von der Kritik leicht übersehen wird. Die erste Schwäche besteht darin, nicht hinreichend zu berücksichtigen, dass die Entwicklung des modernen, sich im Umfeld revolutionärer Umwälzungen entwickelnden Konfuzianismus viele Aspekte enthält, die sich kaum dem Regime der kommunistischen Partei einordnen lassen. Vernachlässigt wird zweitens, dass die Entwicklung eines marktwirtschaftlichen Sozialismus in der Volksrepublik seit 1979 nicht vergessen machen kann, dass der Liberalismus in China eine »Tradition« ist, die nicht erst mit der unter Dèng Xiǎopíng vorangetriebenen ökonomischen Liberalisierung beginnt, vielmehr zumindest bis zur im 19. Jahrhundert beginnenden Rezeption des westlichen Liberalismus zurückverfolgt werden kann. Diese Traditionslinie hat zudem nicht nur die bürgerliche Revolution Sun Yat-sens und ihr Weiterwirken – bis in die Demokratisierung der Republik China auf Taiwan – beeinflusst, sondern auch die Strömung des zeitgenössischen Neokonfuzianismus, für die kein prinzipieller Widerspruch zwischen liberaler Demokratie und der Rekonstruktion des konfuzianischen Erbes besteht. Drittens haben sozialistische Ideen in China keineswegs erst mit der Rezeption von Marx, Engels und Lenin Verbreitung gefunden, sondern diese Rezeption traf selber wiederum auf kulturelle Bedingungen ihrer Möglichkeit, die über die Notwendigkeit der Verbindung von Sozialismus und kommunistischer Partei hinausweisen, etwa in dem auf einen konfuzianischen Ritenklassiker zurückgehenden Ideal der »großen Gemeinsamkeit« (*dàtóng* 大同), das von Kāng Yǒuwéi über Sun Yat-sen bis hin zum Maoismus und darüber hinaus immer wieder in Anspruch genommen wird.[68]

Die philosophische Auseinandersetzung mit Gān Yángs Idee des Kommunizierens der drei Traditionen beginnt deshalb erst dann interessant zu werden, wenn sie nicht bloß von der offenkundigen Absicht her gelesen wird, das bestehende Regime zu legitimieren, sondern wenn sie als eine diskursive Form verstanden wird, mit der paradoxen Konstellation der chinesischen Gegenwart auf eine Weise umzugehen, die einerseits beim Bestehenden ansetzt, andererseits jedoch jede dieser Traditionen – für sich und darüber hinaus ihr kommunikatives Verhältnis – derart normativ auflädt, dass sie weit über die Enge des Bestehenden hinausweisen. Diese utopische Kraft lässt sich immerhin erahnen, sobald die drei Traditionen – nun verstanden als konfuzianische, liberale und sozialistische Tradition – mit den drei großen politischen und kulturellen Revolutionslinien in Verbindung gebracht werden, die China seit dem späten 19. Jahrhundert geprägt haben, und sobald deren paradoxe Verflechtungen und Verknotungen als normative Paradoxie systematisch in den Blick zu kommen vermögen. Dann eröffnet sich eine doppelte Perspektive: Einerseits erscheint Gān Yángs Version des Kommunizierens der drei Traditionen als pathologisch, weil die bestehende Situation eine von willkürlicher Hierarchisierung entstellte und von strategischem Denken dominierte Kommunikation offenbart, der jedoch andererseits die Möglichkeit einer kommunikativen Emanzipation innewohnt, durch die zumindest der diskursive Umgang mit jener Paradoxie endlich aus dem Schatten jener einseitigen Radikalisierungstendenzen heraustreten könnte, deren

Vorbilder chinesische Intellektuelle vor allem den ideologischen Kämpfen zwischen konservativen, liberalen und sozialistischen Ideologien im Westen entnommen haben. Die Stärke einer solchen Perspektive besteht nicht zuletzt darin, an wichtige philosophische Diskurse im chinesischsprachigen Raum anknüpfen zu können und auf diese Weise zugleich gute Voraussetzungen zu schaffen, um die transkulturelle Dynamik herauszuarbeiten, die in der Idee des Kommunizierens der drei Traditionen am Werk ist.

In seinem Kommentar zu Gān Yángs Vortrag über das »Kommunizieren der drei Traditionen« versteht Wāng Huī den Rückgriff auf dieses antike Motiv vor dem Hintergrund einer allgemeinen Suche nach »kulturellem Selbstvertrauen«. Damit sei allerdings weder gemeint, von nun an nicht mehr vom Westen lernen, noch einfach zu traditionellen Dogmen zurückkehren zu wollen, sondern vielmehr ein Prozess der Freisetzung »kreativer Imagination« von den »Grundlagen der Zivilisation« her.[69] Die Suche nach kulturellem Selbstvertrauen beschränkt sich in diesem Zusammenhang somit keineswegs auf die engstirnige Beschwörung chinesischer Nationalkultur, sondern ist zugleich eine Suche nach Möglichkeiten, mit Bezug auf die chinesische Geschichte des 20. Jahrhunderts dem normativen Gehalt des darin verfolgten Modernisierungsweges zum Ausdruck zu verhelfen. Kulturelles Selbstvertrauen bedeutet nun allerdings, diesen Weg nicht länger ausschließlich oder vor allem nach externen (westlichen) Kriterien beurteilen zu wollen, nicht länger allein den Bruch mit der Tradition ins Zentrum zu rücken, sondern auch die Diskontinuität zwischen den verschiedenen Phasen revolutionärer Umwälzung vor dem Hintergrund einer historischen Kontinuität neu zu bewerten, die nicht mehr davor zurückschreckt, chinesische Moderne und chinesische Antike selbstbewusst aufeinander zu beziehen. Damit taucht immerhin die Möglichkeit auf, für die Moderne in China eine Geschichte zu rekonstruieren, die, ohne die gewaltsamen Brüche zu verleugnen, etwas zu leisten versucht, was für Europa seit Langem selbstverständlich ist: nämlich durch die Rekonstruktion der Antike hindurch die kritische Reflexion der Gegenwart zu betreiben.

Wie stellt sich die Legitimation des Regimes der kommunistischen Partei in Gān Yángs Beschreibung des Verhältnisses der drei Traditionen dar? Sobald dieses mit dem strukturell verwandten Dialog zwischen chinesischer, westlicher und marxistischer Philosophie in Verbindung gebracht wird, zeigt sich, dass Gān Yángs Verständnis der drei Traditionen das Potenzial der Idee des Kommunizierens zwischen ihnen von vornherein massiv einschränkt. Sieht man die Absicht seines Textes im Bemühen, die schwächelnde Legitimität des kommunistischen Regimes zu stärken, speist sich seine Überzeugungskraft aus dem Vorschlag, den konzeptuellen Rahmen des Sozialismus chinesischer Prägung so auszuweiten, dass er, wie auch immer vorsichtig und tastend, sich für liberale und konfuzianisch-konservative Positionen öffnet. Die drei Traditionen, die im Zentrum seiner Ausführungen stehen, sind die Tradition des Konfuzius, die Tradition Máo Zédōngs und die Tradition Dèng Xiǎopíngs, von denen er behauptet, sie seien Teil einer gemeinsamen »kontinuierlichen Tradition der chinesischen Zivilisationsgeschichte«[70]: Entsprechend charakterisiert er die drei Traditionen als (1.) »konfuzianische Kultur«, »traditionelle Kultur Chinas« oder »zivilisatorische Tradition, die sich in China seit Tausenden von Jahren herausgebildet hat«; (2.) »Tradition der Gleichheit« und (3.) »Tradition des Marktes und der Freiheit«.[71] Gān Yángs Ziel ist sehr weit gesteckt: Er möchte von der »Vermischung dieser Traditionen« her der »Renaissance der chinesischen Tradition«[72] eine Perspektive aufzeigen, die es erlaubt, die politische und kulturelle Situation Chinas in der globalisierten Welt zu Beginn des 21. Jahrhunderts neu zu bestimmen. Insbesondere geht es ihm im Versuch, dem neuen kulturellen Selbstvertrauen theoretisch Ausdruck zu verleihen, um eine Rekonfiguration des Verhältnisses von China zum Westen, mit dem sich chinesische Intellektuelle seit dem 19. Jahrhundert unermüdlich auseinandergesetzt haben.

Gān Yángs Idee eines neuen, modernen Kommunizierens der drei Traditionen lädt sich das Problem der Integration der dreißig Jahre des von Máo Zédōng geprägten und durch schwere Katastrophen gezeichneten sozialistischen Regimes auf. Da die Beurteilung der Máo-Zeit leicht erbitterte Kontroversen provoziert, ist es nicht verwunderlich, dass der Teil von Gān Yángs Vortrag, in dem er sich der »internen Logik des Erfolges der ökonomischen Reformen in China« widmet, vor allem auf die Kontinuität zwischen den, in der Regel als desaströs kritisierten, politisch-ökonomischen Maßnahmen Máos (Großer Sprung nach vorn, Große Kulturrevolution) und dem Erfolg der Reformen unter Dèng Xiǎopíng verweist, in deren Zuge China zu einer führenden Wirtschaftsmacht aufgestiegen ist. Das wichtigste von Gān Yáng angeführte Argument besagt, dass Máos Politik insofern die strukturellen Grundlagen für das spätere Wirtschaftswunder gelegt hat, als dieser sich – gegen starke Widerstände innerhalb der kommunistischen Partei – letztlich weigerte, dem sowjetischen Modell zentralistischer Planwirtschaft zu folgen, vielmehr einen Weg der Dezentralisierung eingeschlagen hat, der auf die Erfahrungen der regional begrenzten kommunistischen Experimente der Yán'ān-Zeit zurückgeht. Gān Yáng unterscheidet in diesem Sinne den »Yán'ān-Weg« und den »sowjetischen Weg«[73]. Jener hat demnach zu einer spezifisch chinesischen Verbindung von »politischer Machtkonzentration« und »administrativer Gewaltenteilung« geführt, weil der politischen Zentralisierung eine ökonomische Dezentralisierung und Regionalisierung gegenübertrat, auf die sich die ökonomischen Reformen später stützen konnten.[74] Gān Yángs These einer »historischen Kontinuität« zwischen Máo-Zeit und Dèng-Zeit wendet sich somit auch gegen eine bloß negative Bewertung der Großen Kulturrevolution. Indem Gān Yáng sodann von der katalytischen Bedeutung der von Auslandschinesen (einschließlich Taiwan-Chinesen) nach der Öffnung getätigten Investitionen für das chinesische Wirtschaftswunder zur anhaltenden Wirksamkeit einer chinesischen Tradition des Familialismus und Regionalismus übergeht, schlägt er schließlich die Brücke von der maoistischen über die dèngistische zur konfuzianischen Tradition.

2. Die ambivalente Renaissance der klassischen Bildungskultur

Bei der Lektüre des Vortrags zum Kommunizieren der drei Traditionen fällt sogleich auf, dass die Rede von konfuzianischer oder chinesischer Tradition sehr vage bleibt. Auch scheint es, als führe Gān Yáng dieses Moment eher der konzeptuellen Vollständigkeit halber ein denn aus tiefer Überzeugung von ihrer herausragenden Bedeutung. Ein Blick in die anderen Vorträge des Sammelbandes zeigt jedoch alsbald, dass dieser Eindruck täuscht. Ja, es drängt sich, ganz im Gegenteil, die Vermutung auf, diesem Bereich könnte Gāns eigentliche Leidenschaft gelten. Die diffus bleibende Rede von der Rolle, die traditionelle Sitten bei der Modernisierung Chinas gespielt haben sollen, weicht nämlich einer eingehenden Auseinandersetzung mit dem System allgemeinbildender Kurse an chinesischen Universitäten und der Frage, wie in ihnen die »Geschichte der chinesischen Zivilisation«, die »humanistischen Klassiker Chinas« und Unterricht im »antiken Chinesisch« institutionalisiert werden können – an der Sun Yatsen Universität in Guǎngzhōu ist es Gān Yáng gelungen, ein solches Programm zu etablieren, das auch auf andere Universitäten ausstrahlt. Ergänzt werden diese Kurse zudem um »humanistische Klassiker des Auslands« und »ausländische Zivilisationsgeschichte«.[75] Der konservative Bezug zur chinesischen Tradition entpuppt sich als Bildungsprogramm, in dessen Zentrum die Rückbesinnung auf die klassische Bildungskultur Chinas steht, in dem aber insbesondere die europäische Antike ebenfalls Berücksichtigung findet. Die kulturelle oder zivilisatorische Selbstbesinnung (*wénhuà zìjué* oder *wénmíng zìjué*), die dabei in den Vordergrund rückt, will Gān explizit von einem anti-westlichen Kulturnationalismus unterschieden wissen. Anders als im Westen, wo die Fixierung auf die eigene Tradition lange ganz selbstverständlich vorherrschend war, sei im zeitgenössischen China eine sinozentrische Überbetonung »chinesischen Lernens« weder realistisch noch wünschenswert. Einerseits wendet er sich also gegen einen »Zustand kultureller Wurzellosigkeit«, der das Ergebnis eines sich im Laufe des 20. Jahrhunderts radikalisierenden Anti-Traditionalismus ist und sich im Bildungssystem als Bruch mit der »Klassikererziehung« äußert; andererseits grenzt er sich gegenüber Tendenzen ab, jene Selbstbesinnung, die seiner Auffassung nach der Rückbesinnung auf die Klassiker bedarf, als Einfallstor für anti-westliche Ressentiments zu missbrauchen. Dass diese komplexe Position Gefahr läuft, gleichzeitig die Kritik von verschiedenen Seiten auf sich zu ziehen, ist kaum verwunderlich: von Seiten eines konservativen Fundamentalismus, der die Rückkehr zum chinesischen Wesen fordert; von Seiten derjenigen, die eine liberale Demokratie nach westlichem Vorbild im Auge haben, weil für sie insbesondere die konfuzianische Tradition mit dem Despotismus der imperialen Ordnung untrennbar verwoben ist; von Seiten des orthodoxen Anti-Traditionalismus der kommunistischen Partei, deren Legitimität sich auf die Überwindung feudalistischer Ungleichheit gründet.

Der Erfolg von Gān Yángs Interventionen im Bereich der universitären Bildung wirft die Frage nach dem größeren kulturphilosophischen Zusammenhang auf, in dem solche Entwicklungen nicht nur denkbar geworden sind, sondern allmählich auch institutionell Fuß zu fassen vermögen. Damit stellt sich zugleich die Frage nach dem normativen Gehalt jenes Moments in der paradoxen Konstellation chinesischer Modernisierung, der konservativ genannt werden kann. Das Wort konservativ ist bekanntlich so vage und vieldeutig, dass damit zunächst fast nichts gesagt ist. Was heißt also in diesem Zusammenhang *konservativ*? Normativ betrachtet, bezeichnet es einen Kulturklassizismus, welcher dem Wert klassischer Bildungskultur und den in ihr aufgespeicherten Idealen auch für die Gegenwart konstitutive – und nicht bloß folkloristische und touristische – Bedeutung zuerkennt. Vergegenwärtigt man sich die ungeheure Wertschätzung, die im Konfuzianismus Lernen und Bildung von jeher genossen haben, scheint es naheliegend zu sein, die Renaissance klassischer Bildungskultur im Bildungssystem selber verankern zu wollen und damit die vielfältigen in diese Richtung weisenden privaten Initiativen institutionell zu bündeln und aufzuwerten.

Auch an dieser Stelle setzt Gān Yáng wieder beim Bestehenden an, nämlich beim Versuch chinesischer Universitäten, sich im globalen Konkurrenzkampf durch Imitation amerikanischer Eliteuniversitäten zu positionieren. Indem er die Entwicklung allgemeinbildender Programme an verschiedenen amerikanischen Universitäten seit dem frühen 20. Jahrhundert nachvollzieht, versucht er die These zu begründen, jene – mit Columbia und Chicago als Vorreitern – hätten einen ähnlichen Traditionsbruch sehr bald durch verpflichtende Einführungsveranstaltungen in die Geschichte westlicher Zivilisation und in die Klassiker humanistischer Bildung ausgeglichen. In den zur gleichen Zeit entstehenden modernen chinesischen Universitäten, so seine Kritik, sei hingegen die Beschäftigung mit den Klassikern der chinesischen Kultur weitgehend als veraltet und als hinderlich für die kulturelle Modernisierung angesehen worden. Den Mangel an kulturellem Selbstvertrauen, den Gān für das China des 20. Jahrhunderts diagnostiziert, sieht er in der unerbittlichen Selbstnegation der klassischen Bildungskultur begründet. Die Lebenskraft amerikanischer Universitäten ist, seiner Auffassung nach, auf selbstbesonnene Weise verwurzelt in den »Tiefen der westlichen Zivilisation«[76], und zwar viel mehr, als die konservativen Kritiker einer stärker multikulturell ausgerichteten Reform dieser Grundkurse annehmen. Denn die damit einhergehenden Veränderungen erscheinen ihm geradezu läppisch klein, da auch nach ihrer Durchsetzung, so seine provokante Behauptung, der Umfang der nicht-westlichen Zivilisationen gewidmeten Lektüre kaum mehr als ein Prozent des Studiums westlicher Zivilisation in China beträgt: »Aus der Perspektive eines Außenstehenden betrachtet, sind diese kleinen Veränderungen völlig unzureichend. Insbesondere wir Chinesen haben bereits seit hundert Jahren die eigene, die chinesische Zivilisationstradition radikal umgestürzt und haben dabei kaum je daran gedacht, dass es besonders schwerwiegend sein könnte, keine chinesischen Klassiker mehr zu lesen.«[77] Während also Chinas Revolution der Wissensordnung dazu geführt hat, die klassische Bildungskultur auf selbstzerstörerische Weise zu vernachlässigen, sieht Gān Yáng im Westen die Tendenz zu einer allzu verbissenen Verteidigung von dessen zivilisatorischer Tradition, die zudem, wenn auch weitgehend unbewusst, zum höchsten politischen Prinzip geworden ist.[78] Statt dieser historisch gewachsenen Ungleichheit einfach einen trotzigen Nationalismus gegenüberzustellen, betont er: »Wirklich wichtig ist das vertiefte Studium westlichen Lernens. Nur dadurch wird es möglich, nicht länger von den oberflächlichsten und modischsten Dingen des Westens an der Nase herumgeführt zu werden. Stattdessen sollten Chinesen durch vertieftes Studium allmählich die Fähigkeit ausbilden, westliches Denken und westliche Gelehrsamkeit eigenständig zu beurteilen und zu analysieren.«[79] Was hier auftaucht, ist die selbstkritische Perspektive einer transkulturellen Renaissance des Klassischen.

Gleichwohl, um für die Renaissance der klassischen Bildungskultur überzeugend werben zu können, klinkt Gān Yáng sie ein in jene große Erzählung von der Renaissance der chinesischen Nation nach über 150 Jahren der Demütigung durch den Westen und durch Japan, die nach wie vor jener Selbststärkungsrhetorik gehorcht, die seit dem späten 19. Jahrhundert dominant geworden ist. Wird nicht somit die klassische Bildungskultur bloß strategisch ausgebeutet, ohne dass Bildung damit jenen Eigenwert zurückzugewinnen vermag, der doch in den konfuzianischen Klassikern vielfach beschworen und verteidigt wird? Wo bleibt das Lernen um des Lernens willen, das Ideal des »Lernens für sich selbst«, ohne auf unmittelbaren Nutzen und Vorteil zu schielen, das Ethos des großen Lernens, das Teil eines umfassenden Programms der Selbstkultivierung ist? Verstreute Hinweise Gān Yángs deuten darauf hin, dass Selbstbesinnung und neugewonnenes Selbstvertrauen darin zum Ausdruck kommen sollen, nicht länger zwanghaft auf die amerikanischen Eliteuniversitäten zu schielen, vielmehr endlich dem Ideal des Lernens für sich selbst wieder den Raum zu geben, den es verdient: und damit die alte Idee von Selbstkultivierung wieder als motivationalen Grund der klassischen Bildungskultur anzuerkennen. Allein dadurch, so scheint Gān zu glauben, wird sich die universitäre Bildung in China von der übermächtigen, von einer pathologischen Dynamik der Modernisierung erzwungenen Unterordnung unter den Imperativ nationaler Selbststärkung und Selbstbehauptung emanzipieren können.

Diese Überzeugung bleibt in Gān Yángs Ausführungen zum Kommunizieren der drei Traditionen eher implizit, zeigt sich dafür aber umso stärker in Kē Xiǎogāngs Überlegungen zum modernen Schicksal der klassischen Bildungskultur. In diesen treten strategische Erwägungen zurück hinter eine passionierte Wiederbelebung jener »Liebe zum Altertum«, die schon bei Konfuzius als Wert hervortritt – dieser bezieht sich auf die für ihn als Altertum geltenden »drei Zeitalter« der Xià, Shāng und Zhōu sowie die mit ihnen verbundenen »heiligen«, weil kulturbildenden Menschen (*shèngrén*). Die Rückwendung zu den Klassikern vor allem des Konfuzianismus und Daoismus zeigt hier allerdings eine normative Kraft, die nicht leicht zu verstehen ist. Man muss wohl ziemlich weit zurückgehen, um im deutschsprachigen Raum Überzeugungen zu finden, die bei ihrem Verständnis helfen. So findet sich etwa in Friedrich Schlegels *Athenäums-Fragmenten* ein Satz, der eine Möglichkeit andeutet, die in dem Europa, das sich nach dem Zweiten Weltkrieg herausgebildet hat, nur mehr als abwegige Spinnerei erscheinen kann: »Klassisch zu leben, und das Alterthum praktisch in sich zu realisiren, ist Gipfel und Ziel der Philologie.«[80] Es dürfte unzweifelhaft sein, dass die klassische deutsche Kultur, sei sie romantisch oder klassizistisch im engeren Sinne, aus dem Enthusiasmus für das alte Griechenland unverzichtbare Antriebskräfte bezogen hat. Der begeisterten Korrespondenz zwischen Altem und Neuem, zwischen Griechenland und Deutschland haftet nun etwas unrettbar Archaisches und Mythisches an. Schließlich hat Martin Heideggers verunglückte Fantasie eines »anderen Anfangs«, von der rettenden Verbindung zwischen altem Griechenland und nationalsozialistischem Deutschland, der ehemals kulturkonstitutiven Bedeutung dieser Korrespondenz philosophisch nahezu den Todesstoß versetzt. Das Altertum ist tot oder zumindest unheilbar kontaminiert mit den pathologischen Effekten des deutschen Kulturnationalismus und der mit ihm verflochtenen Dynamik desaströser Politik. Von Schlegels Fragment ist eigentlich nur noch der zweite Satz verständlich: »Sollte dies ohne allen Cynismus möglich seyn?« Es scheint gewiss, dass die ehemals auch für die Herausbildung der modernen europäischen Nationalkulturen unverzichtbare »Liebe zum Altertum« jeden normativen Gehalt eingebüßt hat und sich, sofern sie sich überhaupt noch zu zeigen wagt, sogleich der Naivität und des Zynismus verdächtig macht. Die übermächtige Tendenz zur normativen Auszehrung des Altertums zeigt sich auch noch dort, wo in kreativer Absicht auf es zurückgegriffen wird, etwa in Michel Foucaults Genealogie philosophischer Selbstpraktiken, in der die Rückwendung zur griechischen und römischen Antike nur durch schroffe Abgrenzung von deutschen Idealisierungen des Altertums eine gewisse Plausibilität zu gewinnen vermag.

Vor diesem Hintergrund werden die irritierten, teilweise geradezu hysterisch-feindseligen Reaktionen verständlich, mit denen in der anglo-europäischen Forschung auf die starke Rezeption eines Philosophen in China reagiert worden ist, der wohl wie kaum ein anderer den normativen Gehalt des klassischen Altertums zu retten versucht hat: Leo Strauss.[81] Gān Yáng, der in Chicago studiert hat, ist, neben Liú Xiǎofēng, der wohl einflussreichste Fürsprecher und Verteidiger der Bemühungen, die politische Philosophie von Strauss für die Selbstbesinnung chinesischer Kultur fruchtbar zu machen. Im Jahr 2003 hat er ein Buch mit dem Titel *Der politische Philosoph Leo Strauss. Die Renaissance der politischen Philosophie des klassischen Konservatismus* veröffentlicht, in dem die Perspektive, die dann kurz darauf in seinen Vorträgen zum Kommunizieren der drei Traditionen programmatisch Gestalt gewinnt, philosophisch vorbereitet wird.[82] Nach dem bisher Gesagten dürfte klar sein, dass hier mit »klassischem Konservatismus« nicht einfach eine klassische Form des

Konservatismus gemeint ist, sondern einer, der mit hohem und weitreichendem kulturklassizistischen Anspruch auftritt. Dass dieser klassische Konservatismus philosophisch-politisch mit jenem deutschen Erbe kokettiert, das in Deutschland letztlich den Bezug auf die Alten unmöglich gemacht hat, zeigt sich schon im Titel von Liú Xiǎofēngs Buch *Leo Strauss als Wegmarke* (die chinesische Ausgabe trägt diesen deutschen Untertitel).[83] Und es ist dann auch nicht weiter verwunderlich, dass dieser klassische Konservatismus nicht davor zurückschreckt, in der Person Carl Schmitts gleich noch die Konservative Revolution jener deutschen Intellektuellen mit ins Boot zu holen, die – gewollt oder ungewollt – dem Aufstieg des Nationalsozialismus zugearbeitet haben. Vor diesem Hintergrund erscheint es geradezu folgerichtig, dass Liú Xiǎofēng dann auch als Verteidiger Máos und der maoistischen Variante des Sozialismus hervorgetreten ist.

Wie ist das denkbar? Sollte nicht zumindest angenommen werden können, dass jener klassische Konservatismus, der danach strebt, die konfuzianischen Klassiker wieder im Bildungssystem zu verankern, und der Maoismus, in dessen Namen eine in der chinesischen Geschichte beispiellose Traditions- und Kulturzerstörung betrieben worden ist, miteinander radikal unvereinbar sind? Zeigt sich nicht an dieser Stelle, dass allein schon das Kommunizieren von Konservatismus und Sozialismus mit Widersprüchen zu kämpfen hat, welche die Unmöglichkeit einer Kommunikation beweisen, die allenfalls um den Preis der Geschichtsklitterung oder gar der Geschichtsvergessenheit für die ideologische Selbstverteidigung des kommunistischen Regimes eine temporäre Bedeutung gewinnen mag? Diese Fragen haben ihre Berechtigung. Es sind jedoch Zweifel angebracht, ob sie nicht auf eine falsche Fährte führen: Einfache Antworten laufen in diesem Fall Gefahr, jener vorurteilsbehafteten Bequemlichkeit eines Denkens über China anheimzufallen, das schnell mit moralisierender Generalverurteilung bei der Hand ist. Von daher scheint es sinnvoll, einen Moment innezuhalten und zunächst eine Drehung der Perspektive vorzunehmen.

3. Selbstverkehrung der Tradition des Weges

Die Theorie der drei Traditionen ist seit dem 19. Jahrhundert verschiedenen Modernisierungsversuchen ausgesetzt gewesen. Eine besonders einflussreiche Interpretation hat der 1995 verstorbene neukonfuzianische Philosoph Móu Zōngsān formuliert. Auch diese Version ist der Versuch, die chinesische Modernisierung auf den Begriff zu bringen, indem sie Alt und Neu, Ost und West miteinander verflicht. Diese Verflechtung hat in Móu Zōngsāns Version der Drei-Traditionen-Theorie jedoch eine ganz andere Struktur als bei Gān Yáng angenommen. Letzterer versteht die konfuzianische Tradition im politischen Rahmen eines Kampfes der modernen Ideologien von Konservatismus, Liberalismus und Sozialismus. Zugleich sieht er in ihr das Potenzial, die schwerwiegenden Probleme von Chinas politischer Modernisierung lösen zu können. Dabei steht eine Allianz aus Konfuzianismus und Sozialismus im Zentrum, deren explizites Ziel darin besteht, dem Modell liberal-demokratischer Gesellschaften des Westens eine Alternative entgegenzusetzen, in der dem liberalen Moment eine dominante Rolle verweigert wird.

Móu Zōngsān strebt hingegen eine Allianz aus Konfuzianismus und Liberalismus an, in der das sozialistische Moment allenfalls unter der Voraussetzung der prinzipiellen Anerkennung liberaler Demokratie Berücksichtigung findet, jedoch in seiner marxistisch-leninistisch-maoistischen Version strikt abgelehnt wird. Von daher kann es nicht überraschen, dass bei Móu der Tradition des Sozialismus kein eigenständiger Platz zugestanden wird – was hingegen sowohl bei Gān Yáng als auch in Sun Yatsens Lehre von den drei Volksprinzipien der Fall ist. Die drei Traditionen, die Móu unterscheidet, sind die Tradition des Weges (*dàotǒng*), die Tradition der Politik (Demokratie; *zhèngtǒng*) und die Tradition des Lernens (Wissenschaft; *xuétǒng*). Dieses Verständnis verbindet zwei wichtige Ansätze, mit denen seit dem späten 19. Jahrhundert die Herausforderung des Westens diskursiv aufgearbeitet wurde: zunächst den Ansatz, der auf eine Unterscheidung zurückgreift, die in der neokonfuzianischen Philosophie der Sòng-Zeit grundlegende Bedeutung erlangt hat, nämlich die Dialektik von Wesen (*tǐ* 體) und Gebrauch (*yòng* 用) oder von Substanz und Funktion; sodann die in den 1910er Jahren viel diskutierte Überzeugung, China müsse Demokratie und Wissenschaft adaptieren, um die Schwächen der kaiserzeitlichen Ordnung in den Bereichen von Politik und Gelehrsamkeit zu überwinden. Die Formel von chinesischem Wesen und westlichem Gebrauch war zunächst vor allem auf die Akzeptanz westlicher Technik zugeschnitten, der gegenüber das monarchische System und das auf die konfuzianischen Klassiker gegründete Bildungssystem verteidigt werden sollten. Diese noch imperiale Interpretation der Wesen-Gebrauch-Dialektik lehnt Móu ab, schlägt vielmehr eine Reinterpretation vor, in der ein Versuch gesehen werden kann, den normativen Kern der Republik China auf eine Weise zum Ausdruck zu bringen, in der alte und neue Zeit auf raffinierte Weise ausbalanciert werden. Mit dieser Perspektive stellt sich Móu Zōngsān auch gegen die für Gān Yáng grundlegende Auffassung, bereits das China der frühen Republikzeit sei von einem radikalen Anti-Traditionalismus geprägt worden, der im destruktiven Furor der Großen Kulturrevolution bloß seine konsequente Fortsetzung erfahren haben soll – neuere geistesgeschichtliche Forschung zu diesem Thema macht ebenfalls deutlich, dass die Annahme einer solchen Kontinuität der Traditionsfeindschaft die Komplexität der republikzeitlichen Situation vor 1949 auf fragwürdige Weise vereinfacht, indem spätere Erfahrungen auf die frühe Republikzeit zurückprojiziert werden.

Móu entwirft eine Konzeption der drei Traditionen, in welcher der Tradition des Weges – die für den normativen Gehalt des alten China einsteht – der Rang des Wesens erhalten bleibt, allerdings nur um den Preis einer radikalen Selbstnegation, eines so riskanten wie notwendigen Absturzes in den Abgrund westlicher Modernisierung. In dieser Figur des Sich-Wegwerfens-um-sich-zu-erneuern sieht er die Bedingung der Möglichkeit dafür, die Tradition des Weges als »Wesen« – gebrochen und umwegig – zu bewahren und gleichzeitig den gelingenden »Gebrauch« von Demokratie und Wissenschaft zu eröffnen. An dieser Stelle wäre es eigentlich nötig, darauf einzugehen, wie Móu auf diese Weise versucht, die Tradition des Weges oder die »Tradition des Konfuzius«, wie es gelegentlich auch heißt, im Namen von »moralischer Metaphysik« normativ zu rekonstruieren und zu deblockieren;[84] wie er versucht, einen – in westlicher Terminologie – geradezu religiös zu nennenden Glauben an den Wert von Selbstkultivierung in die Gegenwart zu retten; wie er versucht, den normativen Status der als Kulturgründer verehrten »Heiligen und Weisen« (*shèng xián*) sowie ihre klassisch gewordenen Schriften und Kulturzeugnisse zu verteidigen; und wie er somit auch versucht, der engen Verbindung zwischen einer »Kultivierung des Selbst« (*xiū jǐ*) und einer »Regierung der Menschen« (*zhì rén*), von »innerer Heiligkeit« und »äußerer Königlichkeit« in der Gegenwart Raum zu verschaffen.[85] Damit nicht genug. Móus Konzeption des Weges moralischer Kultivierung bezieht sich nicht nur auf den »menschlichen Weg« in seiner Endlichkeit, sondern auch auf die Transzendenz des »himmlischen Weges«, die Unendlichkeit der großen Transformation von Himmel,

Erde und Mensch. Ein Kommunizieren der drei Traditionen, das diesen metaphysischen Aspekt konfuzianischen Lernens ausschließt, wäre für ihn sicherlich unzureichend gewesen.[86]

Mit der Rückbesinnung auf die konfuzianische Tradition, die in den 1990er Jahren zum akademischen Trend wird, finden Móu Zōngsāns Schriften auch in der VR China beträchtliche Aufmerksamkeit. Vor allem seine moralische Metaphysik wird jedoch alsbald für ihren extrem spekulativen Charakter, für ihre Entrücktheit von sozialen und politischen Fragen kritisiert. Tatsächlich ist kaum zu übersehen, dass Móus Bemühung, den theoretischen Charakter konfuzianischer Philosophie zu stärken, einer Masse scholastischer Erörterungen Vorschub geleistet hat, die Móus Verdienste für die kritische Rekonstruktion konfuzianischen Lernens leicht in Vergessenheit geraten lassen. In einem kurzen Text, in dem er seine Theorie der drei Traditionen für Studenten erklärt, äußert er die Überzeugung, dass die Entwicklung von Wissenschaft und liberaler Demokratie ohne das gelingende Kommunizieren mit der Tradition des Weges, ohne den Bezug auf eine tiefgründige Kraft kultureller Kreativität letztlich nur pathologisch verlaufen kann. Andererseits weist er seine Studenten allerdings mit schroffer Nüchternheit darauf hin, dass für das Gelingen solchen Kommunizierens das Kleben am sentimentalen Bedürfnis, die chinesische Kultur zu verteidigen, nur kontraproduktiv sein kann. Wer sich über die tiefgreifende Spannung zwischen den drei Traditionen hinwegtäuscht und eine schnelle Versöhnung anstrebt, so scheint er sagen zu wollen, untergräbt die Bedingungen der Möglichkeit gelingender Kommunikation zwischen ihnen. In diesem Sinne verzichte ich hier darauf, in Móus Metaphysik abzuschweifen, und hoffe, dass durch die obigen Ausführungen immerhin deutlich geworden ist, dass nicht von einem notwendigen Zusammenhang zwischen klassischem Konservatismus und politischem Autoritarismus ausgegangen werden kann. Die theoretischen Möglichkeiten, die das Modell des Kommunizierens der drei Traditionen enthält, sind vielfältig und verdienen eine sorgfältige Prüfung.

Führt man sich, nach der bisherigen Darstellung verschiedener Interpretationen, die von der Theorie der drei Traditionen denkbar sind, nun nochmals vor Augen, wie Wilhelm und Wittfogel versucht haben, die im China des frühen 20. Jahrhunderts bereits deutlich hervortretende paradoxe Konstellation diskursiv zu bewältigen, so treten die Stärken der Theorie der drei Traditionen hervor. Es wird deutlich, dass Wilhelm das Ausmaß des Zivilisationsbruchs vom alten zum neuen China dramatisch unterschätzt hat und damit auch das Ausmaß der kulturellen und politischen Widersprüche, die nach der bürgerlichen Revolution von 1911 in zunehmend mörderischen Kämpfen Ausdruck finden sollten. Im Motiv der »Selbstverkehrung« (*zìwǒ kǎnxiàn*) der Tradition des Weges versucht Móu hingegen der »zivilisatorischen Selbstbesinnung« Chinas eine tiefgründige Verankerung in der Anerkennung einer nicht wegzuwischenden Diskontinuität zu geben.[87] Wittfogel hatte einen klaren und kühlen Blick für die erbarmungslose Dynamik, die hier in Gang gekommen ist. Aber seine Befangenheit in der Geschichtsteleologie des dialektischen Materialismus, gepaart mit Ignoranz gegenüber dem normativen Potenzial der klassischen Bildungskultur, lässt ihm für keinen Augenblick in den Sinn kommen, dass die von chinesischen Marxisten verworfene konfuzianische Tradition auch unter dramatisch veränderten, albtraumartigen Umständen zivilisatorischer Verwilderung ihre kreative Lebenskraft würde bewahren können.

Es drängt sich allerdings die Frage auf, ob die beiden Interpretationsmodelle, die Gān Yáng und Móu Zōngsān anbieten, nicht so verschieden sind, dass mit dieser Diskussion wenig gewonnen ist. Es ist nämlich bisher völlig unklar, wie diese beiden Ansätze verbunden werden können, um von der paradoxen Konstellation dreier Traditionen zu einer diskursiven Form überzugehen, die in der Lage wäre, mit der normativen Paradoxie einander ausschließender und doch aufeinander angewiesener Ideale umzugehen. Im Hinblick auf Móus Interpretation stellt sich die Frage, ob nicht die Paradoxie der Momente durch die Struktur von Wesen und Gebrauch dialektisch unschädlich gemacht wird. Das Problem der Hierarchie zwischen den drei Traditionen sowie der mit ihnen verbundenen Ideale wird letztlich so aufgelöst, dass Wesen und Gebrauch, China und der Westen in eine Rangordnung eingegliedert werden, in der eine starke Tendenz zu hierarchischer Polarität dominiert – das heißt, beide Momente werden zwar als polar verstanden im Sinne ihrer wechselseitigen Bezogenheit aufeinander, aber dem einen Pol (hier dem »Wesen« oder »China«) wird gleichwohl eine normative Überlegenheit zuerkannt.

Es wäre jedoch ein großes Missverständnis, Móus kulturellen Sinozentrismus mit der politisch motivierten Entgegensetzung von chinesischen und westlichen Werten zu verwechseln: Demokratie und Wissenschaft sind für ihn »gemeinsame Normen« (*gòngfǎ*). Auch wenn es eine Tatsache ist, dass diese Normen von außen nach China gekommen sind, so entsprechen sie doch internen, in der Tradition des Weges herausgebildeten Vernunftkriterien. Für Móu wäre es deshalb absurd, die Ideen von Demokratie und Wissenschaft nur zu verwerfen, weil sie ihren Ursprung nicht in China hatten. »Gebrochene [oder: gewundene] Kontinuität« (*qūzhé de chíxù* 曲折的持續)[88] ist das Prinzip, das seine Konzeption des Kommunizierens der drei Traditionen leitet. Dieses Moment der reflektierten Gebrochenheit fehlt in Gān Yángs Verständnis jenes Kommunizierens weitgehend. Auch wenn Gān die Spannung zwischen den Momenten keineswegs unterschlägt, wirkt seine Betonung der Kontinuität der drei Traditionen vergleichsweise simpel und deshalb philosophisch unzureichend. Seinem sehr realistischen Modell fehlt im Umgang mit den Traditionen des maoistischen Sozialismus und des dengistischen Liberalismus offenbar die selbstreflexive und selbstkritische Tiefe, die Móu im Begriff der Selbstverkehrung einbringt. Dafür hat Móus strikt normativ ausgerichtete Interpretation der drei Traditionen den Nachteil, sehr spekulativ entrückt zu wirken, nicht nur mit Bezug auf das kommunistische Regime der VR China, sondern auch im Hinblick auf die Probleme der Demokratisierung der Republik China auf Taiwan. Dort erscheint die Rede von der »Tradition des Weges« inzwischen entweder als schwer zu verteidigendes Erbe oder als Relikt einer überkommenen großchinesischen Ideologie, die ihre Anziehungskraft fast vollständig verloren hat – das gilt insbesondere für die unter liberal-demokratischen Bedingungen aufgewachsene jüngere Generation.

4. Revolution und Transformation

Durch die bisherige Diskussion der Theorie der drei Traditionen ist hoffentlich deutlich geworden, warum die systematisch zugespitzte Rede von einer paradoxen Konstellation aus Konservatismus, Liberalismus und Sozialismus im gegenwärtigen China zunächst darauf verzichten muss, diese drei Traditionen als fest bestimmbare Positionen klar zu definieren. Die Unterscheidung dient vielmehr vor allem dazu, ihre dynamische Konstellation ins Zentrum der Aufmerksamkeit zu rücken, sie also als Momente zu fassen, die nur in und durch ihre kommunikative und transformative Bezogenheit auf die jeweils anderen Momente existieren und sinnvoll bestimmbar werden können. Dabei steht jedes der Momente zu den beiden je anderen keineswegs in einer bloß externen Relation, vielmehr wohnt die Dreierkonstellation jedem der Momente zugleich inne.

Das macht die normative Paradoxie der drei Traditionen so unübersichtlich. Versuche, sich in ihr zu orientieren, sehen sich konfrontiert mit der Erfahrung ständiger Überforderung und der Notwendigkeit, die Fähigkeit zu kultivieren, mit Unübersichtlichkeit zu leben und zu arbeiten. Mehr noch: Könnte es nicht sein, dass genau in dieser Unübersichtlichkeit das normative Potenzial chinesischer Modernisierung und damit auch chinesischer Gegenwartsphilosophie aufgespeichert ist? Dieses Potenzial darf dann allerdings gerade nicht in einer essenzialistisch gedachten Eigenart chinesischer Kultur vermutet werden, die sich nur in kontrastiver Abgrenzung vom Westen bestimmen lässt, sondern bedarf der Anerkennung jener hybriden Modernisierung, in der die drei revolutionären Traditionslinien immer schon, wenn auch vor allem durch Konflikte und Kämpfe hindurch, miteinander verflochten worden sind. Damit geht die These einher, dass das Kommunizieren der drei Traditionen und die Entfaltung des normativen Gehalts chinesischer Modernisierung nur dann möglich werden, wenn diese hybridisierende Dynamik als deren »Eigenart« Anerkennung findet. Die Anerkennung hybrider Modernisierung würde somit bedeuten, gerade nicht zu versuchen, die Verknotung dieser Traditionsfäden entweder mithilfe bestehender westlicher Modelle oder durch kulturnationalistische Simplifizierungen aufzulösen.

Die Deutung, die dem Traum von der Renaissance der chinesischen Nation in der Regel gegeben wird, ist von solcher Anerkennung weit entfernt. Dominant scheint darin vielmehr weiterhin der so eiserne wie zwanghafte Wille zu sein, den Westen mit seinen eigenen Waffen zu schlagen und dadurch zu übertreffen: die Erfüllung des chinesischen Traums der Modernisierung bestünde dann darin, die dialektische Bewegung der Geschichte –

in ironischer Verkehrung der Geschichtsphilosophie Hegels – in einer bestimmten Weise wieder an ihren Anfang zurückkehren zu lassen – nach Asien, nach China. Für das von westlichem (und japanischem) Imperialismus geschundene chinesische Volk mag die Vision solcher Traumerfüllung eine nicht zu unterschätzende euphorisierende Kraft besitzen. Außerhalb Chinas hat sie jedoch wenig Anziehungskraft und lässt sich leicht als Rückfall in das martialische, sozialdarwinistische Muster eines globalen Konkurrenzkampfes der Nationen deuten, als dessen Opfer China sich lange gesehen hat.

Die Reflexionen über das Kommunizieren der drei Traditionen im Kontext dieser Problematik zu situieren hat mindestens drei Vorteile: Erstens kommt der Weg chinesischer Modernisierung seit dem 19. Jahrhundert voll in den Blick, sobald die starke Gewichtung der Entwicklung nach 1949 durch eine Perspektive ersetzt wird, die der Komplexität und Dynamik der Interaktion zwischen Konservatismus, Liberalismus und Sozialismus gerecht zu werden vermag. An die Stelle einer historischen Teleologie der drei Traditionen, die mit Notwendigkeit auf die sozialistische Revolution zuläuft, um die vorangegangenen Umwälzungen als untergeordnete Vorstufen integrieren zu können, tritt eine offene historische Konstellation, in der die drei Traditionen zumindest theoretisch in ein Verhältnis der Gleichstellung eintreten, das Voraussetzung für eine tiefergehende Kommunikation ist. Es wird zweitens klar, dass bei der Rede von der Tradition chinesischer Kultur oder der Tradition des Konfuzius nicht bloß vage auf fünftausend Jahre chinesischer Kulturgeschichte Bezug genommen wird, sondern vielmehr auf eine Tradition des Kulturkonservatismus, die in die Kämpfe um die Modernisierung Chinas aufs Engste verwickelt ist und schon seit dem 19. Jahrhundert jene internen Bezüge zu Liberalismus und Sozialismus erkennen lässt, welche erst im Laufe des 20. Jahrhunderts offenbar werden; damit lässt sich klarmachen, dass diejenigen konservativen Positionen, die seit dem 19. Jahrhundert breiteren Einfluss gewinnen konnten, das alte China immer schon aus der Perspektive eines zeitgenössischen Krisenbewusstseins zu rekonstruieren versucht haben: Der mit dem »neuen China« entstehende Neukonfuzianismus ist Teil der revolutionären Dynamik. Zudem wird drittens deutlich, inwiefern die politische Modernisierung Chinas strukturell starke Ähnlichkeiten mit dem Westen aufweist, so dass es ein geteilter Problemhintergrund ist, vor dem einerseits Eigentümlichkeiten des chinesischen Modernisierungsweges erst in den Blick kommen können, aber auch das universalistische Potenzial, das dieser Weg in sich aufgespeichert hat.

Werden diese drei Aspekte in die Diskussion einbezogen, zeigt sich zudem, dass die Idee des »Kommunizierens der drei Traditionen« für die Verteidiger des Regimes der kommunistischen Partei ein zweischneidiges Schwert ist. Denn sobald sich Gān Yángs Perspektive als eine bewusst verengte Interpretation einer hybriden und paradoxen Konstellation erweist, tritt ein transformatives Potenzial dieser Idee hervor, das sich in Gān Yángs Darstellung kaum auch nur erahnen lässt. Zunächst bedeutet dies, dass das politische und kulturelle Primat des kommunistischen Regimes mit einer Wucht des Zweifels konfrontiert wird, die aus der Konstellation der drei Traditionen selbst erwächst. Allerdings sollte die offenbare Spannung zwischen Konfuzianismus und Sozialismus nicht dazu verleiten, beide einander einfach entgegenzusetzen. Denn die revolutionäre Bedeutung von Kāng Yǒuwéis Interpretation der konfuzianischen Idee der »große Gemeinsamkeit« und von ihrer Ausweitung in Richtung einer »großen Weltgemeinsamkeit« (*shìjiè dàtóng*), die Gān Yáng erwähnt[89], könnte ja gerade darin bestehen, eine konfuzianische Version des Sozialismus anvisiert zu haben, eine Version also, die in Konkurrenz zur marxistisch-leninistischen steht. Sobald die Korrespondenz zwischen Konfuzianismus und Sozialismus in die Diskussion der Entwicklung des Sozialismus im gegenwärtigen China einbezogen wird, zeigen sich die Willkürlichkeit der Beschränkung des Sozialismus auf die dreißig Jahre des Maoismus (1949–1979) und die Notwendigkeit, das Verhältnis von (Kultur-)Nationalismus und Sozialismus in einer weiterreichenden historischen Perspektive zu verorten. Darüber hinaus erlaubt es eine erweiterte Variante der Idee des Kommunizierens der drei Traditionen, auch die politischen und kulturellen Ressourcen der Republik China anzuerkennen, die sich erst zwischen 1911 und 1949 auf dem chinesischen Festland und dann in der Republik China auf Taiwan entwickelt haben: Die Öffnung konfuzianischer Philosophie für den Liberalismus und das politische Modell liberaler Demokratie hat Möglichkeiten der – wie auch immer spannungsgeladenen und schwierigen – Kommunikation zwischen Konfuzianismus und Liberalismus aufgezeigt, gegenüber denen die Verengung der liberalen Tradition Chinas auf den Marktliberalismus der Reformpolitik Dèng Xiǎopíngs mehr als fragwürdig erscheint.

Aus der erweiterten Perspektive einer solchen Variante des Kommunizierens der drei Traditionen wird freilich klar, dass die Entfaltung von deren normativem Gehalt die Anerkennung der Hybridität chinesischer Modernisierung voraussetzt, denn sowohl Konservatismus (Neukonfuzianismus) als auch Liberalismus und Sozialismus haben sich in China im Zuge einer langen Rezeption und Transformation westlicher Einflüsse entwickelt. Für die Sphäre des Politischen bedeutet dies, dass keine der drei Traditionen bisher legitimerweise den Anspruch erheben kann, die jeweils anderen in sich integrieren zu können. Von daher erscheint die Annahme plausibel, dass die Entfaltung des normativen Gehalts der hybriden Modernisierung Chinas mit dem

Gelingen des paradoxen Kommunizierens zwischen den Traditionen auf Engste zusammenhängt.

Die Idee des Kommunizierens der drei Traditionen lässt sich also gegen ihre von Gān Yáng vorgeschlagene Version wenden. Sie erlaubt nicht nur, die Fragilität des kommunistischen Regimes zu verstehen, sondern auch alternative Varianten der Dreierkonstellation zu denken. Die ganze analytische und normative Bedeutung der Idee des paradoxen Kommunizierens der drei Traditionen zeigt sich nämlich, sobald dessen Rahmen zunächst in Richtung der chinesischen Revolutionen und des Dialogs zwischen chinesischer, westlicher und marxistischer Philosophie erweitert wird. Aber auch über das Bemühen hinaus, sich in der Dynamik chinesischer Modernisierung orientieren zu wollen, ist hybride Modernisierung ein vielversprechender Ausgangspunkt, um in eine Auseinandersetzung über die normative Paradoxie der drei Ideologien von Konservatismus, Liberalismus und Sozialismus in der globalen Welt einzutreten.

Zudem stellt sich mit Blick auf die in diesem Kontext zu verortende Geschichte der chinesischen Gegenwartsphilosophie die Frage, inwiefern eine solche – von der paradoxen Konstellation dreier Traditionen ausgehende – Aufarbeitung der Vergangenheit ein normatives Ideal enthält, das dem Kommunizieren der drei Traditionen entspringt, ja vielleicht sogar dieses Kommunizieren selber *ist*. Als Frage formuliert: Wie muss das Kommunizieren der drei Traditionen gedacht werden, um Möglichkeiten freizusetzen, die jenseits von einander ideologisch bekämpfenden und blockierenden Positionen liegen? Wie lässt sich dieses Kommunizieren denken, wenn davon ausgegangen werden kann, dass die Blockaden, mit denen es zu kämpfen hat, nicht zuletzt aus den durch die Gewalt der Revolutionen hervorgebrachten Traumatisierungen bestehen? Oder: Eine spezifische normative Perspektive kommt ins Spiel, wenn der Eintritt in das Kommunizieren der revolutionären

Traditionen selber nicht mehr als *revolutionär*, sondern als *transformativ* verstanden wird. Im Kommunizieren *zwischen* den Revolutionen vermag Revolution in Transformation umzuschlagen: in eine Transformation, die revolutionär ist, indem sie post-revolutionär ist.

Sun Yat-sen hat auch nach 1911 betont, die Revolution sei »noch nicht gelungen«. Statt diese berühmte Formulierung als Vorstufe zu Máos Idee der permanenten Revolution zu verstehen, taucht nun eine andere Deutungsmöglichkeit auf: Die Revolution kann nicht als Revolution, sondern erst als Kommunikation der Revolutionen »gelingen«. Die Figur der Transformation wird somit zur Kommunikationsform der Revolutionen untereinander. Die Idee des Kommunizierens der drei Traditionen führt dann zu einer provokativen, vielleicht geradezu absurd wirkenden These: Die mit den drei großen revolutionären Umwälzungen verbundenen normativen Ideale können erst zur Entfaltung kommen, wenn das heroische Ethos der Revolution in einem post-heroischen Ethos der Transformation aufgehoben wird; wenn davon abgelassen wird, die paradoxe Konstellation der drei Revolutions-Traditionen, einmal mehr, mit einem revolutionären Schlag auflösen zu wollen. Müsste nicht an die Stelle des für die Moderne so typischen Impulses zu totalen Lösungen die Anerkennung der – zumindest partiellen – Unauflösbarkeit des Paradoxes treten? Denkt man die Idee des Kommunizierens der drei Traditionen weiter, taucht eine so seltsame wie herausfordernde Frage auf: Besteht politische und kulturelle Selbstbesinnung nicht vielleicht darin, durch die Einsicht in die tieferen Gründe für die Unauflösbarkeit der paradoxen Konstellation hindurch die Bedingungen der Möglichkeit einer paradoxen Kommunikation ihrer Momente zu schaffen, einer Kommunikation zwischen einander ausschließenden und doch aufeinander angewiesenen Traditionen?

IV. Immanente Transzendenz

1. Zwischen Kontinuität und Diskontinuität

In seiner Interpretation der philosophischen Schriften Máo Zédōngs vertritt Wolfgang Bauer die Auffassung, darin seien die moderne Idee der Revolution und die »Vorstellungswelt des *Buchs der Wandlungen*« miteinander verbunden worden.[90] Sicherlich will er damit nicht behaupten, die sozialistische Revolution habe ihren Ursprung im *Buch der Wandlungen* und sei nur mit Bezug auf diesen Klassiker zu erklären. Gleichwohl ist nicht zu leugnen, dass der moderne Ausdruck für Revolution im *Buch der Wandlungen* an prominenter Stelle auftaucht – im Hexagramm Nr. 49, von Wilhelm mit *Umwälzung* übersetzt – und hier eine eindeutig politische Konnotation aufweist.[91] In Anbetracht des enormen Einflusses, den dieses Buch auf die philosophische Entwicklung in China ausgeübt hat, dürften von daher keine prinzipiellen Gründe gegen einen Versuch sprechen, der von Bauer gelegten Spur nachzugehen. Sie lässt immerhin vermuten, dass sich auf diesem Weg Anhaltspunkte für ein besseres Verständnis des Verhältnisses von Revolution und Transformation gewinnen lassen; besser insofern, als die hybride Modernisierung Chinas allgemein ohne das Interagieren von Altem und Neuem, Chinesischem und Westlichem nicht angemessen verstanden werden kann und es von daher wenig überzeugend wäre, den chinesischen Weg der Modernisierung alleine mit Bezug auf ein von westlichen Erfahrungen geprägtes Verständnis von Transformation und Revolution beurteilen zu wollen.

Das Verständnis, das dabei ins Spiel kommt, speist sich im chinesischen Kontext aus historischen Quellen, die bis in die archaischen Anfänge der Kulturentwicklung zurückgehen. Offensichtlich ist das Verhältnis von Transformation und Revolution weitaus komplizierter, als die Gleichsetzung von Transformation mit dem alten und von Revolution mit dem neuen China vermuten lässt. Das Verhältnis von Transformation und Revolution hat im Kontext chinesischer Modernisierung eine historische Tiefe, die über den üblichen Streit zwischen Revolution und Reform weit hinausgeht: Denn es steht mit einer Philosophie der Transformation in Zusammenhang, die über Jahrtausende hinweg überliefert und weiterentwickelt worden ist. Die Vermutung ist naheliegend, dass diese Perspektive dabei helfen kann, die hybride Modernisierung Chinas seit dem 19. Jahrhundert philosophisch zu reflektieren. Weil im neuen China Altes und Neues, Östliches und Westliches allenthalben auf sehr unübersichtliche Weise verknotet und verflochten sind, steht solche Reflexion vor der Herausforderung, gleichzeitig revolutionär *und* transformativ denken zu müssen: sich zwischen Bruch und Entwicklung, zwischen Plötzlichkeit und Allmählichkeit, zwischen Diskontinuität und Kontinuität hin- und her bewegen zu müssen.

Quer durch widerstreitende intellektuelle Positionen hindurch scheint heute Einigkeit darüber zu bestehen, dass die Wunden, die einander übertrumpfende und bekämpfende revolutionäre Lösungsversuche aufgerissen haben, schwerlich durch eine neuerliche Revolution geheilt werden können. Mit dem »Abschied von der Revolution« (Lǐ Zéhòu) beginnt eine neuen Phase. Aber was kommt nach der Revolution? Die zunehmende Intensität der Rückbezüge auf die letzte Dynastie und die Republikzeit vor 1949 macht deutlich, dass die sozialistische Revolution und die mit ihr verbundenen politischen und kulturellen Ressourcen nicht ausreichend sind, um die sich zu Beginn des 21. Jahrhunderts stellenden Probleme Chinas auch nur diskursiv zu bewältigen. Die Lebhaftigkeit der Bemühungen um die rekonstruktive Aktualisierung angeblich bereits überwundener Entwicklungsstufen zeigt, in welchem Maße die Parteiideologie Kommunikationsbarrieren errichtet hat, die nun löchrig werden. Mit dieser kommunikativen Deblockierung kann die Freisetzung des normativen Potenzials der chinesischen Modernisierung einhergehen. Gleichzeitig kommt damit eine transformative Dynamik in Gang, deren Konsequenzen schwer abzuschätzen sind. Mit der nach Máos Tod einsetzenden ökonomischen Reform- und Öffnungspolitik hat sich innerhalb der Partei die Auffassung durchgesetzt, dass die sozialistische Revolution nicht als permanente Revolution, sondern nur als kontinuierliche Vertiefung der Reformpolitik langfristig wird erfolgreich sein können. Inzwischen stößt diese Reformagenda jedoch zunehmend an die Grenzen, die ihr durch die Ein-Parteien-Herrschaft der kommunistischen Partei gesetzt sind. Die sich entfaltende Kraft transkultureller und transpositionaler Kommunikation lässt die an Schulen und Universitäten verbreitete marxistische Propaganda der Partei derart verknöchert und überholt aussehen, dass es nur eine Frage der Zeit zu sein scheint, bis diese ideologische Grundlage und mit ihr das darauf gebaute Regime in sich zusammenfällt. Andererseits eignet dem »Sozialismus chinesischer Prägung« offenbar ein experimenteller Charakter, der dem sowjetischen gefehlt hat. Auch wenn die sozialistischen Experimente teilweise desaströs gescheitert sind, ist doch die Möglichkeit nicht auszuschließen, dass es dem Sozialismus in China gelingen könnte, sowohl liberale Freiheitsrechte vermehrt anzuerkennen als auch einen modernisierten Konfuzianismus zu integrieren.

Die Theorien des Kommunizierens der drei Traditionen, die im vorherigen Kapitel bereits diskutiert worden sind, erlauben es in dieser Hinsicht, verschiedene Möglichkeiten durchzuspielen – unabhängig davon, ob sie versuchen, das Potenzial der drei Traditionen innerhalb des Rahmens der VR China fruchtbar zu machen, also ohne das Regime der kommunistischen Partei grundsätzlich infrage zu stellen, oder ob sie der Auffassung sind, die entfesselte Kommunikation der Momente führe geradezu notwendigerweise in die post-kommunistische Zukunft Chinas. Aus philosophischer Perspektive ist es ratsam, an dieser Stelle zunächst einmal innezuhalten, um ein wenig bei dem Verhältnis von Revolution und Transformation zu verweilen, dem für den chinesischen Modernisierungsweg eine spezifische Bedeutung zukommt. Ich möchte eine Annäherung an diese Thematik versuchen, indem ich einen Blick auf einen der komplexesten, aber auch umstrittensten konfuzianischen Philosophen des 17. Jahrhunderts werfe: Wáng Fūzhī. Besonderes Augenmerk wird dabei zunächst einer Debatte gelten, die über die Interpretation seiner Schriften in der französischsprachigen Sinologie ausgetragen worden ist.

2. Revolution und das *Buch der Wandlungen*

Für das marxistische Denken im China des 20. Jahrhunderts ist Wáng Fūzhī von herausragender Bedeutung. Der junge Máo Zédōng hat in Zirkeln verkehrt, in denen seine Werke studiert wurden. Später avanciert Wáng zum wohl wichtigsten Vorläufer dialektisch-materialistischen Denkens in der chinesischen Geistesgeschichte. Wángs unverkennbar materialistisch geprägte Interpretation des *Buches der Wandlungen*, seine Philosophie energetischer Transformation sowie sein starkes Interesse an Geschichtsphilosophie machen ihn zu einem idealen Kandidaten auf der Suche nach Vorläufern marxistischer Philosophie im vorrevolutionären China. Aber nicht nur in der sino-marxistischen Philosophie hat Wáng Fūzhī eine bedeutende Rolle gespielt. In der philosophisch interessierten europäischen Sinologie sind ihm wegweisende Studien gewidmet worden. Insbesondere François Jullien hat ihn zum theoretischen Ausgangspunkt von Untersuchungen zum »chinesischen Denken« gewählt, die es in eine bis dahin beispiellose Korrespondenz zur europäischen Gegenwartsphilosophie gebracht haben. Die Interpretation von Wáng Fūzhīs Schriften, die Jullien vor allem in den Büchern *Procès ou Création*, *Figures de l'immanence* und *La propension des choses* vorgelegt hat, berührt sehr grundlegende Fragen des Zugangs zur klassischen und zeitgenössischen chinesischen Philosophie. Ich möchte im Folgenden – wiederum am Leitfaden des Verhältnisses von Revolution und Transformation – zu erörtern versuchen, warum die Schriften von Wáng Fūzhī derart starke Aufmerksamkeit auf sich gezogen haben.

Jullien liest Wáng Fūzhī als letzten großen Repräsentanten eines traditionellen chinesischen Denkens der Transformation und des Prozesses, das durch den Einbruch westlichen Wissens verdeckt worden sein soll. Julliens kontrastive Spaltung zwischen Revolution (Europa) und Transformation (China), zwischen Kreation/Schöpfung (Europa) und Prozess (China) enthält bereits jene Perspektive, die seine Interpretation Wáng Fūzhīs und »des chinesischen Denkens« von *Procès ou Création* (1989) bis *Les transformations silencieuses* (2009) anleitet. Gelegentlich wendet sich Jullien den politischen Entwicklungen im 20. Jahrhundert zu und versucht, diese entsprechend zu deuten. Seiner Auffassung nach war Dèng Xiǎopíng der »stille Transformator« Chinas, während Máo Zédōng, der revolutionäre Führer, genau genommen bloß ein »neues Reich«, eine neue Dynastie gegründet haben soll.[92] Das führt zu der weitreichenden These, selbst die sozialistische Revolution von 1949 sei eigentlich keine Revolution im modernen europäischen, sondern weit eher im traditionell chinesischen Sinne von *gémìng* gewesen: ein Dynastiewechsel.

Die Wendung *gémìng* (Revolution, Umwälzung) führt in der Tat zu verwirrenden Fragen, die für die Hybridität der modernen chinesischen Sprache typisch sind. Denn einerseits ist *gémìng* die chinesische Übersetzung für den modernen westlichen Begriff der Revolution, andererseits lassen sich die beiden Schriftzeichen bis ins *Buch der Wandlungen* zurückverfolgen. Es scheint so, als habe diese Tatsache Jullien dazu verführt, das chinesische Verständnis von »Revolution« einem Paradigma der Transformation zuzuschlagen, in dem sich geschichtliche Brüche und radikale Diskontinuitäten – also »Revolution« im modernen Sinne – eigentlich gar nicht denken lässt. Jullien bemüht sich zwar, das Problem der Revolution auch innerhalb des chinesischen Paradigmas der Transformation zu denken und das Problem der Transformation wiederum innerhalb des europäischen Paradigmas der Revolution[93], aber seine philosophische Bewegung zwischen China und Europa beschränkt sich weitgehend darauf, diesen »Parallelismus« zu organisieren, und bleibt deswegen merkwürdig statisch und schematisch.[94] Beide, China und Europa, bleiben in hohem Maße in der Kohärenz ihrer jeweiligen Tradition verkapselt und unfähig zu einer kommunikativen Interaktion, aus der beide Seiten verändert hervorgingen. Eine transkulturelle Dynamik, aus der etwas wahrhaft Neues entstünde, bleibt in diesem Rahmen undenkbar. China steht demnach auch nach dem Sturz des Kaiserreichs weiterhin im Bann des despotischen Erbes der imperialen Ordnung, aus dem die chinesische Politik im 20. Jahrhundert nicht herausgetreten ist und auch ganz grundsätzlich nicht heraustreten kann. Aus einer solchen Perspektive muss die Demokratisierung Chinas nach dem

Vorbild der liberal-demokratischen Gesellschaften des Westens als gänzlich illusorisch erscheinen.

Die damit einhergehende, zumindest indirekte Affirmation des politischen Regimes der Kommunistischen Partei Chinas und darüber hinaus des chinesischen Despotismus insgesamt, dessen Gründe Jullien wiederum im »chinesischen Denken« des Kaiserreichs aufzuspüren sucht, ist ein Stein des Anstoßes, der die polemische Kritik von Jean François Billeter hervorgerufen hat. Um Jullien zu widerlegen, führt Billeter die Unterscheidung zwischen imperialem und vor-imperialem Denken ein. Die anti-demokratische und anti-pluralistische Tendenz imperialen Denkens ist für ihn mit einer imperialen Ordnung verflochten, für die auch jenes »chinesische Denken« charakteristisch ist, das Jullien durch Wáng Fūzhī repräsentiert sieht. Billeters Einwand richtet sich somit gegen Wáng Fūzhīs (und mit ihm Julliens) Unfähigkeit, aus dem Bann der imperialen Ordnung auszubrechen. Aus der überwältigenden Realität dieses stählernen Gehäuses kann seiner Auffassung nach keineswegs die Schlussfolgerung gezogen werden, dass es für China prinzipiell unmöglich ist, einen radikalen Bruch mit der imperialen Vergangenheit zu vollziehen. Wichtigste philosophische Quelle, um einen solchen Ausbruch zu denken, ist für Billeter das klassische Buch *Zhuāngzǐ*, dessen Interpretationsgeschichte er aber wiederum davon geprägt sieht, dass es der Logik imperialer Ordnung gefügig gemacht wurde. Hinsichtlich des Verhältnisses von Revolution und Transformation scheinen Billeter und Jullien allerdings insofern übereinzustimmen, als beide behaupten, eine Revolution im emphatischen Sinne habe in China (noch) nicht stattgefunden – wobei Julliens kontrastive Strategie das prinzipiell ausschließt, während Billeters kritisch-imaginativer Blick diese historische Möglichkeit gewahrt sehen möchte.

An dieser Stelle kann ich nur versuchen, sehr knapp und zugespitzt zu skizzieren, was an dieser Kontroverse im Kontext der vorliegenden Einführung interessant ist. Die mich dabei leitende Vermutung besteht darin, dass Julliens Interpretation Wáng Fūzhīs den Blick auf die transkulturelle Dynamik innerhalb der chinesischen Gegenwartsphilosophie gerade verstellt und ihn letztlich zu einem Urteil über die politische und kulturelle Situation Chinas führt, das die Konsequenzen hybrider Modernisierung systematisch verkennt. In Anbetracht der überwältigenden Kraft revolutionärer Umwälzungen im China des 19. und 20. Jahrhunderts insistiert Jullien darauf, China in das traditionelle Paradigma der Transformation zurückzudrängen. Die Möglichkeit einer Öffnung des transformativen Paradigmas für einen modernen Begriff der Revolution wird damit ausgeschlossen. Aus der Perspektive einer geschichtsteleologischen Logik, in der die sozialistische Revolution von 1949 als notwendiges Ergebnis und Endpunkt revolutionärer Umwälzungen verstanden wird, mag sich die Schlussfolgerung aufdrängen, der Schritt vom Kaisertum zum Ein-Parteien-Regime füge sich in das große Kontinuum, die »große einende Tradition« (*dàyītǒng*) autoritärer Herrschaft, die zu überwinden durch den tief verwurzelten, autoritären und kollektivistischen Charakter »der Chinesen« verhindert wird. Zweifellos ist es verführerisch, Máo in die Reihe jener Anführer von Bauernaufständen zu stellen, die zu Dynastiegründern wurden, und damit die rote Dynastie der ungebrochenen Kontinuität imperialer Regierungslogik einzuordnen. Denn vor dem Hintergrund einer solchen Deutung erscheinen all die verwirrenden und herausfordernden Reflexionen zur hybriden Modernisierung Chinas und zur paradoxen Konstellation der drei Traditionen mit einem Schlag als überflüssige Verkomplizierung eines letztlich doch sehr einfachen Sachverhalts: der Kontinuität des chinesischen Despotismus.

Wenn hingegen von der Diagnose ausgegangen wird, dass China insbesondere nach 1989 in eine post-revolutionäre Situation eingetreten ist, die in der Theorie des Kommunizierens der drei Traditionen einen prägnanten Ausdruck gefunden hat, stellt sich die Frage, ob nicht die paradoxe Konstellation der drei Revolutionsmomente eine neue, post-imperiale Philosophie der Transformation notwendig macht, nämlich eine, die den transkulturellen Knoten von Altem und Neuem, Östlichem und Westlichem so zu denken vermag, dass das Verhältnis von revolutionärem Bruch und kulturellem Erbe, von Diskontinuität und Kontinuität angemessen Berücksichtigung findet. Damit kann dann auch das Denken von Wáng Fūzhī aus dem Schatten der imperialen Ordnung heraustreten und in verändertem Licht erscheinen. Nun rückt die Frage in den Vordergrund, ob nicht dessen Schriften eine wichtige Ressource sein können, um eine transformative Lösung für die normative Paradoxie der drei (revolutionären) Traditionen zu denken. Kann die Philosophie der Transformation dabei helfen, diese Paradoxie vom Ruch des Pathologischen zu befreien? Vermag sie einer Diskursform Raum zu geben, die mit der paradoxen Konstellation so umgeht, dass einander zunächst widersprechende und ausschließende Positionen in eine transformative und transpositionale Dynamik eintreten, aus der jede für sich und alle zusammen verändert hervorgehen? Eine solche Dynamik, so lässt sich vermuten, kann nur in Gang kommen, wenn jedes der Momente die beiden anderen je in sich trägt und darin die Bedingung der Möglichkeit ihres Kommunizierens gesehen wird.

Der Unterschied einer solchen Perspektive zu Julliens Interpretation »chinesischen Denkens« tritt in dem Moment deutlich hervor, in dem sich die These aufdrängt, dass jene Philosophie der Transformation, die ihren systematischen Ausdruck in Wáng Fūzhīs Kommentaren zum klassischen *Buch der Wandlungen* gefunden hat, aufs Engste mit etwas verbunden ist, was sich – leicht missverständlich – als Metaphysik der Kommunikation bezeichnen lässt. Was das bedeutet, wird im Verlauf der weiteren

Diskussion hoffentlich allmählich deutlicher werden. Zunächst ist es wichtig festzuhalten, dass die Möglichkeit, Transformation und Metaphysik zu verbinden, in offenem Widerspruch zu Julliens Interpretation Wáng Fūzhīs steht. Jullien ist nämlich sehr darum bemüht zu zeigen, dass ein Denken der Transformation (China) und Metaphysik (Europa) miteinander unvereinbar sind. Seiner Auffassung nach kann das chinesische Denken dabei helfen, die europäische Metaphysik zu dekonstruieren, gerade weil es Metaphysik niemals gekannt hat. Dieser Interpretation steht jedoch eine überwältigende, die chinesischsprachige Philosophie des 20. Jahrhunderts durchziehende Insistenz auf der Bedeutung von Metaphysik und eine nicht abreißende Kette von metaphysischen Theorieentwürfen gegenüber. Während europäische Philosophen des 20. Jahrhunderts sich entschieden für die Möglichkeit nachmetaphysischen Denkens öffnen, machen sich Philosophen in China paradoxerweise an die Verteidigung der Metaphysik und wenden sich vielfach entschieden gegen das im Westen vorherrschende Verständnis chinesischer Philosophie als naturalistisch, nicht-metaphysisch und transzendenzlos. Aus Julliens Sicht liegt in dieser Inanspruchnahme des Begriffs der »Metaphysik« (*xíngérhàngxué* oder *xíngshàngxué*) jedoch ein gewaltiger Irrtum und Selbstbetrug, da die chinesische Übersetzung von Metaphysik als *xíngérshàngxué* sich auf eine Wendung aus dem *Buch der Wandlungen* bezieht, deren Bedeutung, so Julliens Überzeugung, mit dem europäischen Begriff der Metaphysik gänzlich inkompatibel ist.

3. Was heißt Metaphysik?

In *Procès ou Création* und *Figures de l'immanence* entwickelt Jullien eine »philosophische Lektüre« von ausgewählten Schriften Wáng

Fūzhīs. Im Falle von *Procès ou Création* geht er von dem ausführlichen Kommentar aus, den Wáng Fūzhī einem der grundlegenden Texte des Sòng-zeitlichen Konfuzianismus, dem *Richtigen Aufklären* (*Zhèngméng*) von Zhāng Zǎi, gewidmet hat[95]; *Figures de l'immanence* beschäftigt sich sodann ergänzend mit den beiden Kommentaren, die Wáng zum *Buch der Wandlungen* verfasst hat. In den anspruchsvollen und detaillierten Erörterungen dieser beiden Bücher legt Jullien die theoretischen Grundlagen jener philosophischen Vision »chinesischen Denkens«, die er später an diversen anderen Gegenständen erprobt und popularisiert hat. An dieser Stelle müssen die komplizierten philologischen und philosophischen Fragen weitgehend beiseitegelassen werden, die Julliens Umgang mit Wáng Fūzhī aufwirft.[96] Ich kann mich nur auf die wesentliche Grundthese der beiden Bücher konzentrieren, der gemäß Wáng Fūzhī und sodann verallgemeinernd *das* chinesische Denken nicht-metaphysisch ist. Interessant erscheint mir an Julliens These vor allem der schroffe Kontrast, in dem sie zu der in chinesischer Gegenwartsphilosophie weitverbreiteten Tendenz steht, philosophische Theoriebildung mit einem metaphysischen oder ontologischen Anspruch zu verbinden – wobei diese Tendenz nicht zuletzt in Auseinandersetzung oder gar offenem Konflikt mit der nach 1949 in der VR China zur Staatsideologie erhobenen materialistischen Dialektik Gestalt gewonnen hat. Diese Situation legt es nahe, das Spannungsverhältnis zwischen Metaphysik und Nicht-Metaphysik, zwischen Transzendenz und Immanenz als geteiltes Problem zeitgenössischer Philosophie in China und in Europa wahrzunehmen. In Julliens Interpretation »chinesischen Denkens« wird diese Denkmöglichkeit jedoch systematisch ausgeschlossen. Das zeigt sich in seiner Zurückweisung der modernen und inzwischen allgemein verbreiteten Übersetzung von Metaphysik als *xíngérshàngxué* (oder abgekürzt *xíngshàngxué*). Diese Übersetzung fußt auf einer berühmten und in der Kommentarliteratur viel diskutierten Wendung aus dem Textkorpus des *Buches der Wandlungen*. Sie sei zunächst, in Anlehnung an Julliens Übersetzung, wie folgt wiedergegeben: »was über dem Konkreten ist, heißt Weg, was unter dem Konkreten ist, heißt Gerät.«[97] Dazu schreibt Jullien: »Es lässt sich leicht ermessen, in welchem Maße in diesem Fall die gemeinhin akzeptierte ›Übersetzung‹ des westlichen Begriffs der Metaphysik durch den alten chinesischen Ausdruck ›über dem Konkreten‹ (im Verhältnis zu ›unter dem Konkreten‹: *dào* und *qì*) irrig ist.«[98] Übersetzt man den obigen Satz im Sinne des Verständnisses von »über dem Konkreten« als metaphysisch und »unter dem Konkreten« als physisch, so ergibt sich indes die folgende Version: »Was metaphysisch ist, heißt Weg; was physisch ist, heißt Gerät.« Mit diesem Verständnis jedoch, so Jullien, »haben die Chinesen in jeder Hinsicht die ursprüngliche Formulierung verraten«[99].

Im Kontext chinesischsprachiger Philosophie hat sich eine differenzierte und durchaus kontroverse Diskussion dieses mit dem chinesischen Modernisierungsweg eng verbundenen Übersetzungsproblems entwickelt. Mit seiner Behauptung, »die Chinesen« hätten die ursprünglich nicht-metaphysische Bedeutung der Wendung *xíngérshàng* »verraten«, als sie es für die Übersetzung der ursprünglich griechischen Metaphysik gebrauchten, vertritt Jullien innerhalb dieser Kontroverse eine sehr konservative Position. Denn Julliens theoretische Strategie besteht darin, chinesisches Denken und europäische Philosophie auf Abstand zu halten. Dabei scheint er jedoch zu verkennen, dass gelungene Übersetzungsarbeit nicht zuletzt aus der nie vollkommen kontrollierbaren Vermischung von vormals getrennten Sphären sprachlicher Artikulation erwächst. Warum sollte es also ausgeschlossen werden, dass das, was in der Wendung des *Buches der Wandlungen* zum Ausdruck kommt, nicht auch eine mögliche

Figur von Metaphysik ist: Ausdruck einer transformativen oder (atem-)energetischen Metaphysik etwa?[100] Warum sollte unter Metaphysik nur das verstanden werden dürfen, was griechische Philosophen »ursprünglich« darunter verstanden haben mögen und was ihre europäischen Nachfolger im Namen einer Tradition des Bruchs zwischen Erfahrung und Idee fortgesponnen haben?[101] Warum sollte es nicht möglich sein – ausgehend von der innerhalb chinesischer Gegenwartsphilosophie sich zeigenden Konstellation zwischen Metaphysik und *xíngérshàngxué* –, die Geschichte von »Metaphysik« zu dekonstruieren und zu rekonstruieren? Warum sollte es unfruchtbar sein, die Arbeit mit dem für moderne Philosophie in Europa seit Kant konstitutiven Spannungsverhältnis zwischen der Kritik traditioneller Metaphysik und dem Versuch, diese durch Kritik hindurch zu retten, mit der Arbeit an dem Spannungsverhältnis zwischen Metaphysik und *xíngérshàngxué* zu verbinden? Und haben chinesischsprachige Philosophen im 20. Jahrhundert nicht genau dies mehr oder weniger erfolgreich getan, indem sie einerseits die traditionelle europäische Metaphysik für ihre Tendenz zu fragwürdigen Dualismen kritisieren, um andererseits jedoch einen positiven Begriff der Metaphysik zu verteidigen, für den sie sich auch auf chinesische Quellen berufen? Bedeutet die Entgegensetzung von metaphysischer Philosophie der Transzendenz (Europa) und nicht-metaphysischem Denken der Immanenz (China) nicht letztlich doch, in einen Modus komparativer Differenz zurückzufallen, dessen Unproduktivität Jullien an anderer Stelle überzeugend dargelegt hat?

Die moderne Übersetzung des Satzes aus dem *Buch der Wandlungen* »Was metaphysisch ist, heißt Weg; was physisch ist, heißt Gerät« verrät für Jullien die »ursprüngliche Formulierung«, weil damit die Möglichkeit eines Bruchs zwischen *Weg* und *Gerät* eingeführt wird, eines Bruchs also zwischen geistiger und körperlicher, normativer und natürlicher Welt, den, seiner Auffassung nach, das strikt immanente Denken des *Buches der Wandlungen* nicht gekannt haben kann. Dieses interpretiert Jullien – mit Wáng Fūzhī und in *Procès ou Création* – als eine »transformatorische Struktur«, als »Struktur in fortwährender Transformation«, wobei Transformation überhaupt nur als »kontinuierliche Transformation« und Struktur nur als transformatorische denkbar ist: »Struktur und Transformation sind die beiden untrennbaren Aspekte ein und derselben Realität [...].«[102] Diese Realität ist die immanente Zwischenwelt des »Konkreten« (xíng 形; Wilhelm übersetzt: Form), von dem aus eine doppelte Bewegung – vom Konkreten nach oben (*xíng ér shàng* 形而上) und vom Konkreten nach unten (*xíng ér xià* 形而下) – erfolgt[103], die sprachlich durch die Partikel *ér* 而 Ausdruck findet. Das heißt, dass sich vom Konkreten her eine Dimension des Unsichtbaren (Weg, Struktur) und eine Dimension des Sichtbaren (Gerät, Transformation) erschließt, die jedoch nichts sind als zwei Aspekte ein und derselben kontinuierlichen Realität. Von daher schließt Jullien auf die Zurückweisung der »metaphysischen Illusion« und die Insistenz auf dem »Nicht-Idealismus«[104] im Denken chinesischer Literaten, repräsentiert durch Wáng Fūzhī.

Julliens Auseinandersetzung mit Wáng Fūzhīs Schriften ist zweifellos eine hochgradig philosophische. Seine Reflexionen zum Problem der Übersetzung werfen Fragen auf, die keine philosophische Auseinandersetzung mit dem *Buch der Wandlungen* vernachlässigen kann.[105] Aber könnte es nicht so sein, dass die wirklich interessanten Probleme genau da anfangen, wo Jullien entweder die innerchinesische Debatte (der er sich offenbar bewusst ist) ausblendet, in der Wáng Fūzhīs Interpretation als ungewöhnlich und radikal hervorsticht – das gilt insbesondere für seinen in jungen Jahren geschriebenen »äußeren Kommentar« zum *Buch der Wandlungen*; oder wo er eine mögliche innereuropäische Debatte über ein solches Verständnis von »Metaphysik« von vornherein beiseiteschiebt, indem er leugnet, dass im Kontext chinesischen Denkens das Problem der Metaphysik überhaupt sinnvoll gestellt werden kann. Das chinesische Denken kann demnach nur fruchtbar sein, solange es die Rolle des nichtmetaphysischen Anderen der europäischen Metaphysik zu spielen bereit ist. Sobald jedoch auch nur die Möglichkeit auftaucht, die im *Buch der Wandlungen* angelegte Philosophie der Transformation »metaphysisch« zu lesen, wittert Jullien sofort Verrat. Verrat an was, wenn nicht an einer vermeintlichen Reinheit und Unverfälschtheit chinesischen Denkens? Von daher kann es auch nicht überraschen, dass Jullien das »chinesische Denken« nicht nur vom Einfluss moderner westlicher Terminologie freihalten möchte, sondern schon die Entstellung chinesischen Denkens durch »buddhistische Metaphysik«[106] zurückweist, die auch den im 10. Jahrhundert einsetzenden Neokonfuzianismus tiefgreifend beeinflusst hat – Wáng Fūzhī tritt im 17. Jahrhundert als radikaler Kritiker dieser buddhistisch beeinflussten Rekonstruktion des antiken Konfuzianismus hervor, von der er selber allerdings noch in der Negation in hohem Maße zehrt.[107]

Es ist nun keineswegs so, dass Jullien diese einfachen geistesgeschichtlichen Tatsachen unbekannt sind; vielmehr opfert er diese Aspekte gezielt der Konstruktion eines »chinesischen Denkens«, von dem er glaubt, dass es der europäischen Gegenwartsphilosophie als strategisches Gegenüber dienlich sein kann. Zweifel sind indes angebracht, ob das eine langfristig vielversprechende Strategie ist. Denn könnte es nicht sein, dass die Bedeutung des sich im Kontext chinesischsprachiger Philosophie stellenden Problems der Metaphysik erst dann hervortritt, wenn erstens in den Blick kommt, dass der vermeintlich moderne »Verrat« an der »ursprünglichen Formulierung« eine lange Geschichte hat, und wenn zudem das Verhältnis von Metaphysik und Kommunikation in der europäischen Gegenwartsphilosophie neu aufgerollt wird?[108]

4. Transformation und Kommunikation

Das Verhältnis von Transformation und Revolution steht offenbar nicht bloß mit der politischen Situation im gegenwärtigen China in Verbindung, sondern eröffnet den Zugang zu einem Verständnis des *Buches der Wandlungen*, das sich signifikant von dem Bild unterscheidet, das Richard Wilhelm davon gezeichnet hat, aber doch auch wiederum Gemeinsamkeiten mit Wilhelms Aktualisierung von dessen Philosophie im Kontext des neuen China aufweist. Denn zweifellos vermag seine Auseinandersetzung mit dem *Buch der Wandlungen* und anderen chinesischen Klassikern für jenes komplexe Ineinander von Revolution und Transformation zu sensibilisieren, das dem chinesischen Weg der Modernisierung auf spezifische Weise eingeschrieben zu sein scheint. Allerdings macht es die paradoxe Konstellation der drei (revolutionären) Traditionen im gegenwärtigen China notwendig, sich mit Entschiedenheit von einem der großen Klischees zu verabschieden, das über »das chinesische Denken« im Allgemeinen und über die Konzeption der Transformation im *Buch der Wandlungen* im Besonderen im Schwange ist und an dessen Verbreitung Wilhelms Übersetzung maßgeblich beteiligt war: dass es sich dabei nämlich um ein Denken der Ganzheitlichkeit, der totalisierenden Vereinheitlichung und der Kontinuität handelt; um ein Denken, das von daher Entzweiung, Gebrochenheit und Diskontinuität prinzipiell vernachlässigt.

Dem entspricht in der von Gān Yáng vorgeschlagenen Interpretation des »Kommunizierens der drei Traditionen« die Tendenz, deren paradoxe Konstellation auflösen oder zumindest kontrollierbar machen zu wollen, indem ihre Kontinuität innerhalb einer höheren und größeren, sozusagen organischen Einheit behauptet wird. Die Aufgabe, das Verhältnis von Revolution und Transformation zu denken, schärft indes den Blick für die im *Buch der Wandlungen* und seiner Kommentartradition angelegten Möglichkeiten, die Dialektik von Vereinigung und Entzweiung, von Kontinuität und Diskontinuität zu erörtern. Das kann zunächst einmal nicht verwundern, sind doch bereits die Striche, aus denen sich die 64 Hexagramme zusammensetzen, von einer grundlegenden Entzweiung geprägt: Die Hexagramme werden aus durchgehenden, ganzen Yáng-Strichen und durchbrochenen, zweigeteilten Yīn-Strichen gebildet. Der kommunikative »Verkehr« (*jiāo* 交) – der frei oder blockiert sein kann – zwischen diesen beiden Strichformen, die zugleich auf die beiden Grundenergien der lichten Yáng-Energie und der dunklen Yīn-Energie verweisen (*liǎng yí* 兩儀), bildet die ontologische Grundlage für jegliche Transformation. Ohne die Unterscheidung zwischen diesen beiden Aspekten, ohne diese Grundfigur des Diagramms von einem durchgehenden (—) und einem durchbrochenen (--) Strich, wären die komplexeren Konstellationen (Trigramme, Hexagramme) nicht möglich.

Aus der Grundstruktur eines durchgehenden und eines durchbrochenen, eines harten und eines weichen Strichs entwickelt sich nun in den Trigrammen, und erweitert in den Hexagrammen, eine Dialektik von Diskontinuität und Kontinuität, die sich zunächst einmal ganz formal auf den Sachverhalt stützen kann, dass es Konstellationen gibt, in denen sich durchgehende und durchbrochene Striche abwechseln, oder solche, in denen sie aufeinander folgen. Wechseln sie einander ab, heißt das Veränderung oder *Modifikation* (*biàn* 變); folgen sie aufeinander, heißt das *Kommunikation* (*tōng* 通).[109] Transformation lässt sich somit zunächst einmal als Wechselspiel zwischen Modifikation und Kommunikation verstehen. Aus den beiden Strichen – einem durchgehenden und einem durchbrochenen – bilden sich dann im Zuge einer ersten Rekombination der beiden Striche die sogenannten vier Phänomene (*sì xiàng* 四象), von denen zwei modifizierend (⚍ und ⚎) und zwei kommunizierend (⚌ ⚏) strukturiert sind. Konsequenterweise bestehen die beiden unvermischten Hexagramme (Nr. 1 und 2) aus sechs durchgehenden bzw. sechs durchbrochenen Strichen (䷀ und ䷁), während die letzten beiden Hexagramme (Nr. 63 und 64) keine gleichartigen Striche mehr aufweisen, die aufeinander folgen: Durchgehende und durchbrochene Striche werden abwechselnd aneinandergereiht (䷾ und ䷿). Eine kritische Diskussion des Verhältnisses von Revolution und Transformation führt nun zu der Frage, ob die Erfahrung moderner revolutionärer Brüche sich nicht auch in einer Interpretation des *Buches der Wandlungen* niederschlagen kann, in der Transformation (*huà* 化) nicht nur das Verhältnis von Modifikation und Kommunikation (*biàn* 變*—tōng* 通) bezeichnet, sondern Transformation als Möglichkeit gedacht wird, das Kommunizieren der (revolutionären) Modifikationen (Veränderungen) zu denken (*tōng* 通*—biàn* 變). Damit wird eine der philosophischen Tiefenschichten jener transkulturellen Formel vom »Kommunizieren der Veränderungen zwischen Alt und Neu, Ost und West« verständlicher, von der bereits im ersten Kapitel die Rede war.

Als ein Beispiel für solche Transformation dienen schon im klassischen Text die vier Jahreszeiten: Frühling und Sommer sowie Herbst und Winter kommunizieren, während zwischen Sommer und Herbst sowie zwischen Winter und Frühling eine Modifikation stattfindet, ein Schnitt, mit dem eine Richtungsänderung einhergeht: Auf die Abkühlung folgt eine Erwärmung, auf die Erwärmung eine Abkühlung. Die Erweiterung dieses Beispiels auf die Geschichte führt sodann zu der Frage, inwiefern im individuellen wie im kollektiven menschlichen Leben von einer analogen Abfolge gesprochen werden kann. In diesem Sinne wird die chinesische Geschichte des 20. Jahrhunderts als ein langer und harter Winter gedeutet, nach dem sich nun endlich, wenn auch noch zart und unscheinbar, die Zeichen für einen neuen Frühling zeigen. Auch eine solche Deutung nimmt die revolutionären Umwälzungen der neueren Geschichte in ein Paradigma der Transformation zurück, allerdings so, dass dabei die revolutionären Brüche nicht länger voneinander abgespalten werden, sondern miteinander kommunizieren. Auf paradoxe Weise kommt es nun zur Kommunikation der Kommunikationsbrüche, indem die von den revolutionären Diskursen zum Zweck des ideologischen Kampfes errichteten Kommunikationsbarrieren zu Ausgangspunkten transkultureller und transpositionaler Kommunikation werden. Der durch den westlichen Imperialismus aufgenötigte Zwang zur Modernisierung und die Serie moderner Revolutionen werden damit in eine Logik der (Selbst-)Transformation zurückgenommen, die normativ bedeutungsvoll ist, weil sie dazu befähigt, die zunächst heteronom aufgezwungene Modernisierung zugleich als autonom vollzogene zu denken.

Die Diskussion von Revolution und Transformation hat inzwischen zu einem vielleicht zunächst schwer verständlich klingenden, gleichwohl aber sehr weitreichenden und tiefgründigen Ergebnis der philosophischen Reflexion über den chinesischen Weg der Modernisierung geführt. Als Lösung für das Problem der paradoxen Verknotung der drei Traditionen erscheint am Horizont die Möglichkeit der *paradoxen Kommunikation der Revolutionen*. So lässt sich zumindest die politische Bedeutung der transkulturellen Formel vom »Kommunizieren der Veränderungen zwischen Alt und Neu, Ost und West« zusammenfassen. Es handelt sich dabei um einen Versuch, die im *Buch der Wandlungen* angelegte Philosophie der Transformation so zu aktualisieren, dass sie es erlaubt, hybride Modernisierung zu denken. Das führt allerdings zu einem ungewohnten Blick auf »unsere Moderne«. Denn nun taucht als Gedankenexperiment die Möglichkeit auf, dass neben den Maßstab der (Französischen) Revolution derjenige von Transformation als Kommunikation der (chinesischen) Revolutionen tritt. Aber so ungewohnt ist diese Verschiebung vielleicht gar nicht, denn die Kommunikation der Revolutionen zielt letztlich auf nichts anderes als auf die »gleichmäßige Verwirklichung aller drei Prinzipien der Französischen Revolution«: Freiheit, Gleichheit, Brüderlichkeit.[110]

An dieser Stelle eröffnet sich die weiterführende Frage, wie denn das Subjekt geartet sein mag, das Träger einer solchen Transformation sein kann. Zugleich zeigt sich ein neuer Zugang zu einer These, die das europäische Bild chinesischer Philosophie bis heute maßgeblich prägt: die These vom Fehlen der Subjektivität in China. Diese korrespondiert gemeinhin mit der These vom Fehlen der Metaphysik. Während Jullien europäische Subjektivität und chinesische Subjektlosigkeit, heroische Revolutionsfähigkeit und disponible Transformationsfähigkeit einander kontrastiert, taucht in Billeters Arbeit mit der klassischen chinesischen Philosophie die Möglichkeit eines Paradigmas der Subjektivität auf, das dieses Schema unterläuft: transformative Subjektivität.

V. Das transformative Subjekt

1. Ein neues Paradigma der Subjektivität

Wie lässt sich die Erörterung eines klassischen Textes aus der chinesischen Antike in den Horizont eines Philosophierens rücken, das die Herausforderung transkultureller Dynamik ernst nimmt? Jean François Billeters Studien zum Philosophen Zhuāngzǐ (Zhuāng Zhōu, ca. 365–290) und dem ihm zugeschriebenen Buch *Zhuāngzǐ* geben wichtige Hinweise für die Beantwortung dieser Frage.[111] Billeters Studien sprengen den vielfach allzu starren Rahmen einer komparativen Arbeit, die auf die Differenz zwischen und Identität von nationalen Kulturen oder Kulturkreisen fixiert ist. Essenzialistische Behauptungen wie die, *das* chinesische Denken habe keine Subjektivität entwickelt, sind ihm fremd. Entsprechend scheut er nicht davor zurück, mit Bezug auf das Buch *Zhuāngzǐ* von einem neuen Paradigma der Subjektivität zu sprechen. Dieses dient ihm als eine kulturelle Ressource, um Subjektivität weiterzudenken, und zwar so, dass Subjektivität weder bewusstseinsphilosophisch-rationalistisch verengt, noch anti-aufklärerisch verworfen wird. Damit stemmt er sich zunächst einmal gegen die politisch desaströsen Konsequenzen jener Tendenz zur Subjektlosigkeit, mit der daoistische Philosophie, als deren wichtigster Repräsentant Zhuāngzǐ neben Lǎozǐ gemeinhin gilt, assoziiert wird: gegen eine Verbindung von Daoismus und Subjektkritik, für die Subjektlosigkeit als Kernstück einer vermeintlichen Überwindung der Moderne fungiert.

Billeter verbindet seine Verteidigung von Subjektivität im *Zhuāngzǐ* allerdings mit einer kritischen Pointe, die sich gegen die Verstrickung von Subjektivität, politischem Despotismus und der chinesischen Theorie (atem-)energetischer Transformation (*qìhuàlùn*) richtet. Für Billeter sind der energetische Monismus, auf den diese Theorie seiner Auffassung nach hinausläuft, und der Despotismus der imperialen Ordnung Chinas auf unheilvolle Weise miteinander verflochten. Auf das Verhältnis zwischen Philosophie der Transformation und chinesischem Despotismus ein besonderes Augenmerk zu richten ist in der sinologischen Diskussion chinesischer Kulturgeschichte nicht ungewöhnlich. Auch Billeters sinologischer Gegenspieler François Jullien geht ähnlich vor. In vielen seiner Schriften betont Jullien den Zusammenhang der chinesischen Konzeption energetisch-prozesshaft verstandener Immanenz mit politischem Konformismus und der Abwesenheit der Figur des kritischen Intellektuellen in China – für Jullien ein wichtiger Grund, um die Existenz von Subjektivität in China prinzipiell zu leugnen.[112] Dem korrespondiert Billeters Überzeugung, der zufolge das kritische Potenzial des *Zhuāngzǐ* nur freigelegt werden kann, wenn in der Interpretation dieses Werkes die naturphilosophisch-kosmologische Dimension energetischer Transformation konsequent fallen gelassen und nur die körperlich-leibliche Dimension zurückbehalten wird. Beiden gemeinsam ist die Überzeugung der Unvereinbarkeit von energetischer Transformation und Kritik.

Zhuāngzǐ war, so betont Billeter, an einer systematischen Einheitlichkeit seiner Philosophie ganz bewusst nicht interessiert: »Ein allzu kohärenter Diskurs wäre ihm verdächtig erschienen, weil er sich an erster Stelle für die Aporien des Denkens, für Paradoxien und Diskontinuitäten interessiert hat, auf die wir im

Zuge der Erfahrung unserer selbst und der Welt stoßen.«[113] Auf dieser Grundlage führt Billeter das Problem des energetischen Monismus und dasjenige der Subjektivität zusammen: »Die Idee einer allgemeinen Energie, so subtil und ungreifbar wie gewaltig und materiell, ist in der Sòng-Zeit (960–1279) zum gemeinsamen Fundament des gesamten chinesischen Denkens geworden und das auch geblieben. Sie hat allerdings, aus meiner Sicht, einen großen Fehler. Das *Qì* wird als Grund aller Phänomene verstanden, seien sie objektiv oder subjektiv. Es umfasst eine grundlegende Kontinuität zwischen den beiden. Die Transformationen, die innerhalb des *Qì* entstehen, lassen die einen in die anderen übergehen, so dass die objektiven subjektiv werden und umgekehrt. In einer derart konzipierten Welt ist nichts irreversibel. Es kann kein radikaler Bruch entstehen, kein wahrhafter Anfang. Das Subjekt kann dort nicht als Ort verstanden werden, an dem etwas Neues auftaucht, etwas, das noch nie da war.«[114] Es ist unschwer zu erkennen, welche Konsequenz eine solche Interpretation für das Verständnis von Revolution und Transformation in China haben kann. Es stellt sich dann nämlich erneut die Frage, ob China im 20. Jahrhundert wirklich mit der großen Kontinuität der Transformation und dem vermeintlich mit ihr verbundenen Despotismus gebrochen hat.

Der Gegensatz von Diskontinuität und Kontinuität bildet den Hintergrund für die Weigerung Billeters, der Theorie energetischer Transformation für die Interpretation des *Zhuāngzǐ* einen hervorgehobenen Stellenwert zuzubilligen. Billeters Verständnis lässt ein – für ihn wie auch für Jullien – charakteristisches Chinabild erkennen, das auf einem wohlbekannten Kontrast von Europa und China gründet: Kontinuität, Immanenz und Konformismus auf chinesischer Seite stehen auf der europäischen Diskontinuität, Transzendenz und Kreativität gegenüber. Billeter und Jullien treffen sich im Verständnis des Hauptstroms

»chinesischen Denkens« als einem energetisch-prozessual ausgerichteten Immanenzdenken. Allerdings wirft Billeter Jullien vor, dieses Denken nicht hinreichend zu kritisieren und dementsprechend die Verbindung von »Denken der Immanenz« und »imperialer Ordnung« zu unterschätzen oder gar affirmativ zu verklären.[115] Für Billeter verlangt der Bruch mit der bewussten oder unbewussten Idealisierung der imperialen Ordnung Chinas die Kritik an einem prozessorientierten Denken, das bisher nicht in der Lage gewesen sein soll, einen »radikalen Bruch« mit einer problematisch gewordenen Tradition zu vollziehen.

Von daher lässt sich Billeters Tendenz verstehen, das Buch *Zhuāngzǐ* dem vermeintlichen Hauptstrom des chinesischen Denkens der Immanenz, der Transformation und des Prozesses entgegenzustellen, da dieses sich seiner Auffassung nach als unfähig erwiesen hat, das kritische Potenzial des im *Zhuāngzǐ* angelegten Paradigmas der Subjektivität anzuerkennen und zu entfalten. Entsprechend wirft Billeter zeitgenössischen Interpretationen des *Zhuāngzǐ* vor, die Vereinbarkeit von energetischer Philosophie der Transformation und Autonomie des Subjekts bloß zu behaupten, aber letztlich doch immer nur Beispiele anzuführen, die auf Erfahrungen der Kontinuität, Einheit und Verschmelzung von Selbst und Welt hinauslaufen. Demgegenüber betont er: »[...] eine adäquate Idee des Subjekts muss, soweit wie möglich, die ganze Erfahrung in Erwägung ziehen, die wir von uns selbst haben, einschließlich ihrer Paradoxien und Diskontinuitäten. Sie muss zudem unsere Fähigkeit berücksichtigen, uns selbst zu bestimmen, ein Ereignis zu schaffen und Neues zum Hervortreten zu bringen. Meine Definition des Körpers kann dazu beitragen, da sie das *Unbekannte* als eine ihrer grundlegenden Dimensionen umfasst.«[116]

In seiner Definition des Körpers insistiert Billeter darauf, die Quelle des kreativen Hervortretens von Neuem im »individuellen Subjekt« zu situieren. In diesem Sinne kritisiert er Yáng Rúbīn (Yang Rur-bin) wie folgt: »Er findet bei Zhuāngzǐ ein Denken des kreativen Hervortretens [surgissement créateur], das, seiner Ansicht nach, seinen Platz in einer erneuerten konfuzianischen Philosophie hat – ohne jedoch dieses kreative Hervortreten zu *situieren*. Er verortet es, auf traditionell chinesische Weise, in der Realität als solcher, obwohl er es *im individuellen Subjekt* situieren müsste. Dieser Punkt ist in zweifacher Hinsicht entscheidend. Er ist es, weil meiner Ansicht nach Zhuāngzǐ wirklich so denkt, wenn er sich auch nicht so ausdrückt. Vor allem aber, weil tatsächlich dieses Hervortreten *immer das individuelle Subjekt als Ort hat* und es wichtig ist, dies anzuerkennen.«[117] Billeter insistiert darauf, dass die Anerkennung subjektiver Kreativität im traditionellen Vokabular chinesischer Transformationsphilosophie, der Yáng Rúbīn seiner Auffassung nach die Treue hält, letztlich unmöglich ist. Ihm zufolge ist jene Kreativität im »Körper« (corps) zu situieren, der allerdings nicht länger den aus der europäischen Philosophie vertrauten anatomischen oder objektivierten Körper bezeichnet, sondern »die Totalität der Vermögen, Ressourcen und Kräfte, bekannt und unbekannt, die wir zu unserer Disposition haben oder die uns bestimmen«[118]. In einer leicht erweiterten Definition gilt ihm der Körper als »Ensemble unserer Vermögen, unserer Ressourcen und unserer Kräfte, die uns bekannt und unbekannt sind, oder als eine Welt ohne erkennbare Grenzen, in der das Bewusstsein mal verschwindet, mal sich loslöst, und zwar in veränderlichen Graden, die den Regimen unserer Aktivität entsprechen«[119]. Dieses Verständnis des Körpers bildet den Ausgangspunkt für eine Rekonstruktion des Paradigmas der Subjektivität im *Zhuāngzǐ*, in der die Atem-Energie (*qì*) als naturphilosophische Kategorie abgelehnt und nur akzeptiert wird, insofern sie auf »unsere körperliche Realität und unsere Subjektivität« beschränkt bleibt.[120]

Inwiefern berührt die Debatte um die Legitimität einer atemenergetischen Interpretation des *Zhuāngzǐ* zentrale Fragen der chinesischsprachigen Gegenwartsphilosophie? Billeter ist der kritische Impuls, der Yáng Rúbīns Versuch antreibt, Zhuāngzǐ als unorthodoxen und kreativen Konfuzianer zu verstehen, nicht verborgen geblieben: Es geht um die kritische Transformation des zeitgenössischen Neokonfuzianismus. Aber warum sieht Yáng die Notwendigkeit, dieses Ziel auf eine Weise anzugehen, die der eingeschliffenen Unterscheidung zwischen Konfuzianismus und Daoismus eine Absage erteilt? Welche kulturhistorische Diagnose über das konfuzianische Lernen (*rúxué*) und seine gegenwärtigen Probleme motiviert seinen Ansatz? Den Hintergrund von Yángs Vorstoß bildet die Absicht, den zeitgenössischen Neokonfuzianismus aus seiner moral- und subjektphilosophischen Verengung zu befreien. Dieser Ansatz korrespondiert teilweise durchaus mit Billeters Interpretation des *Zhuāngzǐ*. Billeters grundsätzliche Ablehnung des Konfuzianismus als Herrschaftsideologie teilt Yáng allerdings nicht. Er bemüht vielmehr Hegels Metapher von der Eule der Minerva, deren Flug erst mit der einbrechenden Dämmerung beginnt, um seine Inanspruchnahme jener Interpretationsrichtung zu rechtfertigen, die versucht hat, Zhuāngzǐ der konfuzianischen Schule zuzuordnen. In der Marginalisierung dieser Möglichkeit sieht er auf Seiten des Konfuzianismus die verpasste Chance, sich für eine Theorie »kreativer Transformation« (*chuànghuà*) zu öffnen, deren Stärken im Bereich von Kultur und Kunst einen Gegenpol zum Zusammenschrumpfen konfuzianischen Lernens auf moralische Dogmatik hätten bilden können.[121] Yáng und Billeter sind sich einig im Bedauern darüber, dass die vom (orthodoxen) Konfuzianismus dominierte Geschichte chinesischen Denkens dem kreativen und kritischen Potenzial des *Zhuāngzǐ* viel zu wenig Beachtung geschenkt hat. Zugleich sehen sie in der Gegenwart eine gewisse Chance, dieses Versäumnis nachzuholen: Zhuāngzǐ steht dann für zukunftsträchtige Entwicklungsmöglichkeiten im Bereich der Kultur, insbesondere im Bereich von Philosophie und Kunst. Hinsichtlich des Stellenwertes, welcher der Theorie energetischer Transformation dabei zukommt, weisen beide Ansätze freilich in einander entgegengesetzte Richtungen.

Bezeichnenderweise sind die konfuzianischen Autoren, auf die Yáng sich beruft – vor allem Wáng Fūzhī (1619–1692) und Fāng Yǐzhì (1611–1671)[122] –, wichtige Vertreter jener energetischen Denkrichtung des Konfuzianismus im 17. Jahrhundert, die, aufgrund ihrer materialistischen Tendenzen, etwa von der idealistischen Theorie Móu Zōngsāns konsequent aus der Rekonstruktion einer für modernetauglich befundenen »moralischen Subjektivität« ausgegrenzt worden ist. Yáng betont hingegen, gerade die energetische Schule des sòng- und míng-zeitlichen Konfuzianismus – von Zhāng Zǎi bis Wáng Fūzhī – sei bereit gewesen, konfuzianisches Lernen für die Provokationen und Paradoxien des *Zhuāngzǐ* zu öffnen. Von daher ist Yáng Rúbīns theoretischer Vorstoß, innerhalb des zeitgenössischen Neokonfuzianismus, von beträchtlicher Brisanz: Yáng macht nicht nur den Versuch, die von der Logik des Kalten Krieges beeinflusste Ausgrenzung der Energie-Schule des Konfuzianismus aus der Theorie moralischer Subjektivität zu überwinden. Im Versuch einer Modernisierung des Konfuzianismus hat zwar die Öffnung für Demokratie und Wissenschaft starke Beachtung gefunden, die kulturelle und ästhetische Moderne wurde jedoch weitgehend vernachlässigt oder gar als unvereinbar mit der kulturkonservativen Grundhaltung des Konfuzianismus angesehen.[123] Während im zeitgenössischen Neokonfuzianismus lange die Tendenz dominiert hat, der Erneuerung konfuzianischer Moralphilosophie größte Aufmerksamkeit zu schenken, läuft Yángs Kritik auf die These hinaus, die moralphilosophische Modernisierung des Konfuzianismus müsse ohne eine entsprechende ästhetische Modernisierung unvollständig und kraftlos bleiben. An dieser Stelle sieht er die Bedeutung der Integration des so unorthodoxen wie kreativen Zhuāngzǐ in die konfuzianische Philosophie.

Für Móu Zōngsāns Verständnis der theoretischen Modernisierung des Konfuzianismus war es entscheidend, die Wesensverwandtschaft zwischen der konfuzianischen Lehre von der »inneren Heiligkeit« (*nèishèng*) und Kants Theorie moralischer Subjektivität nachzuweisen und fruchtbar zu machen.[124] Nach dem destruktiven Einbruch westlicher Moderne in China hat diese normative Rekonstruktion konfuzianische Philosophie zweifellos erneut auf ein hohes Reflexionsniveau geführt. Yáng Rúbīns weitgespannte Forschungsarbeit ist allerdings geprägt von der Überzeugung, dass dies nicht ausreicht. Sein Interesse, das sich unter anderem auf die Konzeption des Körpers/Leibes (*shēntǐ*) im Konfuzianismus, auf die in konfuzianischen Schriften entwickelte Asketik (*gōngfūlùn*), auf die energetische Schule konfuzianischen Lernens sowie auf das Buch *Zhuāngzǐ* und seine poetisch-literarische Dimension richtet, zeugt von der Bemühung, den zeitgenössischen Neokonfuzianismus aus der Verengung auf eine Moralmetaphysik mit stark dogmatischen Zügen herauszuführen: Dem von Móu Zōngsān ausgearbeiteten idealistischen Subjekt moralischer Innerlichkeit (*xīnxìng zhǔtǐ*) tritt ein energetisch-transformatives Subjekt (*qìhuà zhǔtǐ*) zur Seite.[125]

Hinsichtlich des Interesses an der pluralen Dimension von Subjektivität scheint mir zwischen Billeter und Yáng kein unversöhnlicher Gegensatz zu bestehen – insbesondere wenn Lài Xīsāns Bemühungen einbezogen werden, die energetische Interpretation des *Zhuāngzǐ*, im Anschluss an Yáng Rúbīn und über ihn hinaus, weiter in Richtung Pluralität, Diskontinuität, Nichtidentität und Machtkritik zu öffnen.[126] Darüber hinaus ist nicht zu übersehen, dass Billeter, bei aller Betonung von Paradoxie und Diskontinuität, Begriffen wie Integration, Synergie, Synthese und Kohärenz ein Gewicht verleiht, durch das er der von ihm abgelehnten Position nähersteht, als es die Entschiedenheit seiner Kritik vermuten lässt.[127]

2. Regime der Aktivität

Billeters Idee eines Paradigmas der Subjektivität, das Diskontinuität und Leere, Konfusion und Chaos innerhalb von Subjektivität Anerkennung zu verschaffen vermag[128], mündet nicht in das nietzscheanische Lob eines dionysischen Zustands der Kraftsteigerung und Fülle. Seine Erörterung des Paradigmas der Subjektivität im *Zhuāngzǐ* bezieht sich allerdings vielfach auf Nietzsches Verständnis von Subjektivität, um dionysische Kunst und daoistische Ästhetik aufeinander zu beziehen.[129] Im Rahmen des Gegensatzes von Kant und Nietzsche besteht die Tendenz, Subjektivität mit vernünftigem, bewusstem, zweckgeleitetem und in diesem Sinne autonomem Handeln zu identifizieren. Das Paradigma der Subjektivität, das Billeter in Auseinandersetzung mit dem *Zhuāngzǐ* gewinnt, ermöglicht demgegenüber eine philosophische Verschiebung, durch die ein alternatives Modell denkbar wird. In diesem kann das Moment energetischer Transformation systematisch so mit Subjektivität verflochten werden, dass das Paradigma transformativer Subjektivität am Horizont auftaucht.

Billeter spricht von zwei »Regimen der Aktivität«, um die transformative Dynamik zu beschreiben, die für solche Subjektivität konstitutiv ist. Im Anschluss an Zhuāngzǐ unterscheidet er ein menschliches und ein himmlisches Regime der Aktivität: »das Menschliche, die intentionale und bewusste Aktivität, ist niedriger; der Himmel, die notwendige und spontane Aktivität, ist in gewissem Sinne höher.«[130] Und: »Er [Zhuāngzǐ] kennt nur zwei Bereiche in seiner Sicht der Dinge, das Menschliche und das Himmlische. [...] Insbesondere die intentionale und bewusste Aktivität ist Quelle von Fehlern, Misserfolg, Erschöpfung und Tod. Die himmlisch genannte, vollständige, notwendige und spontane Aktivität wird demgegenüber als Quelle von Effektivität, von Leben und Erneuerung angesehen, unabhängig davon, ob sie bei einem Tier oder bei einem höchst geübten Menschen auftritt.«[131] Im »Übergang von einem niedrigen Regime zu einem höheren Regime«[132], mit dem zugleich ein höherer Grad an Integration und Perfektion erreicht wird, formt sich Subjektivität. Durch die Rede von Integration und Selbstperfektionierung setzt sich Billeter allerdings der Gefahr aus, dass ein wichtiger Aspekt seiner Rekonstruktion des Paradigmas der Subjektivität im *Zhuāngzǐ* missverstanden wird, da der hierarchisch gedachte Übergang von einem Regime zum anderen mindestens ebenso wichtig ist wie die Ausbildung der Fähigkeit zum egalitär gedachten Hin-und-Her zwischen menschlichem und himmlischem Regime. Allerdings darf auch die von Billeter anvisierte Perfektionierung nicht mit einer Tendenz zu geistiger Sublimierung verwechselt werden, denn das höhere Subjektregime setzt ja gerade voraus, die Fähigkeit des Subjekts zur Desubjektivierung als unverzichtbares Moment freier und autonomer Subjektivität anzuerkennen. Die eigenen Kräfte zu üben bedeutet demnach immer auch, sich in Desubjektivierung zu üben, das heißt in einen vorsubjektiven Zustand zurückzukehren zu können, ohne subjektlos zu werden – oder gar in einem solchen Zustand zu verharren, ohne je zur Subjektivität zu kommen, wie es das Klischee von der chinesischen Subjektlosigkeit will.

Billeter präzisiert sein Verständnis eines alternativen Paradigmas der Subjektivität, indem er die Kultivierung des Übergangs zwischen Körper(-Subjekt) und Leere (vide, *xū* 虛), zwischen dem Regime des »Menschen« und demjenigen des »Himmels«

im Buch *Zhuāngzǐ* erörtert. Dabei zeigt sich alsbald, dass seine Diskussion des Verhältnisses von Subjektivität, Leere und Körper sich nicht darauf beschränken kann, das alte China gegen das moderne Europa auszuspielen, um die im Westen vorherrschende Konzeption des Bewusstseinssubjekts zu kritisieren. Denn es wird schnell klar, dass das Paradigma der Subjektivität, das er mithilfe des *Zhuāngzǐ* herauszuarbeiten versucht, in der chinesischsprachigen Kommentartradition keineswegs die ihm gebührende Anerkennung erfahren hat, vielmehr dort schon frühzeitig seines machtkritischen Stachels beraubt worden ist. In einem dynamischen Prozess transkultureller Kritik, in den Billeter exemplarisch eintritt, gewinnt somit ein Paradigma der Subjektivität Gestalt, das zumindest insofern neu ist, als es weder westliche noch östliche Klischees zu bedienen bereit ist: »Wir können zusammenfassend sagen, dass uns im *Zhuangzi* [*Zhuāngzǐ*] ein Paradigma des Subjekts und der Subjektivität entgegentritt, das für uns neu ist. [...] Was wir Subjekt oder Subjektivität nennen, erscheint bei ihm als ein *Hin-und-Her zwischen der Leere und den Dingen*. Von beiden betrachtet er das Erstere – die Leere oder die Verwirrung [Konfusion] – als fundamental, denn ihr verdanken wir die ganz wesentliche Fähigkeit, uns zu ändern, uns zu erneuern und, wenn es Not tut, unser Verhältnis zu uns selbst, den anderen und zu den Dingen neu zu bestimmen. Aus ihr schöpfen wir das Vermögen, Sinn hervorzubringen. Wie wir gesehen haben, erlaubt dieses Paradigma Zhuangzi, unsere Erfahrung, selbst in ihren paradoxen Aspekten, auf streng zusammenhängende und treffende Weise zu beschreiben.«[133] Dies ist möglich, weil Zhuāngzǐ den *Körper* (corps) als den Ort einer lebendigen Leere versteht und nicht, wie Descartes, als Körper-Objekt oder Maschine. In Billeters Definition des Körpers als »Ensemble bekannter und unbekannter Vermögen, Ressourcen und Kräfte, die uns zur Disposition stehen oder uns bestimmen«[134], kommt das zum Ausdruck. Sein Begriff der Subjektivität ist normativ am »freien Spiel aller Vermögen, Ressourcen und Kräfte« ausgerichtet. Dieses an Körper (corps) und Leib (corps propre) orientierte Subjektverständnis läuft darauf hinaus, »dass wir uns unserer Autonomie im Handeln-Lassen des so verstandenen Körpers versichern können«[135].

Ein solches Paradigma der Subjektivität ist »für uns« (Europäer) paradox, so Billeter weiter, weil »wir« daran gewöhnt sind, »Autonomie in der bewussten Beherrschung unserer Handlungen zu suchen«. Er fragt sich allerdings, ob sich nicht »in den Tiefen unserer Kultur« bereits eine Verschiebung vollzieht, die mit Zhuāngzǐs paradox anmutender Lehre korrespondiert, weil »wir« uns des Eindrucks immer weniger erwehren können, nur noch in Ermangelung einer besseren Alternative Gefangene einer längst erschütterten Konzeption von Subjektivität zu sein.[136] Zugleich legt Billeter nahe, dass das mal verachtete, mal beschworene ganzheitliche Verständnis von Geist und Körper in Ostasien keineswegs als die gesuchte Alternative angesehen werden kann, weil mit ihm eine politische Tendenz zum Totalitarismus verbunden ist, die bereits Zhuāngzǐ ironisch aufs Korn genommen hat.

3. Selbstkultivierung, Kunst und imperiale Ordnung

Aber neigt nicht auch Billeters Interpretation des Körper-Subjekts dazu, im Namen von Integration die Seite von Diskontinuität und Nichtidentität im Subjekt jenem normativen Primat der Vereinheitlichung unterzuordnen, in dem er sowohl die Kommentartradition als auch die zeitgenössische chinesischsprachige *Zhuāngzǐ*-Forschung befangen sieht? Um diese Frage zu beantworten, möchte ich mich kurz Billeters Diskussion des

Zusammenhangs von Subjektivität und Kunst zuwenden. Denn offenbar lässt sich jenes transformative Verhältnis zwischen Menschlichem und Himmlischem, das ein zentrales Motiv in Zhuāngzǐs Kultivierungslehre ist, besonders gut durch Bezüge zu ästhetischen Praktiken erläutern: Der Übergang von einem Regime der Aktivität, das durch zweckorientiertes menschliches Handeln geprägt ist, zu einem Regime der Aktivität, in dem die himmlische Spontaneität des Ohne-Tuns (des Nicht-Handelns) von selbst geschehen kann, bedarf einer Übungspraxis, die unverkennbar Züge ästhetischer Kultivierung trägt.

In seiner Erörterung der chinesischen Kunst des Schreibens mit Pinsel und Tusche unterscheidet Billeter zweckhaftes Handeln (Aktion) von perfekter, spontaner und kreativer Aktivität, um die Bedeutung dieser beiden Regime für die Kunst zu verdeutlichen.[137] Gleichzeitig betont er, dass Denken und Kunst in Europa aufgrund ihrer Befangenheit im Paradigma des Bewusstseinssubjekts nur ein begrenztes Verständnis jener transformativen Dynamik zu gewinnen vermochten, die »kreative Aktivität« auszeichnet. Demgegenüber soll das Paradigma des Körper-Subjekts Denken und Kunst in China in die Lage versetzt haben, sich auf die Kultivierung »höherer Aktivität« zu konzentrieren, das heißt auf die Kultivierung des Übergangs vom menschlichen zum himmlischen Regime der Aktivität, mit dem eine »Vereinheitlichung der leiblichen Aktivität« und eine »praktische Integration von Körper und Geist in der höheren Aktivität« einhergehen.[138] Ist jedoch dieser Art der Integration nicht die Gefahr des Umschlags in eine totalitäre Mobilisierung individueller Energieressourcen von Anbeginn eingeschrieben?

Im letzten Kapitel der überarbeiteten Neuausgabe von *L'art chinois de l'écriture*[139] schlägt Billeters ehemals enthusiastische Darstellung der chinesischen Schreibkunst um in gequälte Zweifel darüber, ob die perfekt integrierte Aktivität des Kalligrafen nicht politisch gedeutet werden muss: Sind die weitgehend im Alleinsein vollzogenen Kultivierungsübungen nicht in Wirklichkeit durchdrungen vom Despotismus einer »imperialen Ordnung«, deren Mikrologie der Macht die feinsten Verästelungen individuellen Lebens zu durchdringen vermag? Und ist nicht der Grund für das Eindringen von Machtbeziehungen in die transformative Tiefenstruktur der Schreibkunst in jener umfassenden Atem-Energetik zu sehen, die es ermöglicht, dass sich die Sphäre der Politik zwischen individuellen und natürlichen Energiewandel zu schalten vermag? Insofern die Sphäre politischer Regulation als Vermittlungsinstanz fungiert, erweist sich die lebendige Spontaneität, die sich in scheinbar ungezwungenen und zwecklosen Kultivierungsübungen manifestiert, als Ergebnis eines subtilen Regulationsmechanismus, der umso besser funktioniert, je natürlicher die Regulation sich vollzieht: je mehr sie mit der Erfahrung befreiter Kreativität einhergeht.

Billeters selbstkritische Wendung gegen die eigene Interpretation der chinesischen Schreibkunst ist bemerkenswert, weil darin transformative Subjektivität gleichsam vor ihrem eigenen Schatten erschrickt und ihn abzuschütteln versucht. Wenn in die »kreative Aktivität« transformativer Subjektivität die paradoxe Figur eines Tuns ohne zu tun (*wéi wú wéi*) unentrinnbar eingelassen ist, dann drängt sich, innerhalb des neuen Paradigmas, auch die Frage auf, welche diskursiven und praktischen Formen des Umgangs möglich sind, um die negativen Konsequenzen des paradoxen Ineinanders von ungezwungener Kreativität und effizienzorientierter Strategie so weit als möglich zu vermeiden. Die Flucht vor der Unerträglichkeit der paradoxen Struktur transformativer Subjektivität zu ergreifen führt entweder nur tiefer in die Verstrickung hinein oder führt dazu, vom neuen Paradigma in das alte zurückzufallen. Indem Billeter daran scheitert, die selbstkritische Reflexion transformativer Subjektivität für eine Vertiefung seiner

Analyse des neuen Paradigmas fruchtbar zu machen, verfehlt er die Möglichkeit, der paradoxen Verstrickung von kreativer Aktivität und Politik, von Subjektivität und Transformation weiter nachzugehen. Denn erst wenn die damit verbundenen Ambivalenzen und Gefahren genauer analysiert werden können, lässt sich das Paradigma transformativer Subjektivität einer kritischen und transkulturellen Prüfung unterziehen.

Billeter hatte ja betont, »eine adäquate Idee des Subjekts muss, soweit wie möglich, die *ganze* Erfahrung in Erwägung ziehen, die wir von uns selbst haben, einschließlich ihrer Paradoxien und Diskontinuitäten«, aber er schreckt dann doch vor der vielleicht wichtigsten damit verbundenen Frage zurück: In welchem Verhältnis steht das neue Paradigma der Subjektivität zur Paradoxie als Denk- und Lebensform, und welche Konsequenzen ergeben sich aus einer solchen Perspektive für das Nachdenken über die Entwicklung politischer Regime im alten und neuen China? Denn vielleicht ist die Vorstellung eines »stummen China« insofern irreführend, als »uns« die Fixierung auf ein liberal-demokratisches Verständnis von Politik taub macht für Denk- und Lebensmöglichkeiten, die sich auf dem Weg hybrider Modernisierung in China herausgebildet haben und herausbilden.[140]

Am Beispiel der Schreibkunst entdeckt Billeter die Paradoxie im Verhältnis von Selbstkultivierung und energetischer Transformation: Das Streben nach spontaner, ungezwungener und in diesem Sinne kreativer Aktivität führt zu einem strategischen Handeln, das totalitär zu nennen ist, insofern es Möglichkeiten der Steigerung und Ausbeutung individueller und kollektiver Lebensenergien eröffnet, die prinzipiell alle Vermögen und Kräfte umfassen, die Menschen zur Verfügung stehen. Diese Einsicht bringt ihn zur Kritik an Theorien, die dazu tendieren, das individuelle Subjekt in der Totalität eines allumfassenden metaphysischen Wandlungsprozesses aufgehen und verschwinden zu lassen.[141] Mehr noch, Theorien der Selbstkultivierung und der energetischen Transformation sollen, von subjekt- wie von naturphilosophischer Seite her, prinzipiell dem politischen Kollektivismus und Totalitarismus zuarbeiten. Sie sollen zur Erzeugung der Illusion einer »natürlichen Harmonie«[142] beitragen, durch die Transformationsphilosophie und ethisch-politische Ordnung einer falschen Versöhnung unterworfen werden können. Die paradoxe Kunst, seine Kräfte zu üben, kann demnach politisch instrumentalisiert und strategisch ausgebeutet werden, solange die Möglichkeit einer bruchlosen Kontinuität im Verhältnis der Menschen zu sich selbst, zu anderen Menschen und zur (himmlischen) Natur vorausgesetzt oder zumindest als unhinterfragtes Ideal postuliert wird. An dieser Stelle kommt Billeter dem Klischee von China als Ort der radikalen Immanenz besonders nahe: Denn China soll weder den »jüdischen Bruch«[143] gekannt haben noch jene »tragische Vision« der Athener, die er aufs Engste mit der Erfindung politischer Freiheit verbunden sieht.

Dass Billeters Kritik an der zeitgenössischen chinesischsprachigen *Zhuāngzǐ*-Forschung darauf hinausläuft, Zhuāngzǐ einen »Sinn für das Tragische«[144] nachweisen zu wollen, zeugt einerseits von einem philosophischen Ethos, das die intellektuelle Konfrontation nicht scheut, die mit transkultureller Kritik unvermeidlich verbunden ist; andererseits stellt sich die Frage, ob dieses Ergebnis nicht selber eine geradezu tragisch zu nennende Befangenheit in komparativen Schemata der Ost-West-Kommunikation offenbart, gegen die Billeters Denken in vieler Hinsicht doch gerade aufbegehrt; tragisch, insofern darin die Einsicht in die Notwendigkeit transkultureller Kritik auf ihre objektive Unmöglichkeit stößt, nämlich auf die Erfahrung eines Scheiterns transkultureller Kommunikation, durch das »wir« auf die Arbeit an ihren Bedingungen der Möglichkeit zurückgeworfen werden.

Interpretationen des *Zhuāngzǐ* innerhalb der chinesischsprachigen Gegenwartsphilosophie scheinen mir an der Schaffung solcher Bedingungen zu arbeiten, indem sie sich auf Lehren der Kultivierung und der energetischen Transformation beziehen, gleichzeitig jedoch Zhuāngzǐs Anerkennung von Diskontinuität und Pluralität zu würdigen versuchen.

Und spricht nicht auch Billeter von der »Entdramatisierung des Denkens« bei Zhuāngzǐ (im Gegensatz zu dessen Dramatisierung bei Paulus)[145] und eröffnet damit eine Perspektive, die eine ungewöhnliche, aber durchaus naheliegende Lösung für das Problem des Verhältnisses zwischen Integration und Pluralität ins Spiel bringt? Demnach lässt die Pluralität des Subjekts sich nur dann anerkennen, wenn seine Integration von zwanghaften Ansprüchen bewusstseinsphilosophisch reduzierter Autonomie befreit wird. Aus der Perspektive eines entdramatisierten, *faden* und in diesem Sinne transformationsoffenen Subjekts erscheint die Tendenz zur Identifizierung von Freiheit und Tragik problematisch, weil sich die Subjektivität dadurch gegenüber der Nichtidentität mit sich verschließt. Damit wird dann auch jene Offenheit für das Zufällige, für unvorhersehbare Wandlungen ausgeschlossen, die Billeter im Namen einer Disponibilität erörtert, der wiederum seine Interpretation des Begriffs der Leere im *Zhuāngzǐ* zugrunde liegt.

Dieses Kapitel hat versucht, die Bedeutung der Transformationsphilosophie für das Verständnis von Subjektivität zu skizzieren. Transformative Subjektivität, so lässt sich zusammenfassend sagen, ist unauflösbar verstrickt in das paradoxe Kommunizieren von Subjektivierung und Desubjektivierung, von Verhärtung in Identität und Verflüssigung durch Öffnung für Nichtidentisches. Sie lässt damit jene falsche Alternative von Subjektivität und Subjektlosigkeit hinter sich, welche die interkulturelle Beschäftigung mit Selbstkonzeptionen in Ost und West bis heute vielfach in die Irre führt. Das folgende Kapitel versucht nun die Bedeutung der Idee transformativer Subjektivität für ein vertieftes Verständnis der Theorie der drei Traditionen (siehe Kapitel II und III) zu skizzieren. Dabei wird sich zeigen, dass das Paradigma transformativer Subjektivität nicht nur die Wahrnehmung des Verhältnisses von alter und neuer Kultur in China tiefgreifend verändert, sondern auch Konsequenzen für den philosophischen Diskurs der Moderne hat, die nicht leicht zu übersehen sind. Der Versuch, die damit verbundenen Schwierigkeiten zu bewältigen, führt schließlich zum erneuten Nachdenken über Formen paradoxen Denkens.

VI. Gleichheit anders denken

1. Demokratiebewegung und Kritik des Neoliberalismus

Zweifel an der Vereinbarkeit von Demokratie und Kapitalismus gehören zur Grunderfahrung chinesischer Modernisierung. Schon Sun Yat-sen musste in den Jahren nach der Revolution von 1911 mit größter Verbitterung feststellen, dass die westlichen Demokratien keineswegs den schwierigen Aufbau der jungen chinesischen Republik im erwarteten Maße zu unterstützen bereit waren. Ohnmächtig musste er zusehen, wie die sich herausbildenden Keime repräsentativer Demokratie durch wechselnde Bündnisse zwischen regionalen Mächten innerhalb Chinas und den imperialistisch-ökonomischen Interessen diverser Staaten zerrieben wurden. Die politische Konsequenz, die er daraus zog, war die folgenreiche Hinwendung zur Sowjetunion und die theoretische Stärkung der Verbindung zwischen dem Prinzip des Volkstums und jenem des Volkslebens, zwischen Nationalismus und Sozialismus.

Wāng Huīs Reflexionen zum Verhältnis der »sozialen Bewegung« von 1989 und der Durchsetzung neoliberaler Wirtschaftsreformen in den 1990er Jahren gehen von einer ähnlich bitteren Erfahrung aus. Seiner Auffassung nach hatte sich in den Jahren vor der blutigen Niederschlagung der Protestbewegung Widerstand gegen die Ausweitung marktwirtschaftlicher Mechanismen formiert, der die Reformen ins Stocken geraten ließ; mit der Niederschlagung der Demokratiebewegung sollen sodann die sozialen und politischen Bedingungen für den Durchmarsch des Kapitalismus und die zunehmende Öffnung Chinas für die ökonomische Globalisierung geschaffen worden sein. Marktwirtschaft hat sich demnach keineswegs als spontane Ordnung herausgebildet, sondern ging einher mit einer autoritären Politik, die massiven Wünschen nach Demokratisierung ein Ende setzte. Vor dem Hintergrund dieser paradoxen Dynamik wendet sich Wāng Huī – wie viele andere Intellektuelle, die direkt an den Protesten teilgenommen haben – von einer ihm nun als naiv erscheinenden Sympathie für die liberale Demokratie und für den Westen insgesamt ab. An ihre Stelle rückt eine eigentümliche Verbindung von Nationalismus (*mínzú zhǔyì*), Etatismus (*guójiā zhǔyì*) und Sozialismus, die sich äußert als Rückwendung auf die chinesische Geistesgeschichte einerseits und auf den theoretischen Kampf gegen desaströse soziale Konsequenzen der ökonomischen Liberalisierung andererseits. Dieser theoretische Ansatz lässt Wāng Huī, gemeinhin als Vertreter der »Neuen Linken« angesehen, in Streit mit liberalen Intellektuellen geraten, die darin Unterwürfigkeit gegenüber dem Regime der kommunistischen Partei wittern – die Debatte zwischen Neuen Linken und Liberalen eskaliert zu einem diskursiven Kampf, der mit allen Mitteln akademischer Polemik und Intrige geführt wird.[146] An dieser Stelle möchte ich zunächst die Aufmerksamkeit auf Wāngs Beschäftigung mit der Kritischen Theorie lenken.

Im vierbändigen Werk zur Entstehung des modernen chinesischen Denkens steigt Wāng Huī in eine Region des alten China hinab, die tief verschüttet liegt unter den Trümmerschichten des radikalen Anti-Traditionalismus der Großen Kulturrevolution und einer enthusiastischen Rezeption neueren westlichen Denkens in den 1980er Jahren.[147] In die kritische Aufarbeitung der Entwicklung modernen chinesischen Denkens integriert er allerdings auch jene Reflexionen europäischer Denker zum Problem der Moderne (Bezüge etwa zu Max Weber, Habermas und Foucault), die in dieser Zeit in China weithin diskutiert werden, konzentriert sich nun jedoch verstärkt auf eine Analyse chinesischer Modernisierung, in der klassische und moderne, östliche und westliche Quellen auf komplexe Weise miteinander verwoben werden. Allein auf diese Weise, so scheint er zu glauben, lässt sich eine theoretische Sprache herausbilden, die es erlaubt, die erdrückende Vorherrschaft westlicher Diskurse der Moderne in China aufzubrechen. Seiner Auffassung nach kann die chinesische Moderne weder allein im chinesischen Kontext studiert werden noch ausschließlich mithilfe von westlichen Modellen, die jener nicht gerecht zu werden vermögen. Von daher richtet er seine Aufmerksamkeit verstärkt auf Prozesse der Übersetzung und der Interaktion.

Zustimmend zitiert Wāng Huī Habermas' *Theorie des kommunikativen Handelns*. In ihr sieht er den Anspruch formuliert, eine auf die »Paradoxien der Moderne« zugeschnittene Theorie zu entwickeln; eine, die in der Lage ist, »soziale Pathologien« zu erklären. Wāng scheint davon überzeugt zu sein, dass Habermas' Stärkung der Intersubjektivität dem Studium des neuen China aus der Perspektive der Interaktion entgegenkommt, sieht jedoch die Beschränkung von Habermas' Forschung in der Fokussierung auf »interaktives Verhalten innerhalb einer partikularen sozialen oder sprachlichen Gemeinschaft«, durch welche die »Interaktion von Mitgliedern verschiedener sprachlicher und sozio-kultureller Gemeinschaften« vernachlässigt wird. In diesem Sinne ist er davon überzeugt, dass die Beschäftigung mit dem chinesischen Weg der Modernisierung, in viel höherem Maße als die vorherrschenden eurozentrischen Theorien der Moderne, dazu genötigt ist, sich interkulturell auszurichten.[148]

Was Wāng mit der interkulturellen Ausweitung der Theorie kommunikativen Handelns vorschwebt, ist offenbar die systematische Erweiterung des vertrauten anglo-europäischen Theoriehorizonts in Richtung asiatischer Sprachen. Dass dabei der chinesischen Schriftsprache aufgrund ihres kulturellen Reichtums und ihres historischen Einflusses in Ostasien eine besondere Bedeutung zukommen muss, ist unschwer einzusehen. Der Schwerpunkt von Wāngs vierbändiger Studie zur Entstehung des modernen chinesischen Denkens liegt dann auch zunächst auf der Rezeptionsgeschichte modernen westlichen Wissens in China. Damit kommt die Tatsache in den Blick, dass die im modernen Chinesisch gebräuchlichen Begriffe für Wissenschaft und Demokratie, für Individualität und Gesellschaft, für Öffentlichkeit und Subjektivität, für Sozialismus und Revolution, für Philosophie und Metaphysik tiefe Spuren einer komplexen Interaktionsdynamik in sich tragen, der westliche Chinaspezialisten inzwischen zunehmend Beachtung schenken, die jedoch für das Chinabild einer breiteren Öffentlichkeit bisher kaum von Bedeutung ist. Grund dafür dürfte ein nach wie vor weitgehend auf in sich geschlossene kulturelle Identitäten fixiertes Verständnis von Interkulturalität sein, das jene Dynamik hybrider Modernisierung, die das moderne Chinesisch bis in seine feinsten Verästelungen durchdrungen hat, kaum wirklich wahrzunehmen vermag.

In der Tat, die Herausforderung, die damit an die philosophische Beschäftigung mit Paradoxien der Moderne in China gestellt wird, ist für westliche Wissenschaftler kaum zu bewältigen, weil Aufarbeitung und Übersetzung klassischer und zeitgenössischer chinesischsprachiger Quellen bisher nur ungenügend entwickelt sind. In Anbetracht der Notwendigkeit, der hybriden Modernisierung chinesischer Sprache kritisch nachzugehen, läuft die Herabwürdigung des modernen Chinesisch zu einer durch die Rezeption westlicher Terminologie kolonisierten Sprache auf eine bequeme Flucht vor den damit verbundenen Schwierigkeiten hinaus. Wāng Huīs Studien haben nun nicht nur die historisch-philologische Entschlüsselung der Herausbildung einer modernen chinesischen Wissenschaftssprache zum Ziel, vielmehr wendet er sich mit genealogischem Scharfsinn genau jenen Begriffen zu, in denen sich Gegenwartsprobleme in besonderem Maße kondensieren, um sie sowohl in der anglo-europäischen als auch in der chinesischsprachigen Geistesgeschichte zurückzuverfolgen.

2. Krise der Demokratie und Verteidigung des Sozialismus

Im November 2011 war Wāng Huī vom Kulturforum der Sozialdemokratie nach Berlin eingeladen, um einen Dialog mit Vertretern der Sozialdemokratischen Partei Deutschlands zu führen. Der Dialog stand unter dem Titel »Die Gleichheit neu denken. Der Verlust des Repräsentativen« und erlaubt es, die oben angesprochene Herausforderung exemplarisch zu erläutern. Wāng entzieht sich in seinem Beitrag dem Zwang, Position für oder gegen das Regime der kommunistischen Partei zu beziehen, indem er den Begriff der Demokratie problematisiert. Er macht sich weder zum Fürsprecher liberaler Demokratie in China, noch lehnt er Demokratie ab. Vielmehr versucht er, Bewegung in das nach 1989 erstarrte Nachdenken über Demokratie zu bringen, indem er Kritik an der dualistischen Entgegensetzung von liberaler und sozialistischer Demokratie (Volksdemokratie) übt. Er bemüht sich, durch Überwindung des ideologischen Dualismus von Kapitalismus und Sozialismus, von Demokratie und Diktatur diskursiven Spielraum zu gewinnen. Die liberaler Demokratie zugeordnete »Freund-Feind-Konstruktion« hat für ihn einen

»Selbst-Legitimationseffekt«, der über die tiefgreifende Krise liberaler Demokratie hinwegtäuscht, insofern dadurch unkenntlich gemacht wird, dass die Krise des Sozialismus bloß die Krise der Demokratie verdeckt hat. Während das Erbe des Sozialismus »im Dualismus Demokratie vs. Diktatur seine Legitimität vollständig verloren«[149] zu haben scheint, ist jene Legitimationskrise der liberalen und der sozialen Demokratie verdrängt worden, die Wāng, wie andere Theoretiker auch, als Krise der Repräsentation fasst, als Repräsentationsbruch, durch den das demokratische System von seiner gesellschaftlichen Form »abgekoppelt« wird. Die Tendenz zu solcher Abkoppelung verstärkt sich demnach durch die enge Verbindung von politischer Demokratisierung mit der »totalen Ablehnung der sozialistischen Geschichte« und der »Gleichheit als Gesellschaftsform«: »Unter diesen Bedingungen wird die politische Demokratisierung zur Legitimation der ungleichen Verteilung und neuer Monopolformen.«[150] Im Repräsentationsbruch sieht Wāng ein geteiltes Problem, das China und die liberal-demokratischen Staaten des Westens in vergleichbarer Weise herausfordert: »Was den Bruch oder die Abkoppelung des politischen Systems von der Gesellschaftsform angeht, stehen alle vor ähnlichen Herausforderungen, das sozialistische System und die liberale Demokratie. Ausgehend von diesem Bruch und dieser Abkoppelung bin ich der Meinung, dass China bei seiner Suche nach neuen politischen Formen unter den jetzigen neuen Bedingungen das Erbe der Gleichheit rekonstruieren muss, das aus der Revolution Chinas und der Geschichte des Sozialismus hervorgegangen ist, um die Legitimationskrise zu bewältigen, die eben durch die Abkoppelung der politischen Form von der gesellschaftlichen Form entsteht. Würde man den Sozialismus selbst und das ganze Erbe des Sozialismus verneinen, so würde sich die ungleiche Verteilung fortsetzen. Wenn es aber nicht gelingt, das Erbe der Gleichheit umfassend politisch zu rekonstruieren, dann dient die einfache Wiederherstellung dieses Erbes auch nicht zur Überwindung der Krise.«[151]

Mit der Rekonstruktion des Sozialismus als einem »Erbe der Gleichheit«, das von »Chinas historischem Erbe« nicht zu trennen ist, eröffnet Wāng eine Diskussion der sozialistischen Tradition, die ihn von der Gegenwart zurück zur antiken chinesischen Philosophie führt. Der Bruch zwischen politischer und gesellschaftlicher Form, der sich, seiner Ansicht nach, durch die marktwirtschaftliche Öffnung und die beschleunigte Neoliberalisierung Chinas nach 1989 verschärft hat, stellt China heute vor die Aufgabe, eine neue politische Form zu entwickeln. Er schlägt deshalb vor, das Erbe der sozialistischen Revolution von 1949 so weiterzudenken, dass eine Demokratisierung in den Blick kommt, in der die kultur-historischen Quellen Chinas Anerkennung finden und ihr universalistischer Gehalt freigesetzt werden kann. Damit wäre der chinesische Weg auch als mögliche Antwort auf die Krise westlicher Demokratien in Betracht zu ziehen.

Das ist ein Anspruch, der offenbar vom Drang geprägt ist, aus dem Schatten historischer Demütigungen herauszutreten. Er ist verbunden mit einem Kampf um nationale Würde und kulturelle Selbstbesinnung, der hohle Beschwörung bleiben würde, wenn es nicht gelänge, dieses Ziel theoretisch zu präzisieren. Das versucht Wāng in diesem Text zu tun, indem er zunächst drei Auffassungen von Gleichheit unterscheidet – Chancengleichheit, Verteilungsgleichheit, Gleichheit der Fähigkeiten –, um ihnen eine vierte, nämlich Gleichheit als »Gleichstellung der Dinge«, zur Seite zu stellen. Diese zielt darauf, eine Modernisierung zu denken, die Politik, Gesellschaft und Ökonomie so integriert, dass Demokratie nicht länger auf Wahlrecht und Mehrparteiensystem beschränkt bliebe, sondern auch mit einer Demokratisierung der Ökonomie verbunden würde, die über die »kapitalistische Logik« hinausginge.[152] Damit legt Wāng Huī seinem Vorschlag allerdings eine Bürde auf, der er schwerlich gerecht werden kann – zumal er sich dabei auf eine höchst eigenwillige Interpretation des Buches *Zhuāngzǐ* stützt, die der Gelehrte, Publizist und Revolutionär Zhāng Tàiyán in der Zeit der revolutionären Umwälzungen zu Beginn des 19. Jahrhunderts ausgearbeitet hat.

3. Die Gleichstellung der Dinge

Die Diagnose der »Krise der Demokratie« im Namen des Repräsentationsbruchs führt Wāng zu dem Versuch, Gleichheit mit Bezug auf das Motiv der *Gleichstellung der Dinge* (*qíwù* 齊物) neu zu denken.[153] Er bezieht sich dabei auf das Buch *Zhuāngzǐ*, von dem im vorherigen Kapitel bereits ausführlich die Rede war, um von dort aus ein alternatives Verständnis von Pluralität zu entwickeln. Schließlich unterbreitet er mit dem Begriff der Trans-System-Gesellschaft einen – vage bleibenden – Vorschlag zur Überwindung des Repräsentationsbruchs zwischen sozialer und politischer Form. Die Idee der Gleichstellung der Dinge fungiert dabei als Scharnier zwischen Subjektivität und Politik. Durch sie soll die epistemologische und ethische Grundlegung einer anderen Form der Politik Gestalt gewinnen.

Obwohl der Begriff der Gleichstellung der Dinge an zentraler Stelle von Wāng Huīs langem Beitrag diskutiert wird, kommen weder die beteiligten Politiker (Sigmar Gabriel und Wolfgang Thierse) noch die beteiligten Geisteswissenschaftler (Julian Nida-Rümelin und Thomas Meyer) auch nur mit einem Wort auf ihn zu sprechen. Die anschließende Diskussion verliert sich in Gemeinplätzen zu China und zu Fragen der Globalisierung. Offenbar waren die intellektuellen und kulturellen Bedingungen, um die theoretische Herausforderung von Wāng Huīs Vorschlag ernst zu nehmen, nicht gegeben: Kenntnis des *Zhuāngzǐ*-Kapitels und der Interpretation, die Zhāng Taìyán davon, unter Rückgriff auf die Erkenntnistheorie des Yogācāra-Buddhismus, entwickelt hat. Über diesen modernen Hintergrund lässt sich mithilfe sinologischer Fachliteratur einiges erfahren. Allerdings ist den meisten westlichen Übersetzungen und Forschungen zu diesem – meist als daoistisches Weisheitsbuch verstandenen –Text kaum auch nur eine Ahnung von seiner politischen Bedeutung für den revolutionären Diskurs Chinas im 20. Jahrhundert zu entnehmen.

Die »globale Ungleichheit«, auf die Wāng Huī am Ende des Podiumsgesprächs hinweist, zeigt sich eben nicht nur in den miserablen Arbeitsbedingungen, unter denen chinesische Arbeiter für den globalen Markt produzieren, sondern auch in einer seit dem 19. Jahrhundert tief verankerten Ungleichheit der kommunikativen Interaktion zwischen China und der anglo-europäischen Welt. Durch Übersetzungen ins Englische bekannte Autoren wie Wāng Huī selber sind das Desinteresse an ihren auf klassische chinesische Texte bezogenen Forschungen gewöhnt. Denn zweifellos stellen diese sowohl die Übersetzer als auch die Leserschaft bisher vor Schwierigkeiten, die leicht zu Widerständen dagegen führen können, sich mit diesen Texten überhaupt zu beschäftigen.[154] Dass in einer solchen Situation auf chinesischer Seite die Forderung wächst, sich vom westlichen Modernediskurs unabhängiger zu machen, kann von daher kaum verwundern. Aber was kann solche Unabhängigkeit bedeuten? Welche philosophischen Perspektiven sind etwa mit dem Motiv der Gleichstellung der Dinge verbunden? Und wie stellt Wāng die Verbindung zu einem Problem der Gegenwart her, das im Zentrum der Diskussion steht, zur Krise der Demokratie? Seine Perspektive unterscheidet sich einerseits deutlich von einem konfuzianischen

Ansatz, der im kultur-historischem Archiv Chinas die Quelle für eine moralische Subjektivität ausmacht, die es erlauben soll, eine Brücke zu liberaler Demokratie und Menschenrechten zu schlagen; andererseits unterscheidet sie sich aber auch von einem konfuzianischen Fundamentalismus, der danach strebt, die einseitig auf Volkssouveränität gegründete Idee der Demokratie prinzipiell durch eine neue Form des alten »königlichen Weges« (*wáng dào*) zu ersetzen, mit dem das Politische auf eine breitere Legitimationsgrundlage gestellt werden soll.[155]

Sicherlich, Zhāng Tàiyán gehört zu den herausragenden Intellektuellen der späten Kaiserzeit und der frühen Republikzeit. Als Vordenker der Revolution von 1911 war er beteiligt an der Ausarbeitung von Sun Yat-sens Drei-Prinzipien-Lehre und den Bemühungen, diese polemisch gegen monarchistisch gesonnene Gelehrte wie Kāng Yǒuwéi und Liáng Qǐchāo zu verteidigen. Allerdings währte die Zusammenarbeit zwischen Sun Yat-sen und dem eigenwilligen Zhāng nicht lange. So stellt sich die Frage, ob Wāngs Projekt einer Rekonstruktion des sozialistischen Erbes mit dem Ziel, eine neue politische Form denkbar zu machen, sich nicht auf eine allzu fragile Grundlage stützt. Ist nicht die Absicht der daoistisch-buddhistischen Grundlegung einer zukünftigen sozialistischen Demokratie ein höchst abseitiges und wenig Erfolg versprechendes Unterfangen? Dieser Eindruck scheint sich zu bestätigen, wenn Wāng anführt, es handle sich bei der Gleichstellung der Dinge sowohl um ein »ethisches Prinzip« wie um eine »Erkenntnispraxis«, die eine »Revolution der Erkenntnistheorie« voraussetzt.[156]

Damit wird die Suche nach einer politischen Form für das moderne China, wie häufig, an die Ebene der Subjektivität zurückgebunden. Zugleich hat das Motiv der Gleichstellung der Dinge jedoch auch eine kosmologische oder naturphilosophische Seite und versucht, die »Ding-Perspektive« einer »anthropozentrischen

Sicht«[157] entgegenzustellen. Das mag nicht nur auf den ersten Blick absurd anmuten. Verbirgt sich doch darin eine »Revolution der Erkenntnistheorie«, die den kantischen Block gegenüber der Erkennbarkeit des Dings an sich für überwindbar hält und die Dinge aus menschlichen Sprach- und Bezeichnungsstrukturen befreien zu können glaubt. Es taucht die Möglichkeit auf, von den »Dingen an sich« (*wùzìshēn*) auszugehen: sie »sein zu lassen, wie sie sind« (*ràng shìwù shì qí suǒ shì*). In seinem Buch *Die Entstehung des modernen chinesischen Denkens* wendet sich Wāng Huī mehrfach gegen die Rekonstruktion des klassischen Neokonfuzianismus durch den zeitgenössischen Neokonfuzianismus. Bei genauerem Hinsehen zeigt sich in epistemologisch-ethischer Hinsicht aber eine überraschende Nähe zwischen Wāngs von der sozialistischen Revolution geprägter Rekonstruktion der chinesischen Geistesgeschichte und einer konfuzianischen, die vor dem Hintergrund einer schroffen Ablehnung von Kommunismus und Marxismus entstanden ist – Móu Zōngsān hat sogar die Behauptung aufgestellt, vom Nachweis der Möglichkeit, Zugang zum Ding an sich zu finden, hänge die Rettung chinesischer Philosophie unter modernen Bedingungen ab.[158] Auch wenn Wāng Huīs rekonstruktive Arbeit an diesem Punkt wenig fundiert erscheinen mag, so verweist seine Konzeption des Dings auf ein Problem von allgemeiner Bedeutung, mit dem chinesische Denker im Westen allerdings in der Regel auf taube Ohren stoßen. Durch die auch in akademischen Kreisen weitverbreitete Erfahrung von Desinteresse, Verkennung und Unverständnis für zentrale Anliegen und Intuitionen chinesischer Gegenwartsphilosophie hat sich inzwischen der interkulturelle Kampf um Anerkennung hin zu einer grundlegenderen Suche nach Selbstbesinnung verschoben, in dem chinesische Geisteswissenschaftler um größeres Selbstvertrauen in der Beschäftigung mit dem Erbe der klassischen Bildungskultur Chinas ringen. Diese Bemühungen scheinen in hohem Maße von der Einsicht geprägt zu sein, dass Würde, zu schweigen von Anerkennung, nicht einfach nur gegeben ist oder geschenkt wird, sondern immer auch erarbeitet und erkämpft werden muss. Die dem klassischen *Buch der Wandlungen* entstammende Wendung von der »unermüdlichen Selbststärkung des Edlen«[159] hat im Zuge der Selbststärkungsbewegung seit dem 19. Jahrhundert – unter dem Einfluss von Evolutionstheorie, Sozialdarwinismus und Nietzscheanismus – eine existenzielle Wendung erhalten: Man meinte der als lebensbedrohlich empfundenen Herausforderung aus dem Westen nur durch eine Mobilisierung aller Kräfte begegnen zu können, in der die Überzeugung, umfassend vom Westen lernen zu müssen, allerdings sehr bald eine Schlüsselrolle spielen sollte.

Wāng hat die insbesondere in linken und marxistischen Kreisen lange verbreiteten Hemmungen vor dem Rückgriff auf klassische Texte abgelegt. Die transkulturelle Dynamik aus Altem und Neuem, Östlichem und Westlichem schreckt nicht mehr als schmerzliche Wunde ungenügender oder gar gescheiterter Modernisierung. An die Stelle der falschen Alternative von aufgeblasener Selbstüberschätzung und peinigender Selbstverachtung tritt ein zuweilen geradezu unterkühlt und emotionslos wirkendes Wandern durch Trümmerstätten radikaler Ideologien und revolutionärer Leidenschaften. Als ob Freiheit nun nicht länger von dem unablässigen Kampf um Befreiung von etwas – von konfuzianischem Feudalismus, ausbeuterischer Bourgeoisie oder kommunistischer Diktatur – abhängt, sondern vielmehr Freiheit vom zwanghaften Streben nach Befreiung bedeutet. Damit würde zumindest die Vermutung verständlicher, wonach der normative Kern von Wāng Huīs weitgespannter Rekonstruktion des modernen chinesischen Denkens nicht im antiken Konfuzianismus und auch nicht bei den Philosophen des klassischen Neokonfuzianismus liegt, sondern im Motiv der Gleichstellung der Dinge. Denn dieses verweist zunächst einmal nicht auf Gleichheit als Ziel sozialer und politischer Kämpfe, sondern vielmehr auf eine epistemische und spirituelle Übungspraxis – die allerdings keineswegs frei von sozialen und politischen Implikationen ist.

Das macht Wāngs Rückgriff auf Zhāng Tàiyáns Interpretation des *Zhuāngzǐ* deutlich. Gegen die Tendenz auch des modernen konfuzianischen Denkens, moralische Legitimation für autoritäre Ordnungen bereitzustellen, bewahrt das Motiv der Gleichstellung der Dinge ein Moment jener machtkritischen und anarchistischen Enthierarchisierung, die schon im *Zhuāngzǐ* immer wieder der Enge und Starrheit konfuzianischer Ritualordnung entgegengehalten wird – bis hin zur Konfrontation zwischen Konfuzius und dem Räuber Zhí im Kapitel 29, in dem die normale Hierarchie von Gut und Böse, von moralischem Vorbild und brutalem Verbrecher provokativ und unsentimental ausgehebelt wird. Insofern konfuzianische Philosophen bemüht sind, die für richtig gehaltene Ordnung der Dinge durch richtigen Sprachgebrauch zu fixieren und zu normieren, kommt in Zhāng Tàiyáns *Zhuāngzǐ*-Deutung ein anti-konfuzianischer Impuls zum Ausdruck, der konkrete politische Implikationen hat, weil er sich gegen Tendenzen richtet, einen zur Religion umgeformten Konfuzianismus zur Grundlage erneuerter Monarchie zu machen. Es scheint Zhāng darum gegangen zu sein, die Dinge selbst zu mobilisieren gegen die Bezeichnungsordnung, unter der sie immer wieder zu erstarren drohen; nicht bloß, erkenntniskritisch, den Ordnungszusammenhang von Dingen und Sprache zu unterhöhlen, sondern eine ethische Haltung zu entwickeln, für die das unauflösliche Hin-und-Her zwischen der erstarrenden Verdinglichung der Dinge durch Sprache und der Auflösung dieser Erstarrung durch eine Bewegung der Verneinung oder Leerung (*xūhuà* 虛化) konstitutiv ist.

Diese Bewegung, die darauf abzielt, die Dinge sein zu lassen, wie sie sind, um die Dinge »an sich«, aus der Ding-Perspektive, zu verstehen, ist nicht nur ein Erkenntnisprozess, sondern auch eine ethisch-asketische Arbeit, die schon für Zhāng Tàiyán den nahezu unmöglichen Versuch bedeutet, die revolutionäre Bewegung inmitten der revolutionären Umwälzungen direkt vor und nach der Revolution von 1911, einer kritischen Selbstreflexion zu unterziehen. Führende Intellektuelle und Politiker dieser Zeit, mit denen Zhāng in Kontakt stand, haben diese Perspektive entweder abgewiesen oder nicht verstehen können und wollen. Dass sie hundert Jahre nach ihrer Entstehung Aktualität zu gewinnen vermag und zudem im Rahmen eines Dialogs zum Verhältnis von Philosophie und Politik im deutschsprachigen Kontext vorgestellt wurde, sagt viel über die gewundenen Wege der Reflexion auf die hybride Modernisierung Chinas, deren philosophischer Gehalt erst zu Beginn des 21. Jahrhunderts allmählich klarer zu werden beginnt.

Allerdings scheinen mir die Bedingungen der Möglichkeit, dass eine Passage wie die folgende für deutschsprachige Gegenwartsphilosophie bedeutsam werden könnte, doch noch in ziemlich weiter Ferne zu liegen: »Die Dinge existieren historisch in Sprachen, im Bezeichnen und in Gefühlen. Die Praxis der Sprachen, des Bezeichnens und der Gefühle erschöpft sich nicht in Phantasiebildern, also Vorstellungen. In ihr reproduzieren sich vielmehr die Organisationsformen der Produktions-, Zirkulations- und Gesellschaftsformen. Die daraus resultierende Erscheinungswelt ist unsere Wirklichkeit. Deshalb ist die ›Gleichstellung der Dinge‹ nicht die Bestätigung der existierenden Dinge und ihrer Ordnung. Sie kommt erst in der Verneinung der Dinge zum Vorschein, die in die Ordnung der Sprachen und des Bezeichnens verflochten sind – sie verneint die Sprache und die Bezeichnungen und bildet einen Horizont der Veränderung der

Welt der Ungleichheit. Die besondere Ordnung, in der sich die Dinge befinden, prägt auch den Status oder die Sprache oder die Bezeichnung in deren Einzelbeziehung. Die Sprachen und das Bezeichnen brechen heißt auch, die Einzelordnung zu brechen, die aus den Sprachen und dem Bezeichnen besteht. Die Dinge werden darin identifiziert und verlieren auf diese Weise ihre Besonderheit. ›Die Gleichstellung der Dinge‹ ist ein allgemeiner Gleichheitsbegriff, der von der Ding-Perspektive ausgeht. Anders in der anthropozentrischen Sicht, bei der die Dinge auf Grundlage ihrer Funktionalität oder Verwendbarkeit für den Menschen definiert, bezeichnet, benutzt und transferiert werden, verlangt das Konzept der ›Gleichstellung der Dinge‹, vom ›Ding‹ an sich auszugehen. Das bedeutet, die Dinge von der Verwendung durch den Menschen und von dessen Bezeichnungssystem zu befreien und sie aus der Ding-Perspektive zu verstehen.«[160]

Damit dürfte der philosophisch tiefgründigste Punkt von Wāng Huīs Versuch einer Rekonstruktion der sozialistischen Tradition der Gleichheit erreicht sein. Es ist zugleich ein Punkt, der auf eindrückliche Weise mit Fragen korrespondiert, die Jean François Billeter im Hinblick auf ein neues Paradigma der Subjektivität im *Zhuāngzǐ* gestellt hatte. Und auch die politische Dimension in Billeters *Zhuāngzǐ*-Lektüre, die sich als Bemühen beschreiben lässt, plurale Subjektvität und sozialistische Demokratie zu verbinden, weist interessante Verbindungen auf, denen nachgegangen werden könnte. Hier mag sich immerhin die Möglichkeit abzeichnen, in eine gemeinsame Auseinandersetzung über »Paradoxien der Moderne« (Habermas) einzutreten. Aus chinesischer Perspektive scheint es allerdings nicht ausreichend zu sein, mithilfe einer auf Paradoxien der Moderne zugeschnittenen Theorie kommunikativer Rationalität die »sozialen Pathologien« der Moderne erklären zu wollen. Philosophische Diskurse über das Problem der Modernisierung in China stoßen sich unablässig am Zwangscharakter moderner (westlicher) Rationalität, in deren Rahmen sie die eigenen Erfahrungen und Reflexionen zwar vielfach zu pressen versuchen, doch nur, um wiederholt feststellen zu müssen, dass sie sich nur widerstrebend in ihn einfügen lassen, ja gegen ihn aufbegehren und ihn zu sprengen drohen. Gleichzeitig ist jedoch auch kein fertiger Ersatz für jene nicht recht passenden philosophischen Diskurse der Moderne vorhanden, die aus dem Westen importiert worden sind. Das klassische chinesische Schrifttum vermag diese Stelle nicht ohne Weiteres einzunehmen, weil es selber, immer wieder erneut, in eine Sprache übersetzt werden muss, die dem sich wandelnden Erfahrungshorizont chinesischer Gegenwart angemessen ist. Es dürfte kein Zufall sein, dass in dieser verfahrenen Lage vor allem die Besinnung auf daoistische und buddhistische Quellen paradoxen Denkens große Anziehungskraft ausübt. Aber kann es sinnvoll sein, Paradoxien der Moderne durch paradoxes Denken und Handeln entkräften zu wollen?

4. Selbstverkehrung und Selbstbesinnung

Das diskursive Modell, das Móu Zōngsān entwirft, um die chinesische Modernisierung zu denken, ist von Hegels Dialektik beeinflusst. Es ist indes nicht bloß dialektisch in dem Sinne, dass darin der Westen mit seinen eigenen Mitteln übertrumpft, dass die Kraft des Gegners absorbiert und gegen ihn gewendet werden soll. Solche Dialektik stünde bloß in der Linie jenes sozialdarwinistischen Evolutionismus, den chinesische Gelehrte seit dem späten 19. Jahrhundert begierig rezipiert haben, um die imperialistische Aggressivität des Westens theoretisch zu entschlüsseln und Gegenstrategien zu entwickeln. Sicherlich ist auch Móus Konzeption des zeitgenössischen Neokonfuzianismus – nach dem antiken und dem auf die Rezeption des Buddhismus in China reagierenden klassischen Neokonfuzianismus der Sòng- und Míng-Zeit ist das für ihn die dritte Phase der historischen Entwicklung des Konfuzianismus – zutiefst vom Motiv der Selbststärkung geprägt. Obwohl Móus Denken unverkennbar in die ideologischen Kämpfe des neuen China verstrickt ist, lässt es sich nicht auf Ideologie reduzieren. Móu denkt weder bloß ideologisch noch bloß dialektisch. Er denkt radikaler: paradoxer. Selbstnegation der Tradition des Weges und Selbstverkehrung sind weit davon entfernt, bloß Schemata der idealistischen Dialektik Hegels auf China anzuwenden. Versucht man die philosophischen Tiefenschichten der Figur der Selbstverkehrung zu erkunden, stößt man alsbald auf ihre enge Verflechtung mit Móus Interpretation von Daoismus und Sino-Buddhismus sowie auf das Motiv des »paradoxen Sowohl-als-auch« (*guǐjué xiāngjí*).[161] Selbstverkehrung ist eine geschichtsphilosophische Kategorie, aber auch eine epistemologische, eine ethische und eine ästhetische. Selbstverkehrung steht in hiesigem Zusammenhang für die Nötigung, sich in den Abgrund einer transkulturellen Dynamik zu stürzen, in der Altes und Neues, Östliches und Westliches mehr oder weniger absurde Gespräche miteinander führen. Der philosophische Diskurs scheint in Anbetracht dieses transkulturellen Abgrundes und in Anbetracht des Scheiterns oder zumindest der akuten Gefahr des Scheiterns rationaler Kommunikation nur über einige gleichermaßen ungemütliche Optionen zu verfügen: masochistisch in der nihilistischen Absurdität der Situation zu schwelgen; heroisch Härte zu zeigen und rettende Zuflucht im ideologischen Kampf zwischen Freund und Feind zu suchen; oder sich in paradoxer Kommunikation zu üben, in dem, was ich, im Anschluss an Móu Zōngsān, »gewundene Kommunikation« (*qūtōng*) nennen möchte. Vor allem im Nachdenken über die dritte Option scheinen sich in China Perspektiven eröffnet zu haben, die sowohl den nietzscheanischen Diskurs der Moderne herausfordern als auch die normative Kritik an ihm.

Ob und wie sich paradoxe Kommunikation üben lässt, erweist sich somit als dringende Frage einer zeitgenössischen Philosophie der Kultivierung. Die Selbstkultivierung, die hier auftaucht, lässt sich als Radikalisierung des aus der klassischen deutschen Philosophie vertrauten Bildungsbegriffs verstehen, insofern er von der Dialektik zwischen Selbstentäußerung und Selbstverwirklichung her gedacht wird. Die Selbstbesinnung, die Móu anstrebt, ist nur möglich durch die Bewegung eines radikal unsentimentalen Sich-Wegwerfens an ein Anderes: die Selbstbesinnung gerade Gefährdendes, wenn nicht Verunmöglichendes oder gar Ausschließendes. Damit wird, beispielsweise, eine Negation des affektiven Impulses zur Verteidigung jener kulturellen Werte verlangt, auf die sich die eigene sprachliche und regionale Identität gründet. Eine solche Selbstnegation hat sich als notwendig erwiesen, weil die Irrationalität anti-westlicher Impulse und die leidenschaftliche Verteidigung »chinesischen Wesens« gegenüber dem aggressiven Vordringen westlicher Mächte prinzipiell ohnmächtig blieben. Das ist der Ausgangspunkt für Móu Zōngsāns Überzeugung, dass Selbstbesinnung nur als gegenläufige möglich ist: Sie muss sich gegen sich selbst wenden und durch die Erfahrung der Selbstverkehrung hindurchgehen. »Gegenläufige Besinnung« (*nìjué*) rührt an ein paradoxes Sowohl-als-auch, das jeder vorschnellen und einfachen Wertung Hohn spricht, weil sie strukturell so angelegt ist, dass jeder sichere Ausweg aus dieser »unbequemen Stellung« versperrt ist – zumal der zurück.[162] Gegenläufige Besinnung beginnt von daher in einem Zustand der verhinderten Flucht, der zum Innehalten gezwungenen Panik: Die verzweifelte Suche nach einem Ausweg führt zu der schockierenden Einsicht, dass es, zumindest derzeit, keinen Ausweg gibt.[163]

Könnte es nicht sein, dass die quälende Erfahrung der Ausweglosigkeit die Quelle jener performativen Selbstwidersprüche ist, die als schwer erträglicher Stachel nicht nur am zeitgenössischen Neokonfuzianismus dauerhaft irritieren? Dass die so spielerisch und spontan anmutenden Luftsprünge paradoxen Denkens und Tuns – etwa das berühmte Tun-ohne-zu-tun (*wéi wú wéi*) –, quer durch die verschiedenen Schulen und Strömungen chinesischen Philosophierens hindurch, nicht einer als gegeben vorausgesetzten Fähigkeit zur Gelassenheit entspringen, sondern durch Kultivierungsübungen in auswegloser Lage erarbeitet werden müssen? Ist nicht die rätselhafte, in klassischen konfuzianischen wie daoistischen Texten hochgehaltene Idee der Fadheit die chinesische Antwort auf das Tragische?[164] Ist nicht Fadheit als Bedingung der Möglichkeit paradoxer Kommunikation und Lebenshaltung, als Fähigkeit, sein »Herz im Faden wandeln zu lassen« (*yóu xīn yú dàn*), wie es im siebten Kapitel des *Zhūangzǐ* heißt, eng mit dem verbunden, was im zweiten Kapitel Gleichstellung der Dinge genannt wird?

Das sind Fragen, die ziemlich rätselhaft klingen mögen. Es scheint mir jedoch nötig, sie zumindest in den Raum zu stellen, um anzudeuten, dass am Motiv der Gleichstellung der Dinge ein ganzer Schweif von philosophischen Themen hängt, die sich bei der Lektüre von Wāng Huīs Text kaum auch nur erahnen lassen. Meine bisherige Diskussion ist zweifellos ungenügend, aber sie ist nun doch an einen Punkt gelangt, an dem ein wenig klarer wird, inwiefern in seinem Hinweis auf die Gleichstellung der Dinge ein selbstbesonnener und vielschichtiger Bezug auf die »kulturelle Autonomie« des philosophischen Diskurses der Moderne in China enthalten ist, dessen Bedeutung seine deutschen Gesprächspartner nicht bemerken konnten, weil es ihnen an Grundkenntnissen chinesischer Philosophiegeschichte fehlte. Bei der Lektüre von Wāngs Text drängt sich der Eindruck auf, er mache nun Ernst mit der am Schluss von »Weber and the Question of Chinese Modernity« ausgesprochenen Forderung, Habermas' »auf die Paradoxien der Moderne« zugeschnittene Theorie des kommunikativen Handelns auf das Studium anderer kultureller und sprachlicher Gemeinschaften auszudehnen.[165]

Verlässt man die Sphäre der aktuellen Beispiele, die Wāng anführt, und verfolgt das Motiv der Gleichstellung der Dinge zurück auf das Kapitel im Buch *Zhūangzǐ*, dem es entstammt und auf das Wāng sich bezieht, so stößt man auf einen Text, in dem die Kunst paradoxen Denkens und paradoxer Kommunikation mit unverhohlener Ironie vorgeführt wird. Nun schenkt Wāng Huī diesem Text seine Aufmerksamkeit offenbar weniger aufgrund der komplexen diskursiven Strategien und argumentativen Sprachspiele, die darin zur Anwendung kommen. Was ihm vorschwebt, scheint durchaus die De-Ideologisierung des Denkens zu sein, aber nicht um den Preis von dessen De-Modernisierung. Vielmehr eignet dem Motiv der Gleichstellung der Dinge eine beachtliche Aktualität wohl gerade deshalb, weil es eine eigentümliche Selbstreflexion jener revolutionären Umwälzungen ermöglicht, die China seit dem späten 19. Jahrhundert durchgemacht hat. Hinzu kommt, dass mit Zhāng Tàiyán bereits einer der herausragenden revolutionären Intellektuellen des Übergangs von der Qīng- zur Republikzeit in dieser Idee eine Denkmöglichkeit gesehen hat, die es erlaubt, sowohl auf die theoretischen Herausforderungen des Westens kreativ zu reagieren als auch die tiefsten Quellen chinesischer Geistesgeschichte für die Gegenwart fruchtbar zu machen.

5. Ein chinesischer Traum

Jene Passage, in der die beiden Schriftzeichen vorkommen, die eine weitverbreitete Übersetzung des Wortes paradox ins modernen Chinesisch sind (*diàoguǐ* 弔詭), entstammt dem »Diskurs über die Gleichstellung der Dinge« überschriebenen zweiten Kapitel des *Zhūangzǐ*. Sie lautet in der Übersetzung von Richard Wilhelm: »Im Traume mag einer Wein trinken, und morgens erwacht er zu Tränen und Klage; im Traume mag einer klagen und weinen, des Morgens geht's zum fröhlichen Jagen. Während des Traumes weiß er nicht, dass es ein Traum ist. Im Traume sucht er den Traum zu deuten. Erwacht er, dann erst bemerkt er, dass er geträumt. So gibt es wohl auch ein großes Erwachen, und danach erkennen wir diesen großen Traum. Aber die Toren halten sich für wachend und maßen sich an zu wissen, ob sie in Wirklichkeit Fürsten sind oder Hirten. Kung [Konfuzius] und du, ihr seid beide Träumende. Dass ich dich einen Träumenden nenne, ist auch ein Traum. Solche Worte nennt man paradox. Wenn wir aber nach zehntausend Geschlechtern einmal einem großen Berufenen begegnen, der sie aufzulösen vermag, so ist es, als wären wir ihm zwischen Morgen und Abend begegnet.«[166]

Wie fordert Zhuāngzǐs paradoxer Diskurs, der Traum (*mèng* 夢) und Besinnung, Erwachen, Wachsein (*jué* 覺) gleichstellt, logisches Denken heraus? Stellt Zhuāngzǐs »Diskurs über die Gleichstellung der Dinge« die »*episteme* der abendländischen Kultur« und »unserer modernen Epoche«[167] nicht ebenso und vielleicht sogar tiefgründiger infrage als Foucault es, mit Bezug auf eine von Jorge Luis Borges erfundene chinesische Taxonomie, in *Die Ordnung der Dinge* getan hat? Nun taucht zumindest die Möglichkeit auf, der Traum von der Alterität Chinas könnte zur Besinnung auf jenes »historische Apriori« führen, das es »uns« so schwer macht, die Produktivität von Paradoxien zu denken. Müsste Europa, um zur Selbstbesinnung zu kommen, nicht zunächst einmal gewahren, dass es einen Traum träumt, von dem es noch nicht weiß, dass es ein Traum ist, weil es sich selbst für den Ort der großen Besinnung, des großen Erwachens, der großen Aufklärung, der großen Vernunft hält?

Kann die Deutung des großen chinesischen Traums, zur großen Besinnung über den chinesischen Weg der Modernisierung zu kommen, dazu beitragen, jene »Selbsttransformation« Europas in Gang zu bringen, von der europäische Intellektuelle im Traum träumen?[168] Oder ist ein solcher Aufruf zur Selbstbesinnung nicht selber ein Traum, der nur die Bodenlosigkeit paradoxer Kommunikation offenbart? Ein hilfloser Skeptizismus, der sich an der Zurschaustellung seiner eigenen Widersprüchlichkeit ergötzt? Die paradoxe Verknotung von großem Traum und großer Besinnung, zu der die Gleichstellung der Dinge treibt, lässt sich vielleicht – so die letzte ironische Wendung des Gleichnisses – von einem »großen Heiligen« (Wilhelm übersetzt »großer Berufener«) wahrhaft auflösen. Aber solange dies nicht geschehen ist, bildet die Gleichstellung der Dinge den Ausgangspunkt von Selbsttransformation: den Ausgangspunkt der Möglichkeit, eine Freiheit zu kultivieren, die dem kommunikativen Hin-und-Her von Verflüssigung der Dinge – durch Verflüssigung von Sprache – und ihrer Verfestigung erwächst.

In einem der berühmtesten Gleichnisse des *Zhuāngzǐ*, das zugleich den Schluss des zweiten Kapitels bildet, wird der egalitären Dialektik von Traum und Besinnung (Erwachen) ein Ausdruck gegeben, dessen Übersetzungsgeschichte einen interessanten Einblick in die Bedingungen für eine Öffnung in Richtung paradoxen Denkens gibt. Richard Wilhelm übersetzt: »Einst träumte Dschuang Dschou [Zhuāng Zhōu = Zhuāngzǐ], daß er ein Schmetterling sei, ein flatternder Schmetterling, der sich wohl und glücklich fühlte und nichts wußte von Dschuang

Dschou. Plötzlich wachte er auf [kam er zur Besinnung]: da war er wieder wirklich und wahrhaftig Dschuang Dschou. Nun weiß ich [besser: man] nicht, ob Dschuang Dschou geträumt hat, daß er ein Schmetterling sei, oder ob der Schmetterling geträumt hat, daß er Dschuang Dschou sei, obwohl doch zwischen Dschuang Dschou und dem Schmetterling sicher ein Unterschied ist. So ist es mit der Wandlung [Transformation] der Dinge.«[169] Wieder werden Traum und Besinnung einander gleichgestellt. Während in der vorherigen Passage die Auflösung der Hierarchie zwischen Traum und Besinnung auf die Wandelbarkeit individueller Zustände (Freude und Traurigkeit, Leben und Tod) oder sozialer Hierarchien (Fürst und Hirte) bezogen wurde, verweist die Gleichstellung von Mensch und Schmetterling darüber hinaus auf ein übergreifendes Wandlungsgeschehen, das die Sphäre menschlicher Beziehungen überschreitet.[170]

Verschiedene Übersetzungen des Gleichnisses vom Schmetterlingstraum geben nicht nur eine Ahnung von der Spannweite der Interpretationsmöglichkeiten, sondern auch von der Komplexität der philosophischen und philologischen Probleme, die ins Spiel kommen, sobald ein klassischer chinesischer Text in den Strudel transkultureller Windungen und Wendungen gerät. An dieser Stelle möchte ich mich allerdings nur auf eine Frage konzentrieren: Inwieweit hilft ein Vergleich der Übersetzungen dabei, das Verhältnis von Subjekt und Paradox aufzuklären? Die Antwort, die sich der Übersetzungsgeschichte entnehmen lässt, scheint recht einfach zu sein: Die philosophische Herausforderung paradoxen Denkens im *Zhuāngzǐ* kann überhaupt erst in dem Moment wahrgenommen werden, in dem ein desubjektivierendes Verständnis des Gleichnisses sich Bahn bricht, nämlich ein Verständnis, das eine paradoxe »Nichtidentität des Subjekts mit sich« (siehe Kapitel V) als Denkmöglichkeit überhaupt auch nur in Erwägung zu ziehen vermag. Aufmerksamen Leserinnen und Lesern dürfte klar sein, dass die Plausibilität des vorliegenden Versuches, in die chinesische Gegenwartsphilosophie einzuführen, nicht zuletzt von der Möglichkeit abhängt, *das* zu denken. Hier stellt sich die Aufgabe, den epistemologischen und normativen Gehalt der Idee des paradoxen Kommunizierens sowohl voneinander getrennter als auch ineinander verstrickter Positionen – Traditionen, Diskurse – zu erhellen. Zudem ist es alles andere als selbstverständlich, für diese Klärung auf Interpretationen des Buches *Zhuāngzǐ* zurückzugreifen, dessen kritische, ja teilweise offen anti-normative Wucht in der Geschichte chinesischer Philosophie seinesgleichen sucht. Die knappe Gegenüberstellung von zwei drastisch verschiedenen Übersetzungsmöglichkeiten vermag in dieser Hinsicht zumindest einige interessante Hinweise zu geben.

Martin Buber hat im frühen 20. Jahrhundert eine Übersetzung des Schmetterlingsgleichnisses vorgelegt, die sich als konsequent bewusstseinsphilosophisch bezeichnen lässt: »Ich, Tschuang-Tse [Zhuāngzǐ] träumte einst, ich sei ein Schmetterling, ein hin und her flatternder, in allen Zwecken und Zielen ein Schmetterling. Ich wußte nur, daß ich meinen Launen wie ein Schmetterling folgte, und war meines Menschenwesens unbewußt. Plötzlich erwachte ich; und da lag ich: wieder ›ich selbst‹. Nun weiß ich nicht: war ich da ein Mensch, der träumt, er sei ein Schmetterling, oder bin ich jetzt ein Schmetterling, der träumt, er sei ein Mensch? Zwischen Mensch und Schmetterling ist eine Schranke. Sie überschreiten ist Wandlung genannt.«[171]

Nachdem er diese Übersetzung ausführlich kritisiert hat, schlägt Hans-Georg Möller eine konsequent desubjektivierte, dekonstruktivistische Version vor: »Einst träumte Zhuang Zhou – und wurde ein Schmetterling, ein flatternder Schmetterling, heiter daselbst und seinem Ansinnen eingepasst! Er wusste nichts von einem Zhou. Mit einem plötzlichen Erwachen war ein Zhou voll und ganz da. Man weiß nicht, ob ein Zhou im Traum zu einem Schmetterling wird oder ein Schmetterling im Traum zu einem Zhou. Wo es einen Zhou gibt und einen Schmetterling, da muss es eine Unterscheidung dazwischen geben. Diesbezüglich spricht man von der Wandlung der Dinge.«[172] In Anlehnung an den ersten großen *Zhuāngzǐ*-Kommentar von Guō Xiàng (gest. 312) meint Möller nachweisen zu können, dass der chinesische Text keineswegs jenes sich durchhaltende Bewusstseinssubjekt kennt, das Bubers Übersetzung – im Unterschied zu derjenigen von Wilhelm – zugrunde liegt. Vielmehr geht er von einem schroffen Bruch zwischen Zhuāng Zhōu und dem Schmetterling aus, der dadurch zum Ausdruck gebracht wird, dass sich Zhuāng Zhōu nicht an den Schmetterling und der Schmetterling nicht an Zhuāng Zhōu erinnert. Beide Zustände gelten damit als gleichermaßen authentisch und real. Daraus ergibt sich die Behauptung, die Transformation der Dinge sei überhaupt nur deshalb als spontane und natürlich wirkende möglich, weil der Unterschied zwischen beiden akzeptiert und nicht transzendiert, weil also die Schranke zwischen Mensch und Schmetterling gerade nicht überschritten wird, wie in der Übersetzung von Buber unterstellt.

Zunächst sei angenommen, dass ein solches Verständnis des Verhältnisses der beiden Zustände wohl nicht mehr die Rede von einem sich durchhaltenden Bewusstseinssubjekt erlaubt, aber wohl doch noch diejenige von einem transformativen Subjekt. Möllers Interpretation lässt sich ein wichtiger Hinweis auf die Bedingungen entnehmen, unter denen ein Subjekt paradox denken und leben kann: wenn es die Positionen, durch die es hindurchwandert, scharf voneinander zu trennen und in ihrer Eigendynamik zu akzeptieren imstande ist; wenn sich also das Subjekt durch verschiedene Subjektpositionen hindurch zu bewegen vermag, ohne sich einseitig auf eine Position zu versteifen, der sodann die Begründung der eigenen Identität aufgebürdet wird. So verstanden bedeutet paradoxe und transpositionale Kommunikation, dass ein Subjekt die Identität seiner Positionen weder einfach abwirft oder auflöst noch das Wandern durch verschiedene Positionen hindurch bloß als imaginatives Spiel betrachtet, das letztlich ein sich durchhaltendes Selbstbewusstsein niemals gefährdet. Die Nichtidentität mit sich verlangt vom Subjekt, sich als selbstbewusst-identitäres temporär zu negieren, um in eine andere Position übergehen zu können. Die große Herausforderung besteht jedoch darin, die verschiedenen Positionen – und das ist die provokative Seite von Möllers Lesart – im Hinblick auf den Grad ihrer Wirklichkeit gleichzustellen. Erst in dem Moment, in dem solche Gleichstellung als Möglichkeit denk- und lebbar wird, vermag auf dem Wege anti-normativer Gleichstellung die Ahnung von der Normativität des Paradoxen aufzutauchen.

Zhuāngzǐs »Diskurs über die Gleichstellung der Dinge« wendet sich gegen andere Diskurse seiner Zeit; vor allem gegen einen konfuzianischen Diskurs, der versucht, einem in der Sprache zum Ausdruck kommenden Verfall normativer Ordnung sprachlich entgegenzuwirken, nämlich durch das Programm, die Namen der Dinge und damit auch die ihnen entsprechenden sozialen Positionen oder Rollen »richtigzustellen«, um auf diese Weise das Ritualregime vor illegitimer Usurpation zu schützen. Vereinfacht betrachtet, erscheint damit die Gleichstellung der Dinge als daoistisches Gegenprogramm zur konfuzianischen Richtigstellung der Namen: Die Freistellung der Dinge in ihre natürliche Selbsttransformation (*zì huà*) steht ihrer Einordnung in eine rigide Namens- und Ritualordnung gegenüber, in der normative und normalisierende Elemente ineinander verhakt sind. Das hat immer wieder zur machtkritischen Analyse der Verstrickung von konfuzianischem Lernen und imperialer Ordnung herausgefordert. Berücksichtigt man jedoch die Kritik, die Billeter an der *Zhuāngzǐ*-Interpretation von Guō Xiàng (auf die Möller sich stützt) geübt hat, zeigt sich, dass die Verstrickung tiefer reicht.

Möller wirft Buber die »›Okzidentalisierung‹ des Schmetterlingstraums« vor, »die ihn für viele Intellektuelle des 20. Jahrhunderts besonders interessant machte«[173]. Ist jedoch die postmoderne und anti-humanistische Perspektive, die Möllers Interpretation zugrunde liegt, nicht auch okzidentalistisch, nur anders? Oder ist nicht vielleicht die Frage, welche Interpretation okzidentalistisch sei und welche nicht, prinzipiell irreführend? Zumindest scheint es keineswegs so zu sein, dass die neuere chinesischsprachige *Zhuāngzǐ*-Forschung, die im Allgemeinen dem modernen westlichen Bewusstseinssubjekt kritisch gegenübersteht, deswegen gleich auch noch das Subjekt überhaupt und den autonomen Menschen im Ganzen für einen zu überwindenden Irrtum hält.[174] Ich jedenfalls habe die Teilnahme an Diskussionen in diesem Gebiet immer wieder als Aufforderung zur Unterwanderung der dualistischen Simplizität von Ost und West erfahren: als Aufforderung, abseits der groben Unterscheidungen von Subjekt und Subjektlosigkeit, Humanismus und Anti-Humanismus, Moderne und Postmoderne denken zu lernen. Und passt die von Billeter beklagte Entschärfung der machtkritischen Kraft des *Zhuāngzǐ* nicht recht genau zu einer desubjektivierenden Lektüre, in der verschiedene Transformationspositionen (Zhuāng Zhōu und Schmetterling, Traum und Besinnung) derart strikt voneinander abgespalten werden, einander so konsequent »vergessen«, dass dem transformativen Subjekt die Möglichkeit jeglicher Kontinuität geraubt wird?[175] Wird dabei nicht Wandlungsfähigkeit so weit zur Subjektlosigkeit verengt, dass die von Billeter an Julliens Interpretation chinesischen Prozessdenkens bemängelte Positions-, Kritik- und Subjektlosigkeit der heiligen und weisen Menschen Chinas herauskommt? Wenn Guō Xiàngs

Kommentar dazu beigetragen hat, das Buch *Zhuāngzǐ* in den Despotismus der imperialen Ordnung einzufügen, dann doch wohl vor allem dadurch, dass er den Literaten-Beamten zwei Positionen eröffnet hat: die Anstellung bei Hofe und den Rückzug in die Berge, also das Hin-und-Her zwischen Außer- und Innerweltlichkeit. Aber wurde die Fähigkeit, zwischen den Welten zu wandeln, nicht mit der Unfähigkeit bezahlt, das monarchische Regime grundlegend zu kritisieren?

Das Gleichnis vom Schmetterlingstraum lässt den Diskurs über die Gleichstellung der Dinge auf bemerkenswerte Weise ausklingen, nämlich mit der »Wandlung« oder »Transformation der Dinge«: der »Verdinglichung«. Behält man im Auge, dass die chinesischen Zeichen für die Transformation der Dinge (*wù huà*) zugleich die gängige Übersetzung für den marxistischen Begriff der Verdinglichung sind, lässt sich einmal mehr erahnen, warum ein Denker der Revolution wie Zhāng Tàiyán dieses Kapitel für seine ideologiekritischen Zwecke reinterpretieren konnte – und dieses Verständnis findet zudem Bestätigung in einer Stelle des *Zhuāngzǐ* (Kapitel 13), in der die »Transformation der Dinge« bedeutet, zum toten Ding zu werden, zu sterben. Zugleich wird auch verständlicher, was sich für die Idee paradoxer Kommunikation von der Verbindung zwischen Gleichstellung und Transformation der Dinge lernen lässt. Ideologische, weltanschauliche Positionen mögen auf Verdinglichung, also auf der Verhärtung und Fixierung ehemals beweglicher und flüssiger Zustände beruhen, aber so wichtig die Gleichstellung der Dinge ist, um die sprachliche Ordnung der Dinge zu verflüssigen und Kommunikationsbarrieren zu überwinden, so unvermeidlich, ja geradezu wohltätig ist die Tendenz zur Verdinglichung innerhalb der Transformation der Dinge: Diese ist ohne die radikale Gleichstellung der Position des Zhuāng Zhōu und der Position des Schmetterlings, die wechselseitig voneinander träumen, nicht möglich. Gleichstellung führt an dieser Stelle nicht dazu, Zhuāng Zhōu und den Schmetterling einander gleichzumachen, vielmehr lässt die Gleichstellung gerade den Unterschied zwischen beiden hervortreten. Auch wenn die Überlegungen zum zweiten Kapitel des *Zhuāngzǐ* inzwischen deutlich über Wāng Huīs Text und seinen Versuch, Gleichheit neu zu denken, hinausgeführt haben, korrespondiert seine Rede von »Differenzgleichheit« (*chāyì píngděng*) doch merklich mit diesem Verständnis von Gleichstellung.

Die voranstehenden Überlegungen zusammenfassend lässt sich sagen, dass paradoxe Kommunikation der Fähigkeit zum transpositionalen Engagement in einander ideologisch ausschließende Positionen zu bedürfen scheint: der Kultivierung einer Lebenshaltung, die durch die Positionen hindurch zu wandeln und zu wandern (*yóu* 遊) vermag, ohne jedoch vor lauter Wandelbarkeit positionsunfähig zu werden. Solche vom Hin-und-Her zwischen Diskontinuität und Kontinuität gezeichnete Transformation ist nur denkbar, wenn davon ausgegangen wird, dass jede Position immer auch intern auf andere, ihr nur scheinbar äußerliche, bezogen ist. Die Gleichstellung der Dinge als Erkenntnisübung, als epistemologische Askese, versucht somit zu verhindern, dass eine Position sich der mörderischen Illusion hingibt, durch Vernichtung konkurrierender Positionen zur Lösung peinigender Paradoxien gelangen zu können. Als hätte Zhāng Tàiyán geahnt, wohin der Kampf der revolutionären Ideologien China führen wird, unternimmt er nach der Revolution von 1911 ein tiefgründiges Experiment revolutionärer Selbstbesinnung. Erst etwa hundert Jahre nach seiner Ausarbeitung scheinen die historischen Bedingungen reif zu sein, um die philosophische Bedeutung dieses Gedankenexperiments umfassend würdigen zu können.

VII. Gewundene Kommunikation oder Probleme der Demokratisierung Chinas

1. Konfliktlinien

Die politischen und kulturellen Demütigungen, denen China seit dem 19. Jahrhundert ausgesetzt war, wirken bis heute nach. Der verzweifelte Kampf um nationale Würde und Befreiung vom Joch imperialistischer Expansion und (halb-)kolonialer Unterdrückung, der den Hintergrund einer sich radikalisierenden Revolutionsdynamik bildet, hat tiefe Spuren hinterlassen. Allerdings ist das sozialistische Experiment in eine neue Phase der Entwicklung eingetreten, in der die Kommunistische Partei Chinas bemüht ist, mit (Markt-)Liberalismus und traditioneller Kultur vormals brutal unterdrückte Kräfte in den Rahmen eines Sozialismus chinesischer Prägung zu integrieren. Gān Yángs Version des Kommunizierens der drei Traditionen hat dieser Tendenz einen so prägnanten wie umstrittenen Ausdruck verliehen (siehe Kapitel III). Aber auch dort, wo dieser Version allzu große Regimenähe vorgeworfen wird und die Gewichte anders verteilt werden, bildet die Dreierkonstellation einen diskursiven Rahmen, der miteinander streitende Positionen verbindet. Die Diskussionen beziehen sich dabei durchaus auch auf die Struktur dieser Konstellation selber. Eine Position etwa behauptet, dass es sich bei dieser keineswegs um ein egalitäres Verhältnis von drei Momenten handelt, sondern die »konfuzianische Zivilisation« als »Wesen« (*tǐ*) selbstverständlich die Grundlage für die beiden anderen zu bilden hat.[176] Auf liberaler Seite sind die Vorbehalte gegenüber dem Eintritt in die Konstellation von Konservatismus, Liberalismus und Sozialismus am größten. Von offizieller Seite geförderte Bemühungen, einen modernisierten Konfuzianismus in den realen Sozialismus zu integrieren, werden als Versuch verstanden, ein autoritäres Bollwerk gegen eine liberale Demokratie zu errichten, die das kommunistische Einparteienregime bedroht. Deshalb verbindet sich teilweise die Forderung nach Demokratisierung mit einem christlichen Messianismus, der sich mithilfe transzendenter Macht sowohl des Sozialismus wie des Konfuzianismus zu entledigen trachtet.

Der Friedensnobelpreisträger Liú Xiǎobō hat dieser kompromisslosen Haltung einen an Schärfe kaum zu überbietenden Ausdruck verliehen. Zur »Tragödie vom 4. Juni« 1989 bemerkt er: »Um ›negative Freiheit‹ (nämlich die, nicht unter willkürlicher Machtausübung leiden zu müssen) zu erstreiten, muss ein Wille zu aktivem Widerstand her. Geschichte ist kein Schicksal. Das Auftauchen eines Märtyrers kann das Geschick eines ganzen Volkes von Grund auf ändern und die geistige Moral der Menschen beflügeln. Gandhi war ein Zufall und Havel war ein Zufall und dieser vor zweitausend Jahren in einer Pferdekrippe geborene Bauernsohn erst recht. [...] Man kann sich nicht auf das kollektive Bewusstsein der Menschen verlassen, Verlass ist einzig und allein auf das Gespür der großen Persönlichkeiten, die es verstehen, die schwachen Massen zu einem starken Ganzen zu formen. Besonders unser Volk braucht eine solche moralische Autorität. Die Inspiration durch einen beispielhaften Vorstreiter ist unendlich groß, seine Symbolwirkung vermag eine Fülle an moralischen Kräften freizusetzen. [...] Ein wichtiger Grund für das Verstummen und Vergessen nach dem 4. Juni war, dass es uns an einer solchen großen moralischen Figur mangelte, die mutig auf den Plan trat.«[177] Liú hat sich entschieden, selber der von ihm geforderte Märtyrer und »moralische Riese« werden zu wollen, nicht nur um die Rolle eines gegen die Diktatur des real existierenden Sozialismus sich richtenden »Streiters der Gerechtigkeit« einzunehmen, sondern um aus einem politischen Teufelskreis herauszutreten, für den die zu aktivem Widerstand unfähigen, von einer »seit Tausenden von Jahren weitervererbten Weichknochenkrankheit heimgesuchten Intellektuellen« mitverantwortlich sein sollen. Mit dem Friedensnobelpreis, den er während eines Gefängnisaufenthaltes – als Strafe für das Mitverfassen des liberalen Manifestes Charta 08 – erhalten hat, ist er dem Ziel nähergekommen, jene große moralische Autorität zu werden. die er in dem zitierten Brief beschwört. In seiner Vorstellung vom moralischen Riesen, der sich uneigennützig für alle opfert, klingt unverkennbar christlicher Einfluss durch – diese Seite ist wichtig, weil die kommunistische Partei vor allem in der Verbindung von politischem Liberalismus und Christianisierung eine Gefahr für ihre Machtbasis sieht, der sie nicht nur durch die strategische Allianz mit dem Neukonfuzianismus zu begegnen sucht, sondern auch durch Duldung und Förderung des Buddhismus, der nicht zuletzt deshalb einen enormen Aufschwung erlebt. Zugleich wirkt bei Liú, wohl mehr ungewollt als gewollt, das konfuzianische Ideal des Edlen nach, die Idee eines moralisch ausgezeichneten Menschen, der die politische und kulturelle Bahn eines ganzen Volkes neu auszurichten vermag. Für seine vermittelnde Rolle während der Demokratiebewegung von 1989 ist er als einer der »vier Edlen vom Tiānānmén-Platz« bezeichnet worden – und das, obwohl die polemische Drastik, mit der er sich in seinen Schriften gegen die konfuzianische Tradition wendet, seiner Polemik gegen das kommunistische Regime kaum nachsteht.

Liú Xiǎobō̄s von einem liberalen Diskurs begleiteter moralischer Kampf richtet sich gleichermaßen gegen die sozialistische wie gegen die konservative Tradition. Allerdings kann die Konstellation der drei Traditionen auch die Gestalt einer anti-kommunistischen Verbindung von Liberalismus und Konfuzianismus annehmen. Der Verfassungsrechtler und Philosoph Zhāng Qiānfān etwa begründet seine scharfe Kritik an der Diktatur der Kommunistischen Partei Chinas mit dem Bezug auf eine liberale Verfassungspolitik, deren subjektive Bedingungen er mithilfe der Rekonstruktion einer »moralischen Person« entwickelt, für die er sich auf konfuzianische Quellen stützt. Er sieht sich allerdings mit der Schwierigkeit konfrontiert, dass die kultur-historischen Grundlagen jenes moralischen und autonomen Charakters, den er jenem autoritären Charakter entgegensetzt, den das kommunistische Regime seiner Auffassung nach herangezogen hat, doch gerade von der revolutionären Dynamik des 20. Jahrhunderts weitgehend untergraben und zerstört worden sind.[178] Die Verbindung von liberaler Demokratie und Konfuzianismus, die er vorschlägt, sowie das damit einhergehende Dilemma moralischer Subjektivität hat im Umkreis des zeitgenössischen Neokonfuzianismus bereits eine längere philosophische Vorgeschichte, der ich mich in diesem Kapitel zuwenden möchte.

2. Das universalistische Potenzial der alten Kultur

Der Sturz des Kaiserreichs im Jahre 1911 und die sich daran anschließende Gründung der Republik China markieren einen beispiellosen Bruch in der politischen Geschichte Chinas. Mehr als hundert Jahre später ist Demokratie in China noch immer ein umstrittenes und umkämpftes Thema. Bei der Diskussion sollte allerdings nicht vergessen werden, daß weder Máo Zédōng noch die kommunistische Partei je die normative Ausrichtung auf das Ziel der Demokratisierung Chinas aufgegeben haben. Diese orientiert sich jedoch weniger am Ideal individueller Freiheit und liberaler Demokratie als am Ideal der Gleichheit und der Volksdemokratie. Ohne zumindest den Versuch zu machen, die Identifizierung von Volksdemokratie und Diktatur für einen Moment hinter sich zu lassen und die normative Kraft der sozialistischen Revolution zu verstehen, lässt sich der paradoxe Charakter jener »Befreiung« nicht erklären, für die das Jahr 1949 und die Gründung der Volksrepublik China steht. Erst dann lässt sich nämlich zumindest in Grundzügen nachvollziehen, wie es möglich war, dass der im Namen von Gleichheit vorangetriebene Anti-Traditionalismus und Anti-Konfuzianismus einen Autoritarismus mit totalitären Zügen hervorgebracht hat, der traditioneller war als die schlimmste Tradition: Der blindwütige Antitraditionalismus hat sein Gegenteil, den blindwütigen Traditionalismus, bereits in sich enthalten. Wenn sich also der Verdacht kaum von der Hand weisen lässt, dass die Kommunistische Partei Chinas, deren politisches Regime lange von Kampagnen gegen liberale und konfuzianische Abweichler geprägt war, viel reaktionärer ist, als es ihr Anti-Traditionalismus vermuten lässt, dann mag es hilfreich sein, sich, mit einem Blick für solche paradoxen Verkehrungen, den radikalen Momenten im konservativen Denken des 20. Jahrhunderts zuzuwenden.

Die allgemeine Perspektive, die dabei zunächst in den Blick kommt, hat Heiner Roetz wie folgt formuliert: »Die konfuzianischen Tugenden als Ferment der Wirtschaft und als Garanten der Stabilität autoritärer Gesellschaftsordnungen – ist dies das Zukunftspotential der chinesischen Tradition? Und bliebe als einzige Alternative deren Aufkündigung und die Übernahme des westlichen Modells auf breiter Front? Ein dritter, schon von den Reformern des 19. Jahrhunderts und ihren Vorläufern anvisierter Weg, nämlich der einer Vermittlung von Tradition und Fortschritt, ist keineswegs tot. Er ist theoretisch gesehen sogar der einzige, der gangbar ist, will China weder seine hergebrachten Autoritätsstrukturen perpetuieren noch seine kulturelle Identität aufgeben und so das Schicksal allzu vieler der vom Westen überrollten Kulturen erleiden. Die namentlich von den chinesischen Geisteswissenschaftlern, wo immer sie sich unbevormundet entfalten können, zu leistende Aufgabe wäre die einer *nicht regressiven Aneignung der Tradition*, die die eigene Geschichte auf der Höhe der aktuellen Forderung nach Freiheit und Demokratie rezipiert. [...] Es wäre also das *universalistische Potential* der alten Kultur zu rekonstruieren, das über die Enge der hergebrachten Lebensformen und zumal über das Weltbild der meisten Machthaber Chinas schon immer hinausgewiesen hat.«[179]

Die Auseinandersetzung des zeitgenössischen Neokonfuzianismus mit der Idee demokratischer Politik (*mínzhǔ zhèngzhì*) eröffnet den Zugang zu Versuchen chinesischer Philosophen, das universalistische Potenzial der alten Kultur auf dem Wege einer nicht regressiven Aneignung der Tradition zu rekonstruieren. Denn diese Auseinandersetzung ist geprägt vom Vertrauen auf die universalistische Bedeutung der Demokratie, die, obwohl eine im Westen entstandene Idee, von den konfuzianischen Autoren prinzipiell anerkannt wird. Deshalb halten sie einen Bruch mit der historischen Verflechtung von Konfuzianismus und Monarchie für notwendig: Diesen revolutionären Bruch auch geistig und theoretisch zu vollziehen bedeutet an der Herausbildung demokratischer Politik in China zu arbeiten. Allerdings bringen konfuzianisch geprägte Philosophen dieser Schulrichtung seit dem Beginn des 20. Jahrhunderts ebenfalls die Überzeugung zum Ausdruck, dass in Europa und Nordamerika entwickelte Modelle liberaler Demokratie China nicht einfach – im Sinne radikaler Verwestlichung – übergestülpt werden sollten. Sie gehen vielmehr davon aus, dass eine liberale Demokratie in China nur dann wird Fuß fassen können, wenn sie an dafür günstige Bedingungen anzuknüpfen vermag, die sich in der chinesischen Geschichte auffinden lassen. Im zeitgenössischen Neokonfuzianismus herrscht die Überzeugung vor, dass der klassische Neokonfuzianismus ein besonders reiches Erbe enthält, an das sich unter veränderten historischen Bedingungen anknüpfen lässt.

Dabei geht es allerdings nicht bloß darum, das moderne Regime demokratischer Politik mithilfe konfuzianischer Quellen im Nachhinein zu rechtfertigen. Vielmehr zeigt sich im zeitgenössischen Neokonfuzianismus von Anbeginn die sehr selbstbewusste Überzeugung, dass die Assimilation demokratischer Politik dem universalistischen Gehalt des Konfuzianismus keinen Abbruch tun, diesen vielmehr, ganz im Gegenteil, erst wahrhaft zur Entfaltung bringen wird. Aus europäischer Sicht ist dieses Selbstvertrauen in den universalistischen Gehalt konfuzianischen Lernens (*rúxué*) schwer verständlich, weil ihm die verbreitete Auffassung vom freiheitsfeindlichen Familialismus und Autoritarismus des Konfuzianismus entgegensteht. Auch wenn kaum zu leugnen ist, dass der moderne Neukonfuzianismus im Allgemeinen, sei es in Taiwan oder auf dem chinesischen Festland, weit mehr die Seite sozialer Bindung als diejenige individueller Freiheit betont, lässt sich doch festhalten, dass die konfuzianisch inspirierte Auseinandersetzung mit westlicher Demokratie sich keineswegs auf die Betonung chinesischer Eigentümlichkeiten oder asiatischer Werte beschränkt, sondern das Potenzial zu einer offenen und umfassenden Diskussion des Universalismus von Demokratie und Menschenrechten enthält. Die folgenden Überlegungen versuchen, eine konfuzianische Perspektive auf dem Gebiet der politischen Philosophie so zu rekonstruieren, dass transkulturell geteilte Probleme erkennbar werden.

3. Politik und Selbstkultivierung

Im Rahmen der politischen Philosophie des zeitgenössischen Neokonfuzianismus wird grundsätzlich zugestanden, dass das im klassischen Text *Das große Lernen* (*Dàxué*) umrissene Kultivierungsmodell des Regierens im modernen China in eine schwere Krise geraten ist. Zwei herausragende Vertreter des zeitgenössischen Neokonfuzianismus, Xióng Shílì und Móu Zōngsān, haben gleichwohl auf die eine oder andere Weise versucht, das zukunftsweisende Potenzial dieses Textes herauszuarbeiten, der ursprünglich als Kapitel des *Buches der Riten* (*Lǐjì*) überliefert worden ist, um sodann vom neokonfuzianischen Philosophen Zhū Xī an den Anfang der klassischen *Vier Bücher* gestellt zu werden.[180] Sie haben sich gefragt, wie das darin skizzierte Verhältnis von Subjektivität und Politik theoretisch mit der Forderung nach einer Demokratisierung Chinas versöhnt werden könnte.

Im Sinne von Xióng Shílìs Kommentar zum *Großen Lernen* ragt »Selbstkultivierung« (*xiū shēn*) aus den acht Stufen des zu Beginn des *Großen Lernens* skizzierten Regierungsmodells heraus und umgreift die anderen sieben Stufen: Selbstkultivierung, verstanden als eine Form des Selbstregierens, ist mit dem Regieren anderer Menschen in Familie, Staat und Welt aufs Engste verflochten. Für Xióng Shílì ist nicht nur die Regierung seiner selbst, sondern auch die Regierung der Anderen eine Form der Kultivierung. Folglich unterteilt er diese in zwei Dimensionen. Erstens: innere Kultivierung (*nèi xiū*), mit den vier Stufen Erforschen der Dinge (*gé wù*), Erreichen des Wissens (*zhì zhī*), Aufrichtigmachen der Gesinnung (*chéng yì*), Richtigstellen des Herzens (*zhèng xīn*); zweitens: äußere Kultivierung (*wài xiū*), mit den drei Stufen Ausgleichung der Familie (*qí jiā*), Regierung des Staates (*zhì guó*), Befriedung der Welt (*píng tiān xià*). Für die beiden Dimensionen von Kultivierung gebraucht er auch die im Buch

Zhuāngzǐ erstmals belegte und heute in diesem Kontext weitverbreitete Unterscheidung von »innerer Heiligkeit« (*nèi shèng*, das heißt am moralischen Ideal der »heiligen Menschen« orientierte innere Kultivierung) und »äußerer Königlichkeit« (*wài wáng*, das heißt am Ideal wahrhaft »königlichen« Regierens in der sozialen und politischen Welt orientierte äußere Kultivierung).[181]

Bis heute werden im chinesischsprachigen Kontext teilweise erbitterte Diskussionen um das Verhältnis der beiden Dimensionen geführt, insbesondere um die Konzeption der »Eröffnung einer neuen äußeren Königlichkeit« (*kāichū xīn wàiwáng shuō*). Dieses Motiv steht für die Möglichkeit, durch eine moderne Reinterpretation des *Großen Lernens* konfuzianische Philosophie und demokratische Politik miteinander auszusöhnen. Während etwa Lee Ming-huei [Lǐ Mínghuī], in Anlehnung an seinen Lehrer Móu Zōngsān, die Notwendigkeit einer *indirekten* Verbindung von moralischer Subjektivität (innerer Heiligkeit) und demokratischer Politik (äußerer Königlichkeit) verteidigt,[182] sieht er in der von Jiǎng Qìng verfochtenen Ideen des politischen Konfuzianismus und der konfuzianischen Verfassungsordnung eine Tendenz, die demokratische Transformation des Konfuzianismus auf selbstbetrügerische Weise zu umgehen.[183] Für Jiǎng Qìng, der ebenfalls im theoretischen Rahmen des Modells von innerer Heiligkeit und äußerer Königlichkeit denkt, hat der zeitgenössische Neokonfuzianismus aufgrund seiner Bemühung, äußere Königlichkeit und Demokratie zu verbinden, politisch bereits von Anfang an vor dem Westen kapituliert: Der Konfuzianismus hat für ihn die Fähigkeit verloren, »unabhängig über politische Fragen nachzudenken«.[184] Was ihm im Namen des »königlichen Weges« (*wáng dào*) vorschwebt, ist zunächst einmal die Ablehnung von Demokratie, insofern diese allein auf der Legitimierung durch das Volk gründet, aber zwei andere Quellen politischer Legitimität ausschließt, die ihm jedoch unverzichtbar erscheinen: die transzendente Legitimität des Himmels und die historisch-kulturelle Legitimität der Erde. Jiǎng versucht also aus der antiken, schon für das *Buch der Wandlungen* grundlegenden Dreierstruktur von Himmel, Erde und Mensch eine auf drei Quellen der Legitimität gegründete Verfassungsordnung abzuleiten, die demokratische Wahlverfahren nur für das »Haus des Volkes« vorsieht. Er scheut auch nicht davor zurück, sich – von der Notwendigkeit transzendenter Legitimität her – Gedanken über die Etablierung einer konstitutionellen Monarchie zu machen, die in ähnlicher Weise einer seiner wichtigsten Gewährsmänner, der »konservative Revolutionär« Kāng Yǒuwéi, bereits gegen Ende des 19. Jahrhunderts angestellt hat. Lee Ming-huei [Lǐ Mínghuī] sieht darin das gänzlich unrealistische Programm für eine konfuzianische Revolution, die »von den Chinesen verlangt, ins Mittelalter zurückzukehren«[185] und deren radikaler Utopismus ihn von Ferne an die islamische Revolution im Iran und ihre Konsequenzen erinnert. Auch wenn Jiǎng Qìng solche Assoziationen zurückweist, ist sein politischer Konfuzianismus doch in der Tat eng mit der Idee der Entwicklung des Konfuzianismus zu einer Art Staatsreligion verbunden, die in der Lage sein soll, den sich in China ausbreitenden christlichen Kirchen wirkungsvoll entgegenzutreten – seinen teilweise alarmistisch klingenden Äußerungen lässt sich entnehmen, dass er die Christianisierung Chinas für eine reale Gefahr hält.

Für Móu Zōngsān gehört das Kultivierungsmodell des *Großen Lernens* in den konfuzianischen Kontext eines »tugendorientierten Weges des Regierens« (*déhuà zhī zhìdào*), eines Ideals der Regierung durch moralisch kultivierte Herrscher und Beamte, welches das konfuzianische Verständnis von Politik seit der Antike geprägt hat.[186] Aber konnte sich im Rahmen konfuzianischer Philosophie überhaupt ein Begriff von Politik entwickeln oder, präziser gesprochen, ein Begriff des Politischen im Sinne eines

Bereiches, in dem nach der Legitimität politischen Handelns gefragt wird? Viele chinesische Intellektuelle des 20. Jahrhunderts haben mit großer Skepsis, wenn nicht gar mit beißender Verachtung auf die Geschichte der strategischen Verflechtung zwischen Kaisertum und konfuzianischer Beamtenherrschaft geblickt. Das konfuzianische Lernen wird dabei mit dafür verantwortlich gemacht, dass eine politische Systemalternative nie ernsthaft erwogen worden ist.[187]

Móus Reflexionen zeugen von scharfem Bewusstsein für die Notwendigkeit, das Verhältnis von Selbstkultivierung und Demokratie von Grund auf zu durchdenken. Von daher kann es nicht überraschen, dass sein Urteil über die traditionelle »politische« Kultur Chinas alles andere als schmeichelhaft ausfällt. Er bezweifelt, dass im vormodernen China ein Begriff der Politik gedacht worden ist, der das praxisorientierte Spannungsfeld von äußerst elaborierten Formen strategischen Handelns einerseits und idealisierten Forderungen an die moralische Kultivierung von Kaiser und Beamtenschaft andererseits systematisch überschritten hätte. Móu fasst seinen Zweifel in dem weitreichenden Satz zusammen, China sei »vormals ohne Weg der Politik gewesen« (*Zhōngguó yǐqián wú zhèngdào*).[188] Er meint, hinsichtlich der traditionell verbreiteten »feudalistisch-aristokratischen« oder »monarchisch-despotischen Politik« könne grundsätzlich nicht von einem »Weg der Politik« gesprochen werden.[189] Was bedeutet hier »Weg der Politik«? Und inwiefern unterscheidet dieser sich von jenem »Weg des Regierens« (*zhìdào*), der, Móu zufolge, in China innerhalb der großen Schulrichtungen von Konfuzianismus, Daoismus und Legismus mit unterschiedlicher Akzentuierung bis auf die »höchste Stufe der Selbstbesinnung« (*zuìgāo de zìjué jìngjiè*) getrieben worden ist?[190]

Der im Europa des 18. Jahrhunderts entstandene Diskurs über die Zurückgebliebenheit des imperialen China im Allgemeinen und der politischen Philosophie des Konfuzianismus im Besonderen beherrscht bis heute in hohem Maße historisch argumentierende Deutungen der autoritären Tendenzen im post-imperialen China. Aus dieser Perspektive muss Móu Zōngsāns Entwurf einer modernen politischen Philosophie konfuzianischer Prägung irritieren. Zunächst einmal offenbaren seine Überlegungen schonungslos die Schwächen des auf breit angelegte Prozesse der Kultivierung, Moralisierung und Ritualisierung fixierten konfuzianischen Regierungsmodells. Móu fragt sich in historisch ausgreifenden Reflexionen immer wieder, warum der Übergang vom Weg des Regierens zum Weg der Politik – und damit zur Verwirklichung demokratischer Politik – nicht gelungen ist, obwohl er bereits im antiken China Ansätze etwa für die Institutionalisierung des friedlichen Regierungswechsels sieht. An der historischen Notwendigkeit, diesen Übergang philosophisch zu rechtfertigen und voranzutreiben, hegt er nicht den geringsten Zweifel. Allerdings muss dieser Übergang seiner Überzeugung nach so vollzogen werden, dass die Stärken des im *Großen Lernen* skizzierten Modells konfuzianischen Regierens nicht einfach unter den Tisch fallen. Diese Stärken sollen vielmehr in eine konfuzianisch inspirierte Konzeption von Demokratie eingehen können, die nicht nur den Weg der Politik und den Weg des Regierens, Demokratie und Selbstkultivierung zur Versöhnung bringt, sondern die Bedeutung des *Großen Lernens* auch für das Nachdenken über Demokratie im Westen sichtbar macht.

Dieser Möglichkeit steht jedoch ein bereits erwähntes Hindernis entgegen: Das konfuzianische Kultivierungsmodell des Regierens scheint in einem Maße in die imperiale Ordnung des traditionellen China verstrickt zu sein, dass die Absicht, es aus dieser herauszulösen, sich von vornherein dem Verdacht der Naivität und der reaktionären Kritiklosigkeit aussetzt. Zweifellos ist es leichter, über die ideologischen Risiken zu sprechen, die mit der modernen Transformation des *Großen Lernens* verbunden sind, als eine Sprache zu finden, die diesen Text auf kritische Weise für die Gegenwart fruchtbar macht. Sowohl Xióng Shílì als auch Móu Zōngsān haben dies im 20. Jahrhundert versucht.

4. Gegenläufige Transformation

Hinsichtlich der Dimension »äußerer Kultivierung« übt Xióng Shílì deutliche Kritik an einem Verständnis, das die drei Stufen von Ausgleichung der Familie, Regierung des Staates und Befriedung der Welt, insbesondere die letzten beiden, allein auf »Fürsten und Kanzler« beschränkt: Auch die Dimension äußerer Kultivierung liegt für ihn in ihrer Gesamtheit im Verantwortungsbereich aller »Staatsbürger« (*guómín*). Für Xióng ist eine solche Auffassung nur das konsequente Ernstnehmen der Formulierung des *Großen Lernens*, der zufolge Selbstkultivierung die »vom Himmelssohn bis zum einfachen Menschen« gültige Grundlage oder »Wurzel« gemeinschaftlichen Lebens ist. Älteren Auffassungen, welche die »einfachen Menschen« (*shùmín*) aus den Sphären von Staat und Welt ausgeschlossen haben, schleudert er das pathetische Verdikt entgegen, dass dies den Untergang des »heiligen Lernens« (des Konfuzianismus) und das Verlöschen des »menschlichen Weges« bedeutet.[191]

Xióng ist offensichtlich darum bemüht, den konzeptuellen Rahmen von »innerer Heiligkeit – äußerer Königlichkeit« und damit das Kultivierungsmodell des *Großen Lernens* zu verteidigen, es jedoch gleichzeitig einer demokratisierenden Transformation zu unterziehen, durch die er es aus seiner monarchistischen Engführung herauszulösen gedenkt. Xióng versucht, mit anderen Worten, den universalistischen Gehalt der konfuzianischen Kultivierungslehre zu entfalten und die Bedeutung des

Großen Lernens auf eine Weise auszuweiten, welche die nun unter Rückgriff auf historisch-kulturelle Bedingungen erklärte Enge der vormodernen Kommentare überwindet. Er unternimmt im Prinzip eine von Problemen der Gegenwart ausgehende kritische Rekonstruktion des klassischen Textes, den er durch Historisierung seines Wahrheitsgehaltes von den Fesseln traditioneller Klassikerhermeneutik befreit.[192]

Damit wird es möglich, die Interpretation von Xióng Shílì selber historisch zu situieren und zu verstehen, warum sein Schüler Móu Zōngsān sich mit ihr nicht zufriedengeben konnte. Die moderne Transformation, der Xióng die konfuzianische Lehre vom heiligen Menschen unterzieht, leidet nämlich an der Beschränkung, die Notwendigkeit der Demokratisierung allein für den Bereich der äußeren Königlichkeit anzuerkennen. Dies geschieht im festen Glauben daran, dass diese »neue äußere Königlichkeit« (*xīn wàiwáng*) als direkte Ausweitung des von den klassischen Neokonfuzianern etablierten Verständnisses innerer Heiligkeit vollzogen werden kann. Xióng meint, ohne den schmerzlichen Bruch mit dem vormodernen Modell äußerer Königlichkeit auskommen zu können: Er hält es für ausreichend, die Beschränkung der Dimension äußerer Königlichkeit auf einen allzu engen Personenkreis zu überwinden, um im Zuge einer egalitären Ausweitung auf alle Bürger den universalistischen Gehalt des *Großen Lernens* einzuholen.

Móu Zōngsāns philosophische Reflexion auf das Verhältnis der beiden Dimensionen von Kultivierung, von »innerer Heiligkeit« und »äußerer Königlichkeit«, geht unverkennbar über Xióng Shílì hinaus. Móu sieht klar die Schwierigkeit in der Absicht, die neue äußere Königlichkeit (Demokratie) aus der klassischen Konzeption innerer Heiligkeit *direkt* hervorgehen zu lassen. Er ist vielmehr der Auffassung, dass dem Moment »gegenläufiger Transformation« (*nìzhuǎn*) im neokonfuzianischen Verständnis

»innerer Heiligkeit« von jeher zentrale Bedeutung zukam und dass dieses Moment die Bedingung der Möglichkeit dafür ist, sich einer neuen äußeren Königlichkeit philosophisch anzunähern.[193] In der Durchdringung der Dimension äußerer Königlichkeit mit diesem Moment reflexiver Gegenläufigkeit – das heißt einer Subjektivität konstituierenden Selbstreflexivität (*zìxǐng*) und einer entsprechenden asketische Selbstarbeit (*gōngfū*) – sieht Móu die Chance dafür, einerseits mit der politischen Tradition des imperialen China zu brechen, andererseits aber das Modell des *Großen Lernens* so weiterzudenken, dass konfuzianische Selbstkultivierung in eine moderne Subjektivität übersetzbar wird, die wiederum als Träger einer konfuzianisch unterfütterten demokratischen Politik fungieren kann.

Damit spitzt sich die Erörterung des Verhältnisses von Selbstkultivierung und Demokratie auf die Frage nach dem Begriff der Subjektivität im zeitgenössischen Neokonfuzianismus zu. Móus Rekonstruktion der philosophischen Geschichte des Konfuzianismus setzt hier an, und entsprechend kann eine kritische Auseinandersetzung mit dem zeitgenössischen Neokonfuzianismus kaum darauf verzichten, diesen Aspekt zu berücksichtigen. Er hat mit großer Entschiedenheit die Auffassung vertreten, dass alleine eine »idealistisch« verstandene moralisch-autonome Subjektivität China dazu verhelfen kann, sich den metaphysischen, um nicht zu sagen religiösen Kern von moderner Demokratie und Wissenschaft wahrhaft zu erschließen.[194] Móu folgt hier der Interpretationsrichtung seines Lehrers, die er allerdings nicht nur durch die Auseinandersetzung mit der Philosophie Kants subjekttheoretisch ausarbeitet, sondern durch Betonung der gewundenen Kommunikation zwischen innerer Heiligkeit und äußerer Königlichkeit um eine kritische Pointe entscheidend erweitert. Allerdings lässt sich kaum leugnen, dass die reflexive Kraft, die darin liegt, die gewundene Kommunikation von innerer Heiligkeit und äußerem Königtum vom Motiv der »Selbstverkehrung « her zu verstehen und ihm von daher ein radikales Ethos der Moderne einzuschreiben, durch die Tendenz drastisch geschmälert wird, diesem Motiv eine stark idealistische und moral-metaphysische Deutung zu geben. Móu spricht zwar in seinem wichtigsten Werk zur politischen Philosophie, *Der Weg der Politik und der Weg des Regierens*, an zentraler Stelle von der »Selbstverkehrung (Selbstnegation) der moralischen Vernunft«[195] und nicht von der idealistisch konnotierten »Selbstverkehrung des ursprünglichen Wissens« (*liángzhī zhī zìwǒ kǎnxiàn*), aber der Bezug zum Begriff »ursprünglichen Wissens« (*liángzhī*, auch übersetzt als »moralisches Wissen« oder »gutes Wissen«) des míng-zeitlichen Philosophen Wáng Yángmíng ist für Móu Zōngsān zweifellos von großer Bedeutung gewesen.[196] Seine Rezeption der Moralphilosophie Kants ist darauf gegründet.

Heute ist es kaum mehr zu übersehen, dass die enge Anbindung des Motivs der inneren Heiligkeit an eine von Kant inspirierte idealistische Bewusstseinsphilosophie – die sogenannte »Herz-Wesensnatur-Lehre« (*xīnxìng zhī xué*) – den zeitgenössischen Neokonfuzianismus in eine theoretische und geistige Enge geführt hat, durch die das Potenzial seiner Philosophie empfindlich eingeschränkt worden ist.[197] Die Verstiegenheit von Móus moralischer Metaphysik hat ihm von sinologischer Seite den Einwand eingebracht, auch nach dem Maßstab der Philosophie Kants, auf die er sich stützt, vorkritische Schwärmerei produziert zu haben.[198] Darüber hinaus neigen manche Schüler Móu Zōngsāns dazu, aus dessen idealistischer Befangenheit ein Dogma zu machen, was seine Philosophie wiederum zur leichten Beute von polemischer Kritik hat werden lassen, die vor allem in der VR China von Seiten des sogenannten »Festlands-Neukonfuzianismus« (*dàlù xīnrújiā*) vorgebracht wird. Als Weg aus der idealistischen Engführung des zeitgenössischen Neokonfuzianismus hat Heiner Roetz eine intersubjektivitäts- und kommunikationstheoretische Transformation von dessen bewusstseinsphilosophischem Verständnis moralischer Subjektivität ins Spiel gebracht, die eine wichtige Inspiration für meine Überlegungen gewesen ist.[199]

In Anknüpfung an diesen Ansatz gehe ich davon aus, dass die Bedeutung der Idee gewundener Kommunikation für die transkulturelle Reflexion von »Paradoxien der Moderne« erst dann freigesetzt werden kann, wenn der Begriff der Selbstverkehrung aus dem Gegensatz von Idealismus und Materialismus heraustritt, wenn also die Interpretation von Móus Philosophie die Schlacken eines Anti-Kommunismus abzuwerfen vermag, in deren Schatten sie entstanden ist. Zumindest scheint aus dieser Perspektive erst wirklich klar zu werden, worin die Stärke von Móus Theorie der drei Traditionen besteht, denn die Kommunikation, die er zwischen der Tradition des Weges (innere Heiligkeit) und den Traditionen von Politik und Lernen (äußere Königlichkeit) ins Auge fasst, ist insofern eine gewundene, als sie von der Besinnung auf die gebrochene Kontinuität des Verhältnisses von altem und neuem China geprägt ist: Von der inneren Heiligkeit lässt sich nicht »direkt« auf die äußere Königlichkeit »schließen« (*zhíjiē tuīlǐ*), vielmehr umfasst die »gewundene Kommunikation« zwischen beiden eine »sprunghafte Kehrtwende« (*zhuǎnzhé shàng de túbiàn*) und damit eine gegenläufige (indirekte) und keine mitläufige (direkte) Transformation (*shùn zhuǎn*) der konfuzianischen Tradition.[200]

Wenn diese konfuzianische Philosophie noch in das weite Feld eines unverzichtbar auf die klassische Bildungskultur bezogenen Konservatismus gehört, so ist dies sicherlich ein Konservatismus, dessen selbstkritische Reflektiertheit ihm prinzipiell das Potenzial verleiht, die ideologische Verpanzerung eines Anti-Kommunismus und Anti-Marxismus zu durchbrechen, dessen polemische Härte dem historischen Kontext des Kalten Krieges geschuldet ist. Die Selbstbesinnung, die etwa Gān Yáng und Wāng Huī im Namen eines Kommunizierens der drei Traditionen einfordern, wirkt demgegenüber doch sehr ideologielastig und philosophisch letztlich unzureichend, weil beide zu sehr einem Phantasma der Kontinuität anhängen, das ihnen den Blick auf die philosophische Radikalität der von Móu entwickelten Idee gewundener Kommunikation verstellt.

5. Wider die Versuchung des ethnozentrischen Nationalismus

Legt Móu Zōngsāns konfuzianische Lehre zu großes Gewicht auf den Begriff der Subjektivität? Sofern mit dieser Frage der Zweifel verbunden ist, ob nicht Móus Verständnis der Konstellation von innerer Kultivierung und idealistischer Subjektivität problematisch ist und der Weiterentwicklung bedarf, scheint mir damit ein nicht zu vernachlässigender Schwachpunkt seiner Philosophie berührt zu sein. Sofern damit jedoch gemeint ist, dass der Konfuzianismus – aufgrund seiner traditionell sowieso eher kollektivistischen und anti-individualistischen Grundausrichtung – letztlich mit Móus Versuch der modernen Transformation des Konfuzianismus nicht kompatibel sein kann, sehe ich darin eine problematische Entwicklung, die hinter das durch Móus normative Rekonstruktion bereits etablierte Niveau der Kritik zurückfällt. Kaum zu leugnen ist allerdings, dass eine solche Entwicklung gut zu der Art und Weise passt, in der sich »Nationalstudien« (*guóxué*) wieder an chinesischen Universitäten etabliert haben. Die Rehabilitierung des Studiums chinesischer Klassiker im Besonderen und der klassischen chinesischen Kultur im Allgemeinen ist dabei häufig durchdrungen von einer starken Tendenz, das breite Bedürfnis nach kultureller Orientierung in

Richtung nationalistischer Selbstbehauptung und medienwirksamer Kommerzialisierung auszuschlachten – eine Tendenz, die vorzüglich mit der vorherrschenden Mischung aus politischem Autoritarismus und Kulturnationalismus korrespondiert, aber langfristig ausgesprochen negative Konsequenzen für die Entwicklung des modernen Konfuzianismus mit sich bringen könnte, nämlich »die vollständige Zerstörung konfuzianischer Werte, die noch nicht einmal der von der 4.-Mai-Bewegung initiierte Anti-Traditionalismus zu erreichen vermocht hat«[201].

Die Wiederkehr traditioneller Kultur hätte Móu Zōngsān sicherlich mit großer Erleichterung aufgenommen. Neben dem politisch-ökonomischen Aufstieg Chinas zu einer modernen Weltmacht hätte ihm jedoch erst die Erneuerung geistiger und moralischer Kultur als Indiz dafür genügt, dass Europa – gegen Hegel formuliert – keineswegs den Endpunkt der Weltgeschichte markiert, diese vielmehr, durch europäische und nordamerikanische Modernen hindurch, in einer weiteren dialektischen Wendung, zu ihrem Ausgangspunkt zurückkehren wird: nach China.[202] Mit der kulturellen Vision des zeitgenössischen Neokonfuzianismus unvereinbar ist allerdings die Einseitigkeit einer kulturnationalen Selbstbehauptung, deren anti-westliche, antimoderne, anti-aufklärerische und anti-demokratische Rhetorik von der Sehnsucht zeugt, nun endlich den Einbruch der westlichen Moderne in China rückgängig zu machen und die abgebrochene Kontinuität wiederherstellen zu können. Aus einer konsequent anti-modernen Perspektive betrachtet, muss sogar die Unterscheidung zwischen Tradition und Moderne noch als lästiges Relikt eines Zeitalters nationaler Schwäche erscheinen, das es vergessen zu machen gilt – in einer konsequent von »Fremdwörtern« gereinigten Sprache wäre sodann für ins moderne Chinesisch eingeführte Neologismen wie »Philosophie« oder »Subjektivität« kein Platz mehr.

Auch manchen Sinologen ist der hybride Charakter chinesischsprachiger Gegenwartsphilosophie ein Dorn im Auge. François Jullien etwa spitzt seine Kritik an der verbreiteten Verwendung »westlicher« Kategorien wie folgt zu: »Wenn man heute einen Text der klassischen chinesischen Literatur liest, der neu geschrieben, das heißt im zeitgenössischen, nach europäischen Kategorien reformatierten Chinesisch neu entfaltet wurde, bietet er nur den blassen Widerschein von westlichen kulturellen Erwartungen: obwohl auf Chinesisch geschrieben, handelt es sich um einen sterilisierten und enttäuschenden Text, der wie durch ein Sieb durch diese kategoriale Uniformisierung getrieben wurde.«[203] Auf die Uniformisierung und Sterilisierung kultureller Ressourcen, so Jullien, reagiert ein Diskurs der »Sinität« und der »nationalen Studien«, dessen Spiel mit dem Motiv nationalistischer Erneuerung dazu neigt, sich in engstirnigen Identitäten und vermeintlich unveränderlichen Traditionen zu blockieren.[204] Zweifellos hat die intellektuelle Modernisierung Chinas destruktive Konsequenzen gehabt und ist auch mit der Uniformisierung und Sterilisierung kultur-historischer Ressourcen einhergegangen. Sie kann aber ebenso als Prozess der Re-Kategorisierung und der kreativen Transformation beschrieben werden. Von daher stellt sich die Frage, ob die Arbeit der Re-Kategorisierung chinesischsprachigen Denkens, mit der bereits mehrere Generationen von Intellektuellen gerungen haben, adäquat als »kategoriale Uniformisierung« beschrieben werden kann und ob sich Jullien mit einer solchen Einordnung nicht ungewollt zum Komplizen eines »Diskurses der Sinität« macht, dessen rassistische Untertöne – Stichwort »kulturelle Blutsverwandtschaft«[205] – ihm keineswegs verborgen geblieben sind. Ein vielversprechender Ausweg aus dieser beunruhigenden Komplizenschaft zwischen europäischer Sinologie und chinesischem Kulturnationalismus führt meiner Auffassung nach durch die komparativen und transkulturellen Bemühungen chinesischsprachiger Philosophie im 20. Jahrhundert hindurch: indem nämlich gezeigt wird, dass sich auf diesem Weg fruchtbare und faszinierende Möglichkeiten eröffnet haben, die über den chinesischen Kontext hinaus von Bedeutung sind.

Im Lichte solcher Erwägungen gewinnt Móu Zōngsāns insistente Rede von Philosophie und Subjektivität eine kritische Bedeutung, die besondere Aufmerksamkeit verdient. Bei aller immer wieder von ihm vorgetragenen Beschwörung der Kontinuität jener chinesischen Kultur, deren Geist durch die unvermeidliche Modernisierung hindurch lebendig zu halten er als schicksalhafte Aufgabe empfunden hat, stehen Philosophie und Subjektivität für einen unumgänglichen Bruch in der Kontinuität der Überlieferung. Durch die moderne Philosophie der Subjektivität sieht Móu sich zu »Selbstverkehrung« und »Selbstnegation«[206] einer kulturellen Identität genötigt, ohne die der »Geist chinesischer Kultur« nicht zum modernen Bewusstsein seiner selbst kommen kann. Sicherlich ist die Frage angebracht, wie konsequent Móu Zōngsān dieses Moment der Selbstverkehrung mit Bezug auf das Leben und Überleben jenes Geistes gedacht hat. Hat er sich Kants und Hegels letztlich bloß strategisch-instrumentell bedient, um eine »konfuzianische Moderne« zu begründen, die im Kern regional-chinesisch geblieben ist und deren überregionale Bedeutung als gering veranschlagt werden kann? Oder unterschätzt eine solche Deutung den universalistischen Gehalt des zeitgenössischen Neokonfuzianismus?

Lee Ming-huei [Lǐ Mínghuī] hat versucht, das auch im modernen Chinesisch antiquiert klingende Vokabular von »innerer Heiligkeit« und »äußerer Königlichkeit« mit dem Spannungsverhältnis von Moralität und Sittlichkeit in Verbindung zu bringen, das Kantianer und Hegelianer bis heute umtreibt.[207] Die Spannung zwischen Moralität und Sittlichkeit, zwischen Kant und

Hegel, bildet zudem einen wichtigen Referenzpunkt in der von Heiner Roetz unternommenen Rekonstruktion der klassischen konfuzianischen Moralphilosophie. Denn bis heute krankt der moderne Konfuzianismus an der sich immer wieder geradezu reflexhaft einstellenden Verbindung von politischem Autoritarismus und »konventioneller Sittlichkeit« – auf diese Weise hat Heiner Roetz den konfuzianischen Begriff der Riten (*lǐ*) interpretierend übersetzt, um ihm im Begriff der »Menschlichkeit« (*rén*) eine im Konfuzianismus enthaltende Tendenz zu postkonventionellem Denken und autonomer Moralität entgegenzusetzen.[208] Roetz hat die Differenzierung zwischen post-konventioneller Moralität und konventioneller Sittlichkeit vor allem in der kritischen Auseinandersetzung mit amerikanischen Sinologen und Philosophen wie Herbert Fingarette, Roger T. Ames und David L. Hall geschärft, deren ästhetisierende Interpretation des konfuzianischen Begriffs der »Riten« zur Idealisierung konventioneller Sittlichkeit neigt.[209] Móu Zōngsāns Bemühung um eine demokratisch verstandene »neue äußere Königlichkeit« rückt damit in den Horizont von Überlegungen zum Problem »demokratischer Sittlichkeit« und der »Sittlichkeitslehre als normativer Theorie der Moderne«[210].

Xióng Shílì und Móu Zōngsān haben in ihren Deutungen des *Großen Lernens* auf bemerkenswerte Weise versucht, der konfuzianischen Philosophie der Kultivierung durch Demokratisierung der »äußeren Kultivierung« (der »äußeren Königlichkeit«) ihr monarchistisches Erbe auszutreiben. Sie mögen dabei nur bedingt erfolgreich gewesen sein, haben damit jedoch nicht zu vernachlässigende Möglichkeiten für eine nicht-regressive Aneignung der Tradition eröffnet. An diese Möglichkeiten zu erinnern erscheint heute besonders notwendig, da die falsche Versöhnung zwischen dem politischen Autoritarismus der Kommunistischen Partei Chinas und der konventionellen Sittlichkeit des Konfuzianismus weit hinter dem kritischen Potenzial zurückbleibt, das konfuzianische Philosophie im 20. Jahrhundert akkumuliert hat.[211] Die Idee einer gewundenen Kommunikation der drei Traditionen (*qūtōng sāntǒng*), die als normativer Kern von Móus Reflexion der chinesischen Modernisierung angesehen werden kann, ist von nicht zu unterschätzender Bedeutung für die kritische Auseinandersetzung mit dem Diskurs des Kommunizierens der drei Traditionen von Konservatismus, Liberalismus und Sozialismus. Diese Bedeutung lässt sich zu der These zuspitzen, dass auch die Kommunikation der drei ideologischen Traditionen ihren universalistischen Gehalt nur dann wird entfalten können, wenn sie als gewundene Kommunikation gedacht wird, als eine Kommunikation, die in sich ein unauflösliches Moment des Paradoxen enthält. Die Idee der gewundenen Kommunikation der drei Traditionen zeigt ihre Bedeutung allerdings zunächst einmal in der theoretischen Kraft, mit der sie jenem autoritären und kontinuitätsversessenen Nationalismus zu widerstehen in der Lage ist, der den gemeinsamen Nenner für die ideologische Annäherung zwischen der von der kommunistischen Partei dominierten sozialistischen Tradition Chinas und dem modernen Konfuzianismus bildet.

VIII. Paradox denken lernen?

1. Das Ethos des Lernens und transkulturelle Kritik

Im Vorwort eines 1958 in Hong Kong publizierten Manifests betonen vier herausragende chinesische Philosophen des 20. Jahrhunderts, Zhāng Jūnmài (Carsun Chang), Táng Jūnyì (Tang Chun-I), Móu Zōngsān (Mou Tsung-san) und Xú Fùguān (Hsu Fo-kuan), die Not des Exils habe sie dazu gezwungen, sich Klarheit über das Wesen chinesischer Kultur zu verschaffen: »Wahre Weisheit«, so heißt es, »wird aus der Not geboren.«[212] Die Hoffnung, auf die kulturelle oder gar auf die politische Entwicklung Chinas einwirken zu können, war nach 1949 in Hong Kong und Taiwan gering. Was blieb den konfuzianisch gesinnten Intellektuellen anderes übrig, als die Situation Chinas in der Welt kritisch zu reflektieren und visionär zu denken? Wie hätten sie auch ahnen können, dass fünfzig Jahre nach der Veröffentlichung des Manifests, in dem Lebendigkeit und universalistischer Gehalt einer damals gemeinhin totgesagten chinesischen Kultur beschworen werden, die Möglichkeit von deren Renaissance in aller Munde ist und der Konfuzianismus in China wieder breite Anerkennung findet?

Die Notwendigkeit, der Welt in Form eines Manifests ihre Ansichten über Vergangenheit, Gegenwart und Zukunft chinesischer Kultur mitzuteilen, erwächst für die vier Philosophen aus der Bedeutung Chinas für die Welt. Diese beschreiben sie auf eine pathetische Weise, die ihre geradezu panische Angst vor der Vernichtung Chinas und der chinesischen Kultur zum Ausdruck bringt: »Das Problem Chinas ist längst zu einem Problem der Welt geworden: Wenn das Gewissen der Menschheit es nicht zulässt, die mehr als 500 Millionen Menschen betragende Bevölkerung Chinas mit Atombomben zu vernichten, so wird das Schicksal von nahezu einem Viertel menschlichen Lebens und Geistes dauerhaft eine geteilte Last der gesamten Menschheit darstellen. Die Lösung dieses Problems ist mit unserer wahrhaften Kenntnis von Vergangenheit, Gegenwart und Zukunft der chinesischen Kultur aufs Engste verbunden. Wenn dieses Problem nicht gelöst wird und die chinesische Kultur keine Zukunft hat, wird ein Viertel des Lebens und Geistes der Menschheit nicht zur Ruhe kommen; dies wird nicht nur ganz real geteilten Schaden über die gesamte Menschheit bringen, mehr noch wird das geteilte Gewissen der gesamten Menschheit diese Last auf ewig zu tragen haben.«[213]

Von diesem Hintergrund wenden sich die Verfasser des Manifests zunächst den Missverständnissen zu, die ihrer Auffassung nach im Westen der »wahren Erkenntnis von Vergangenheit, Gegenwart und Zukunft der chinesischen Kultur« entgegenstehen. Klassische Sinologie und moderne Chinaforschung verfehlen demnach gleichermaßen – wenn auch aus einander entgegengesetzten Perspektiven – die alte chinesische Kultur, weil sie als tot und damit für die Erforschung der chinesischen Gegenwart letztlich bedeutungslos angesehen wird. Demgegenüber insistiert das Manifest auf der Lebendigkeit chinesischer Kultur. Diese halten sie für schwer, aber nicht für unheilbar krank. Allerdings: Um eine Therapie überhaupt auch nur beginnen zu können, muss davon ausgegangen werden, dass der Kranke am Leben ist. In Anbetracht der schieren Übermacht traditionsfeindlicher Ideologie, die das chinesische Festland seit 1949 beherrscht hat und erst 1976, nach dem Ende der Kulturrevolution, abflauen sollte, verweisen die Verfasser trotzig auf ihre eigene Existenz: »Wir, die diesen Text veröffentlichen, wissen, dass wir nicht gestorben sind.«[214] Darüber hinaus antworten sie auf die Frage, *wo* denn der Kern der chinesischen Kultur zu finden ist, mit dem Hinweis auf Denken und Philosophie, in denen sie einen objektiven Ausdruck chinesischen Geisteslebens sehen: »Wir sagen nicht, dass Denken oder Philosophie Chinas über dessen Kultur und Geschichte entschieden haben, sondern sagen, dass nur wenn man beim Denken oder bei der Philosophie Chinas ansetzt, das Geistesleben in der chinesischen Kultur und Geschichte erhellt werden kann.«[215]

Das konfuzianische Manifest von 1958 rührt an die Bedingungen, welche die »chinesische Kultur« mitbringen musste, um sich überhaupt modernisieren zu können. Ins Zentrum der Aufmerksamkeit rückt dabei die Vermittlung zwischen einer Rückbesinnung auf das Wesen chinesischer Kultur und einem Ethos des Lernens, das die Stärken westlicher Kultur sowohl anzuerkennen als auch selbstkritisch in die Kraft zur Selbsttransformation zu überführen vermag. Das Manifest vermeidet eine kulturchauvinistische Verdammung chinesischer Verwestlichung, welche die Anstrengung des Lernens von anderen Kulturen prinzipiell unter den Verdacht der Entfremdung stellt, betont jedoch auf der anderen Seite, dass eine Modernisierung, die zu sehr auf Verwestlichung setzt und die Verbindung zu den Quellen chinesischer Kultur abbricht, in China nur von begrenzter Dauer sein kann.

Nicht nur die ökonomisch-technologische, sondern auch die kulturelle, soziale und politische Modernisierung war und ist für viele regionale Kulturen eine Herausforderung, auf die diese, ihren historisch-kulturellen Bedingungen entsprechend, verschieden antworten. Obwohl im Manifest auch kritisch vom Imperialismus die Rede ist, wird selbstreflexiv die Notwendigkeit betont, vom Westen dort zu lernen, wo dieser sich, nach Auffassung der vier Philosophen, kulturell als überlegen erwiesen hat, nämlich vor allem im Bereich von Demokratie und Wissenschaft. Gleichzeitig ist jedoch die Bemühung erkennbar, die Aneignung westlicher Errungenschaften auf innovative Weise in die Transformation einer chinesischen Kultur zu überführen, in der die Verfasser die Tendenzen zu einer solchen Entwicklung identifizieren und stärken möchten. So heißt es im Manifest: »Wir geben zu, dass es in der chinesischen Kulturgeschichte an der Einrichtung demokratischer Institutionen im modernen westlichen Sinne, an westlicher Wissenschaft und allerlei moderner Technologie mangelt. Deshalb konnte sich China bisher nicht wahrhaft modernisieren und industrialisieren. Wir sind jedoch nicht bereit zuzugestehen, dass Kultur und Denken Chinas nicht die Samen für demokratisches Denken aufweisen und die innere Notwendigkeit seiner politischen Entwicklung nicht zur Etablierung demokratischer Institutionen tendiert. Ebenso wenig können wir zugestehen, dass die chinesische Kultur seit jeher wissenschaftsfeindlich war und geprägt von der Geringschätzung von Wissenschaft und Technologie.«[216]

Durch die Bereitschaft zum selbstkritischen Lernen vom Westen erhebt sich die vom zeitgenössischen Neokonfuzianismus geforderte philosophische Rückbesinnung auf das »Wesen der chinesischen Kultur« über die Borniertheit eines trotzigen Fundamentalismus. In dem chinesischer Kultur und der Gründung eines demokratischen Staates gewidmeten Abschnitt wenden sich die Autoren unmissverständlich gegen die autokratische Regierungsform der Kaiserzeit, die – im Gegensatz zu den konfuzianischen Ideen von »Öffentlichkeit der Welt [des Himmelunten]« (*tiānxià wéi gōng*) und »persönlicher Gleichheit« (*réngé píngděng*) – die Welt letztlich in die privaten Hände eines Herrschers gelegt hat (*tiānxià wéi sī*).[217] Sie kritisieren den Konfuzianismus dafür, dem herrscherlichen Machtmissbrauch zwar das Ideal einer Regierung durch Tugend und *Ohne-Tun* entgegengestellt sowie über Prozeduren des Regierungswechsels nachgedacht zu haben, aber letztlich doch zu sehr auf die Moralisierung der Person des Herrschers fixiert gewesen zu sein, anstatt die Institutionalisierung friedlicher Machtübergabe voranzutreiben.

Vor diesem Hintergrund betonen die Verfasser: »Unserer Auffassung nach kann über die Forderung des chinesischen Volkes nach Demokratie keinerlei Zweifel bestehen.«[218] Sie sehen die Tendenz zur Demokratie im »objektiven Geistesleben der chinesischen Kultur« angelegt und glauben deshalb, der Marxismus-Leninismus könne »auf keinen Fall dauerhaft das höchste Leitprinzip chinesischer Kultur und Politik sein«[219]. Kultursubstanzialistische Züge sind im Manifest nicht zu übersehen. Seine problematischen Aspekte sind dazu angetan, die Lektüre zu erschweren und zu versauern. Zu seiner Verteidigung lässt sich nicht nur das verzweifelte Bewusstsein von der Gefahr einer Vernichtung chinesischer Kultur anführen, die den konfuzianisch gesinnten Intellektuellen real vor Augen stand, sondern auch der Versuch, noch in solcher Not eine dynamische Balance zwischen dem Festhalten an den eigenen Wurzeln *und* der Bereitschaft, vom Westen zu lernen, ins Zentrum des Nachdenkens über die chinesische Moderne zu stellen. Das Manifest offenbart somit eine transkulturelle Radikalität, die im Versuch besteht, Kulturkonservatismus mit einer politischen und epistemischen Modernisierung Chinas zu versöhnen, die von der Bereitschaft geprägt ist, vom Westen dort zu lernen, wo er klassische Werke und universalistische Werte hervorgebracht hat – und somit jene fatale Verstrickung von Kulturkonservatismus und fremdenfeindlichem oder gar rassistischem Nationalismus zu vermeiden, die dem Deutschland der Weimarer Republik zum Verhängnis geworden ist.

Von daher ist es ungenügend, den zunehmend als Herausforderung oder gar als Bedrohung wahrgenommenen Wiederaufstieg Chinas zu einer Weltmacht bloß aus der Perspektive neuerer ökonomischer und politischer Entwicklungen verstehen und analysieren zu wollen. Im zeitgenössischen Neokonfuzianismus wurde zumindest versucht, die Modernisierung Chinas auf die Tiefendynamik chinesischer Kulturentwicklung zurückzubeziehen. Der entscheidende Anknüpfungspunkt ist dabei das Motiv einer Selbstkultivierung, welche es möglich macht, zweierlei zu verflechten: einerseits die Rekonstruktion einer konfuzianischen Philosophie der Kultivierung, die vom Begriff *moralischer Subjektivität* her gedacht wird, und andererseits ein *Ethos des Lernens*, das die Anerkennung von westlicher Wissenschaft und Demokratie ermöglicht.

Die Autoren des Manifests skizzieren an dieser Stelle die dann später detailliert ausgearbeitete Auffassung, der zufolge das »Moralsubjekt« des Konfuzianismus – das heißt das Subjekt einer »individuellen und innerlichen moralischen Kultivierung« (*gèrén zhī nèizài de dàodé xiūyǎng*) – seine historischen Beschränkungen nur wird hinter sich lassen können, wenn dieses Subjekt der Kultivierung in Richtung eines »Erkenntnissubjekts« (*rènshì zhǔtǐ*) sowie eines »politischen Subjekts« (*zhèngzhì zhǔtǐ*) erweitert und auf diese Weise die »große Barriere« (*dà bìsè*) des Geistes chinesischer Kultur« gelöst wird.[220] Die Überbetonung moralischer Praxis im chinesischen Denken hat demnach zu einer Vereinsamung und Vertrocknung des moralischen Subjekts geführt, das sich den Weg ins Außen durch ein Zusammenschrumpfen auf das Innere verstellt hat. Die Notwendigkeit, das Moralsubjekt »nach außen kommunikationsfähig« (*xiàngwàitōng*) zu machen, erwächst für die Verfasser aus einem Mangel an wissenschaftlichem Geist, den sie schon bei den antiken chinesischen Philosophen ausmachen. Mängel auf der Seite theoretischer Wissenschaft haben sodann auf Seiten der angewandten Technik die Fähigkeit gemindert, das Leben der Menschen zu verbessern. Die Diskussion des Verhältnisses von Moralsubjekt und Erkenntnissubjekt zeigt das Bemühen, eine Öffnung in Richtung moderner Wissenschaft zu denken, in der das Erkenntnissubjekt zwar »zeitweise vergisst«, dass es auch ein Moralsubjekt ist, gleichwohl jedoch niemals vollständig aus der Bindung an moralische Kultivierung entlassen wird. Insbesondere Móu Zōngsān hat in der Folgezeit versucht, auf dem Wege einer intensiven Auseinandersetzung mit der Philosophie Kants, in deren Rahmen er unter anderem die drei Kritiken ins Chinesische übersetzt hat, diesen Ansatz theoretisch zu entfalten.[221] Er bedarf zweifellos der kritischen Überprüfung. Andererseits sollte seine Bedeutung nicht unterschätzt werden, und zwar aus drei Gründen.

Erstens hat sich die Philosophie des zeitgenössischen Neokonfuzianismus, vor allem in den Schriften Móu Zōngsāns, mit großer Eindringlichkeit auf Kant eingelassen und dadurch eine Brücke zwischen der klassischen chinesischen Philosophie und einem modernen Begriff der Kritik geschlagen. Damit ist eine Grundlage geschaffen worden, um mithilfe zeitgenössischer chinesischsprachiger Philosophie Zugang zu einer Innensicht auf die Entwicklung chinesischer Kultur zu erhalten, ohne die eine mit transkulturellem Anspruch formulierte immanente Kritik chinesischer Modernisierung nicht möglich ist. Ein tiefergehendes Verständnis der chinesischen Gegenwartsphilosophie kann auf das eingehende Studium solcher Versuche, die klassische chinesische Kultur durch moderne anglo-europäische Diskurse hindurch zu rekonstruieren, nicht verzichten. Sicherlich sind Zweifel berechtigt, ob Móu in seiner Aneignung Kants nicht letztlich »vorkritisch« geblieben ist; ob er nicht Kant missbraucht hat, um ein metaphysisches Dogma zu begründen und damit Kants aufklärerischer, anti-metaphysischer und in diesem Sinne eigentlich kritischer Seite ausgewichen ist.[222] Ernst, Scharfsinn und Redlichkeit seiner theoretischen Arbeit zeugen jedoch von einem dialektisch-paradoxen Denken, das dem Geist von Kritik offensichtlich nähersteht als so manche zeitgleich entstandene marxistische Interpretationen chinesischer Philosophie, in denen die Forderung, sich wahrhaft auf ein Denken in Widersprüchen einzulassen, einer ideologischen Verblendung zum Opfer gefallen ist, die Móu sein Leben lang bekämpft hat.[223]

Zweitens stellt das im zeitgenössischen Neokonfuzianismus bewahrte und weiterentwickelte Motiv der Kultivierung einen ernst zu nehmenden Versuch dar, die Möglichkeit einer auf das »Prinzip der Subjektivität« gegründeten Moderne mit Bezug auf chinesische Quellen neu auszuloten. Die Art und Weise, in der im Manifest von chinesischer Kultur und chinesischen Geist gesprochen wird, wirkt altmodisch, vielleicht sogar anachronistisch – was nicht zuletzt damit zu tun hat, dass darin allenthalben das Vokabular einer Philosophie des Geistes zum Ausdruck kommt, die vom deutschen Idealismus inspiriert ist. Zugleich zeigt sich jedoch ein Universalitätsanspruch chinesischer Moderne, der auf eine Kultur des Lernens und der Selbsttransformation gegründet wird. Dieser Kultur sind ökonomischer Nutzen und machtstrategische Ziele nachgeordnet. Die Verfasser des Manifests versuchen die metaphysische Dimension – Stichwort immanente Transzendenz – einer chinesischen Kultur des Lernens und der Übung freizulegen, durch die nicht nur die historische Dauerhaftigkeit chinesischer Kultur erklärt, sondern die zugleich als normative Quelle eines alternativen Ethos der Moderne ins Spiel gebracht wird. Der »Wert des Restlassens, das nicht ausschöpft« (*yǒuyú bù jìn zhī jiàzhí*), den die Autoren des Manifests hervorheben, ist im China des 20. Jahrhunderts, dem ehrgeizigen Lehrling modernen Konkurrenz- und Transgressionsdenkens, zweifellos ins Hintertreffen geraten, aber insbesondere die klassische chinesische Literatenkultur stellt in dieser Hinsicht eine wahrhaft unerschöpfliche Quelle des Andersdenkens dar, die es zu entdecken gilt.[224] Dabei ist jedoch nicht zu leugnen, dass auch dieser moderne Konfuzianismus bis in seine theoretischen Abstraktionen hinein von einer modernen Selbstbehauptungs- und Überbietungslogik durchdrungen ist, von der er sich gleichzeitig immer auch zu lösen sucht.

Die Bedeutung dieses konfuzianischen Ansatzes ist schwer zu würdigen, weil mit der sozialistischen Revolution von 1949 auch die chinesische Kultur- und Geistesgeschichte weitgehend dem Diktat der Sieger, das heißt dem Diktat von materialistischer Dialektik und Geschichtsphilosophie unterworfen worden ist. Insofern die konfuzianisch geprägten Philosophen sich der Notwendigkeit einer heiklen Doppelkritik gestellt haben, die Altes und Neues, Tradition und Moderne in China und im Westen gleichermaßen kritisch reflektiert, haben sie drittens eine Position eingenommen, die zunächst von der Gewalt der Geschichte überrollt worden ist, inzwischen allerdings zunehmend in ihrer Weitsichtigkeit erkennbar wird.

Aus der Distanz eines halben Jahrhunderts betrachtet, offenbart das Manifest des zeitgenössischen Neokonfuzianismus einerseits ein weitsichtiges Verständnis der Hybridität chinesischer Modernisierung, zeugt jedoch andererseits unverkennbar auch von einer ideologischen Beschränkung des Blicks mit weitreichenden philosophischen Konsequenzen. Der anti-kommunistische und anti-materialistische Impuls, der die philosophischen Reflexionen der intellektuellen Dissidenten in Hong Kong und Taiwan bis in ihre theoretischen Grundentscheidungen geprägt hat, ist zwar als Konsequenz verzweifelter Erfahrung gut nachvollziehbar, erweist sich jedoch inzwischen als schwerwiegendes Hindernis für die Entfaltung ihres transkulturellen Potenzials. Die idealistische Kritik an Marxismus und Materialismus zeugt nun zunehmend von einer ideologischen Fixierung, die den zeitgenössischen Neokonfuzianismus hinter jenen post-revolutionären Veränderungen zurückbleiben lässt, durch die alte ideologische Gegensätze in Bewegung geraten sind. Allerdings zeigt das Manifest von 1958 exemplarisch, dass auf chinesischer Seite selbst diejenigen, die gegen kommunistische und gewisse liberalistische Ansätze eine kulturkonservative Position eingenommen haben, das transkulturelle Potenzial der chinesischen Modernisierung ohne chauvinistische Engstirnigkeit anerkennen konnten: In der Tradition konfuzianischer Gelehrsamkeit stehende Intellektuelle bemühen sich, eine Lernfähigkeit und Offenheit chinesischer Kultur zu konzipieren, deren Einheit, Dauerhaftigkeit und Lebendigkeit sie beschwören.

Sicherlich stellt sich die Problematik aus europäischer Sicht anders dar, in gewisser Hinsicht paradoxer: Dasjenige, wofür »europäische Kultur« sich nun öffnen muss, ist in diesem Fall weniger eine andere, fremde Kultur, ist nicht »das Fremde«, sondern das durch eine außereuropäische Kultur hindurchgegangene »Eigene«. Das Verflixte an dieser Problematik ist die Schwierigkeit, sie überhaupt auch nur angemessen wahrzunehmen und zu verstehen. Denn sie verlangt, sich von dem großen Missverständnis zu lösen, Modernisierung sei identisch mit der Ausdehnung westlicher Moderne und ihrer Probleme, für deren Analyse die intellektuellen Ressourcen des Westens als ausreichend angesehen werden können. Nun wird zunehmend deutlich, dass dieses Missverständnis nicht nur eine tiefergehende Auseinandersetzung mit dem hybriden Weg chinesischer Modernisierung in hohem Maße verhindert, sondern auch massiv die Fähigkeit einschränkt, den hybriden Weg »unserer Moderne« zu denken.[225]

2. Mörderische Dialektik

Auch noch am Ende seines Lebens war Máo Zédōng für Móu Zōngsān der »große Teufel« der chinesischen Geschichte des 20. Jahrhunderts. Allerdings ein Teufel, dessen Denken und Handeln sich aus philosophischen Quellen gespeist hat: aus einer materialistischen Dialektik, die von Marx mit einer Dynamik des Klassenkampfes verbunden worden ist, deren Ursprung Móu bis zu Hegel zurückverfolgt. Polemisch führt er dialektisches Denken, politische Praxis und die historische Katastrophe des Todes von »vielen Millionen Menschen« unter dem Regime der kommunistischen Partei zusammen.[226] Für Móu besteht die Kette von Hegel über Marx zu Máo darin, die idealistische Dialektik Hegels materialistisch zu wenden und sozialontologisch so zu erweitern, dass sie auf einen von Klassenkämpfen angetriebenen historischen Prozess übertragen werden kann, dessen politische Umsetzung sodann zu massenmörderischen Konsequenzen geführt hat.

In der Tat reicht schon ein oberflächlicher Blick in die *Worte des Vorsitzenden Mao Tse-tung*, um zu bemerken, dass dieser den Klassenkampf in China als Vernichtungskampf gedacht und dann in vieler Hinsicht auch konsequent umgesetzt hat. Und ihm war im März 1949 bewusst, dass der Klassenkampf nicht mit dem militärischen Sieg über die von Chiang Kai-shek [Jiǎng Jièshí] angeführte Bourgeoisie beendet sein würde: »Nachdem die Feinde, die mit Gewehren bewaffnet waren, vernichtet worden sind, wird es immer noch Feinde ohne Gewehre geben, die uns bestimmt bis auf äußerste bekämpfen werden, und wir dürfen diese Feinde keineswegs leichtnehmen.«[227] Schon vor dem Sieg im Bürgerkrieg und der Gründung der VR China hat er betont, dass der Klassenkampf zwischen Proletariat und Bourgeoisie auch nach der kommunistischen Machtergreifung »noch lange andauern und verwickelt sein und zuweilen sogar scharf werden wird«[228]. Bekanntlich sind ideologische Kämpfe auch in den Jahren nach 1949 bis hin zu Máos Tod immer wieder mit unerbittlicher Härte geführt worden.[229] Aus der Perspektive der Kritiker marxistischer Klassenkampftheorie – von Sun Yat-sen bis hin zu den wichtigsten konfuzianischen Philosophen – sind die katastrophalen Konsequenzen der Verwirklichung sozialistischer Ideale in China nicht bloß auf Fehler bei der Umsetzung zurückzuführen, sondern auf die Grundidee des historischen Materialismus, einer durch Klassenkämpfe angetriebenen »Geschichte der Zivilisation«[230]. Eine besondere Brutalisierung erhielten die ideologischen Kämpfe zudem durch den stark nationalistischen Einschlag der sozialistischen Revolution in China, durch die Mischung von sozialer mit nationaler Befreiung, die den Klassenfeind mit dem Landesverräter verschmolzen hat.

Lässt sich den zeitgenössischen Neokonfuzianern vorwerfen, die philosophische Bedeutung der nationalsozialistischen Judenvernichtung nicht erkannt und thematisiert zu haben? Insbesondere im Hinblick auf die zentrale Stellung, die der Name Auschwitz in der Kritischen Theorie einnimmt, muss das Schweigen in dieser Hinsicht zutiefst verstören. Ein Grund dafür mag sein, dass Rassenideologie und die im Europa des 19. Jahrhunderts entstandene Idee des Rassenkampfes in China für die internen politischen Kämpfe keine Rolle gespielt haben – zu schweigen von Tendenzen zur philosophischen Überhöhung dieser Idee, wie sie sich etwa in Heideggers »seinsgeschichtlichem Antisemitismus« finden.[231] Allenfalls in der teilweise geradezu panischen Angst vor der Auslöschung der »gelben« im Kampf mit der »weißen Rasse«, die auch noch im konfuzianischen Manifest von 1958 nachwirkt, und in weitgehend defensiven Vorstellungen der nationalen Selbststärkung lässt sich der Einfluss sozialdarwinistischer Rassenideologie feststellen. Demgegenüber waren

Klassenideologie und die Idee des Klassenkampfes in China so macht- und wirkungsvoll, dass sie als philosophisches Problem von äußerster Dringlichkeit wahrgenommen werden mussten: Ohne groß zuzuspitzen, lässt sich in der Kritik an materialistischer Dialektik und Theorie des Klassenkampfes der motivationale Grund für Móus idealistische Moralphilosophie ausmachen. Die Gegenüberstellung von Kant und Hegel hat vor diesem Hintergrund eine philosophische Weiterentwicklung erfahren, in der ideologische Kämpfe tiefe Spuren hinterlassen haben.

In Gesprächen habe ich in Ostasien immer wieder feststellen müssen, dass moralphilosophische Fragen, die mit der nationalsozialistischen Politik der Diskriminierung und Ermordung von Millionen Juden zusammenhängen, als europäisches Problem oder gar als deutsche Idiosynkrasie angesehen werden. Dabei lässt sich zumeist keine revisionistische Absicht unterstellen, vielmehr scheint es einfach schwer nachvollziehbar zu sein, warum der Ermordung der europäischen Juden jener herausgehobene Platz in der Katastrophengeschichte der Moderne zuerkannt werden soll, den ihr etwa Adorno mit jenem »neuen kategorischen Imperativ« gegeben hat, der den Menschen von Hitler aufgezwungen worden ist: nämlich »ihr Denken und Handeln so einzurichten, dass Auschwitz nicht sich wiederhole, nichts Ähnliches geschehe«[232]. Muss es nicht, aus chinesischer Perspektive, als bittere Ironie der Geschichte erscheinen, dass kurz nachdem Adorno seine Überlegungen zum neuen kategorischen Imperativ veröffentlicht hatte, sich in Westeuropa nicht nur Studenten, sondern auch namhafte Philosophen in der Verklärung und Verteidigung von Máo Zédōng ergingen, der zweifelsohne in die Reihe der großen politischen Massenmörder des 20. Jahrhunderts gehört? Haben nicht Scharen von linken Intellektuellen Máo als Alternative zur verkrusteten Sowjetideologie hochgehalten und in barbarischer Naivität die Große Proletarische Kulturrevolution gefeiert? Diese kollektive Verblendung bleibt rätselhaft, solange jene fundamentalen Probleme des Liberalismus und der liberalen Demokratie außer Acht gelassen werden, die der Verstrickung in die in vieler Hinsicht ausbeuterischen und desaströsen Strukturen kapitalistischer Ökonomie erwachsen. Wie tief müssen Verachtung und Hass auf das »liberale Denken« und den »Kapitalo-Parlamentarismus« sitzen, um Philosophen wie Alain Badiou und Slavoj Žižek dazu bereit sein zu lassen, das Denken Máo Zédōngs, dessen mörderische Folgen inzwischen allgemein bekannt sind, mit provokativem Gestus zu verteidigen? Da werden »schwere Fehler« und der »hohe Preis an Menschenleben« zugestanden, nur um im nächsten Moment die große dialektische Meisterschaft Máos zu rühmen. Denn dieser hat es, so Badiou, fertiggebracht, sich als Führer der Kommunistischen Partei Chinas »ganz alleine« gegen seine Partei zu wenden und als Repräsentant des Staatssozialismus gegen den Staatssozialismus rebelliert. Er hat somit die Möglichkeit eröffnet, die sozialistische Revolution nochmals von Grund auf zu revolutionieren: Durch die Tendenz zur Selbstabschaffung der revolutionären Partei hat er den Durchbruch zu einer Politik »ohne Partei« in die Wege geleitet.[233] Das sind diskussionswürdige Überlegungen, aber der euphemistische Unterton erinnert doch fatal an Martin Heideggers oder Hermann Schmitz' Treue zum »geistigen Nationalsozialismus«.[234]

Im letzten Kapitel der *Negativen Dialektik*, in den »Meditationen zur Metaphysik«, revoltiert Adorno dagegen, dass aus dem Schicksal der Opfer »ein sei's noch so ausgelaugter Sinn gepreßt wird«[235]. Er ist davon überzeugt, dass sich der nationalsozialistische »Mord an Millionen durch Verwaltung«[236] gegen jegliche Konstruktion geschichtsphilosophischen Sinns sperrt. Kein noch so dialektischer Geschichtsverlauf, keine noch so verdreht gedachte List der Vernunft kann und darf sich demnach diese Verbrechen als Durchgangsstufe auf dem Weg zu Höherem aneignen. Das Verständnis von Auschwitz als Zivilisationsbruch und als »Signatur eines ganzen Zeitalters« (Habermas) versucht diese radikale Diskontinuität zu markieren. In unsentimentalen Selbstreflexionen und paradoxen Verkehrungen negativ-dialektischen Denkens umkreist Adorno die Überlegung, dass das Denken und Handeln Adolf Hitlers die Philosophie zwar mit dem Block der Unmöglichkeit konfrontiert, *das* zu denken, dessen Denken und Handeln aber deswegen keineswegs aus der Geschichte herausfällt, sondern, ganz im Gegenteil, gerade deshalb in seiner Vor- und Nachgeschichte durchdacht werden muss. Eine Bedingung der Möglichkeit, den »neuen kategorischen Imperativ« zu verwirklichen, besteht somit gerade darin, Auschwitz in die Moderne zu integrieren, es als paradoxen Effekt der Moderne anzuerkennen. Und wer wollte leugnen, dass die kulturelle und politische Entwicklung Deutschlands nach dem Zusammenbruch des Nazi-Regimes dialektisch an dieses gebunden geblieben ist, und sei es nur im Bemühen, sich möglichst gründlich von ihm abzusetzen?

Macht es indes irgendwie Sinn, im Nazi-Regime eine paradoxe List der Vernunft am Werk zu sehen, weil dessen barbarische Destruktivität die Möglichkeit der erfolgreichen Demokratisierung Deutschlands eröffnet hat? Oder: Lässt sich nicht noch der Maoismus in seinen destruktivsten, kulturfeindlichsten und anti-konfuzianischsten Exzessen als notwendiger Preis, sei es für den Sieg des Kommunismus, sei es für die Renaissance der chinesischen Nation, verstehen? Ein Preis, der zwar sehr hoch ausgefallen sein mag, letztlich aber doch gerechtfertigt erscheint? Und gehören nicht solche Überlegungen zur üblichen Rhetorik parteinaher Intellektueller? Hat nicht die barbarische Destruktivität des kommunistischen Regimes das Ziel der Vernichtung der klassischen Bildungskultur nicht bloß verfehlt, sondern sogar ungewollt die Bedingungen für jene kreative Transformation geschaffen, die nun dabei ist, sich mit verblüffendem Elan durchzusetzen? Führt nicht die Einnahme der drastisch unsentimentalen Perspektive der »Gleichstellung der Dinge«, angewandt auf die Geschichte *unserer* Gegenwart, zu einer Naturgeschichte der Menschheit, in der sich die archaische Dialektik von Kultivierung und Vitalisierung, von Kultur und Barbarei nach wie vor erbarmungslos Bahn bricht?

Das sind Fragen, die sich stellen, wenn man versucht, der Konstellation von Hegel, Marx und Máo, wie Móu Zōngsān sie versteht, oder der »Kontinuität der dialektischen Linie Hegel-Marx-Lenin-Mao«[237] kritisch nachzugehen. Man stößt dann auf das Verhältnis von Modernisierungsdynamik, dialektischem Denken und der Transformationsphilosophie des *Buches der Wandlungen*, mit dem sich bereits Joachim Schickel und Hans Heinz Holz beschäftigt haben.[238] Sie haben damit zunächst einmal erkennbar werden lassen, wie grotesk einseitig die esoterisch geprägte Rezeption dieses klassischen Buches im Westen gewesen ist. Sie haben zudem etwas gesehen, was der verzweifelte Anti-Kommunismus Móu Zōngsāns, in seiner panischen Angst vor der Vernichtung chinesischer Kultur durch die Politik der kommunistischen Partei, unterschätzen musste: dass das Denken Máos, wie auch immer unbewusst und wider Willen, über Hegel, Marx, Lenin und die sowjetrussische Ideologie gerade deshalb hinauszugehen vermochte, weil es die transkulturelle Dynamik von Altem und Neuem, Östlichem und Westlichem auf eigentümlich radikale Weise für sich fruchtbar gemacht hat. Die »geistige Atombombe«, als die Lín Biāos Einleitung die *Worte des Vorsitzenden Mao Tse-tung* bezeichnet, ist Ergebnis einer transkulturellen Reaktionsdynamik, in der dialektisches Entweder-oder und paradoxes Sowohl-als-auch in ein komplexes und explosives Verhältnis versetzt worden sind.[239]

Móu Zōngsāns Kritik an Máos Theorie des Widerspruchs von 1952 wirkt der geistigen Explosivität solch revolutionären Denkens gegenüber intellektualistisch ohnmächtig. Vielleicht gerade deshalb, weil es ihm nicht in den Sinn kommen wollte und konnte, das *Buch der Wandlungen* als »logisches Modell einer permanenten Revolution« zu interpretieren.[240] Móu, der als Kenner der Materie gelten kann, alleine schon weil seine erste Buchpublikation den Titel *Naturphilosophie und moralische Bedeutung des Buches der Wandlungen* (1935) trägt, schließt seine Kritik mit dem moralischen Vorwurf, die Philosophie des *Buches der Wandlungen* sei von Máo materialistisch missbraucht worden, indem er die Fähigkeit zur »Beobachtung subtiler Entwicklungstendenzen in der Veränderung der Dinge« machttechnisch ausgeschlachtet hat – wie es schon die legistischen Philosophen getan haben, mit deren Hilfe der erste Kaiser der Qín-Dynastie das Reich zu einen vermochte. In diesem Sinne kann Móu die kommunistische Partei als modernisierte Version des Legismus verstehen.[241] Der Bezug zum gewaltsamen Reichseiniger, den Máo selber zuweilen auf provokante Weise bemüht hat und auf den auch Móu in seiner Diskussion anspielt, stößt hier an die Grenze eines Interpretationsmusters, das Máo einerseits, aus der Perspektive westlicher Philosophie, die logische Inkonsistenz seines Widerspruchsbegriffs vorwirft, andererseits aber, aus chinesischer Perspektive, die praktischen Konsequenzen dieser Theorie auf die Fortführung traditioneller Machttechniken reduziert. Das explosive Potenzial der hybriden Verschlingung von Transformation und Revolution bleibt dabei weitgehend ungedacht. Entsprechend sucht Móu Zōngsān Zuflucht in der moralischen Verteufelung Máo Zédōngs.

Der »Himmel« hat sich der privaten und parteiischen Bestrebungen des ersten Kaisers bedient, um das öffentliche Wohl zu befördern, wie eine berühmte Formulierung aus den geschichtsphilosophischen Schriften von Wáng Fūzhī lautet, die Móu mit den paradoxen Effekten der List der Vernunft bei Hegel in Verbindung bringt. Móu macht jedoch kaum auch nur den Ansatz eines Versuches, Máo Zédōng und die materialistische Dialektik in den Strudel solch paradoxen Denkens hineinzuziehen. Theoretisch rettet er sich in einen scharfen Gegensatz von idealistischer und materialistischer Dialektik, die der genaueren Erörterung wert wäre, weil darin Grenzen und Potenziale seiner Philosophie besonders klar zutage treten. Im Bruch zwischen diesen beiden Typen dialektischen Denkens verzweifelt Móu gewissermaßen an der transkulturellen Verflechtung zwischen Altem und Neuem, Östlichem und Westlichem. Er zieht sich auf eine vereinfachende Entgegensetzung von altem und neuem China, chinesischer und westlicher Dialektik zurück: Der idealistischen oder, wie er auch sagt, »asketischen Dialektik« (*gōngfū biànzhèng*), die in Konfuzianismus, Daoismus und Buddhismus entwickelt worden ist, stellt er die Dialektik chinesischer Kommunisten gegenüber, die aus dem Westen das Gift einer materialistischen Wendung von Dialektik aufgesogen hat, das bereits in der Unzulänglichkeit des Hegelschen Denkens enthalten gewesen sein soll. Diese besteht für Móu in dem grundsätzlichen Problem, Dialektik in die Welt historischer Kämpfe geholt und damit ontologisiert zu haben, anstatt sie, wie in der klassischen chinesischen Philosophie, auf den asketischen Bereich »geistiger Kultivierung« (*jīngshén xiūyǎng*) zu beschränken. Diese Selbstbeschränkung hat aus Móus Sicht einen großen Vorteil. Zunächst einmal kann der unfruchtbare Konflikt zwischen dialektischem Widerspruch und dem Prinzip des ausgeschlossenen Widerspruchs umgangen werden, indem eine Unterscheidung getroffen wird zwischen logischen Paradoxien, die sich auflösen lassen, und dialektischen Paradoxien, die unauflösbar sind. Indem Dialektik sich gegen sich selbst wendet, wird sie paradox, verkehrt sie sich in ein Exerzitium in paradoxem Denken, in eine Kultivierungsübung.

»Dialektik muss schließlich nochmals auf Dialektik angewandt werden« (*biànzhèng zuìhòu yě yào lái gè biànzhèng*), wie Móu Zōngsān sagt – sobald dies geschieht, öffnet sich das weite Feld »asketischer Dialektik«, das konfuzianische, daoistische und buddhistische Philosophen über Jahrtausende bearbeitet haben. Móu ist davon überzeugt, dass nur auf diese Weise Dialektik vor der »Wendung ins Desaströse« (*zhuǎnwéi huòhài*) bewahrt werden konnte und kann.[242] Von hier aus betrachtet, ist die transkulturelle Korrespondenz zu Adornos Schritt von Hegels Dialektik zur negativen Dialektik nicht zu übersehen. In negativer Dialektik hat sich, so Jürgen Habermas, »dialektisches Denken noch einmal reflektiert«. Deshalb ist sie »nurmehr als ein Exerzitium, als eine Übung zu verstehen«[243]. Wenn Móu Zōngsān Adornos Verkehrung von Dialektik gegen sich selbst gekannt hätte, wäre er vielleicht zu einem anderen Urteil gekommen: Endlich ist in der modernen westlichen Philosophie die Möglichkeit aufgetaucht, Dialektik als Exerzitium, als Übung zu verstehen. Die Wahrscheinlichkeit, dass beide sich darüber hätten verständigen können, ist jedoch gering. Denn alleine schon die Irritation über den ideologischen Gegensatz von idealistischer und materialistischer Dialektik würde ein Gespräch vermutlich schon im Ansatz unmöglich gemacht haben. Zumal beide Philosophen ihre jeweiligen Positionen schmerzlichen Reflexionen auf jene historischen Katastrophen abgerungen haben, die mit den Namen Máo Zédōng und Adolf Hitler verbunden sind. Gleichwohl scheint nun ein Punkt erreicht zu sein, an dem sich zumindest erahnen lässt, welche enormen Kräfte transkultureller Kritik im Verhältnis von Kritischer Theorie und zeitgenössischem Neokonfuzianismus aufgespeichert sind; aber auch, wie tief die Abgründe sind, die Kommunikation dabei wird überbrücken müssen.

Móu behauptet, dialektisches Geschichtsdenken sei durch Wáng Fūzhī bereits, in einer Hegel ähnlichen Weise, auf die Geschichte Chinas angewandt worden. Ihm ist durchaus klar, dass damit der Weg für die Rezeption materialistischer Dialektik in China intern vorbereitet worden ist. Die Entgegensetzung von idealistisch-asketischer Dialektik in China und materialistischer Dialektik in Europa erweist sich mit Blick auf die energetische Transformationsphilosophie Wáng Fūzhīs (vgl. Kapitel IV), mit der seine geschichtsphilosophischen Überlegungen eng verflochten sind, als zweifelhaft. Die historisch belegte Verbindung zwischen Wáng Fūzhīs Philosophie und dem Denken des jungen Máo hat Móu Zōngsān zur krampfhaften Verleugnung von Ansätzen materialistischer Dialektik in der energetischen Schule des klassischen Neokonfuzianismus von Zhāng Zǎi bis Wáng Fūzhī geführt.[244] Diese Richtung hat über Jahrhunderte an der Theorie einer materialistisch orientierten, erfahrungsabhängigen Metaphysik gearbeitet, die stark vom *Buch der Wandlungen* und dem *Zhuāngzǐ* beeinflusst worden ist.

Móu sträubt sich dagegen, die im *Buch der Wandlungen* entfaltete dialektische Paradoxalität, die Wáng Fūzhī in seinen Kommentaren in ihrem ganzen Reichtum herausgearbeitet hat, für die immanente Kritik materialistischer Dialektik fruchtbar zu machen. Dafür wäre es notwendig gewesen, die ideologische Frontstellung von idealistischer und materialistischer Dialektik zu durchbrechen, also das von ihm als Grundmotiv konfuzianischer, daoistischer und buddhistischer Philosophie ausgemachte »paradoxe Sowohl-als-auch« (*guǐjué xiāngjí*) mit der »Ontologie« materialistischer Dialektik zu verbinden. Genau das habe ich in diesem Buch versucht: Einerseits Philosophie und Reflexion auf die Modernisierung Chinas aus der teleologischen Enge des dialektischen Materialismus zu befreien und für die Analyse der paradoxen Konstellation der drei Traditionen (Konservatismus,

Liberalismus, Sozialismus) zu öffnen; andererseits jedoch wiederholt die Frage zu umkreisen, inwiefern eine solche Analyse selbst bereits »asketische« Bedingungen hat, selbst bereits ein Exerzitium in paradoxer Dialektik sein muss, um gelingen zu können. Erst indem die Gleichstellung idealistischer und materialistischer Dialektik eingeübt wird und sie in die Sprache einer paradoxen Dialektik des Sowohl-als-auch transformiert werden, eröffnet sich die Freiheit zur Lösung durch Nicht-Lösung.

3. Lösung durch Nicht-Lösung

»Ein Mann aus Lu schenkte dem König Yüan von Sung einen Knoten. Der König ließ einen Befehl durch sein ganzes Land gehen, daß alle geschickten Leute kommen sollten und den Knoten auflösen. Aber niemand vermochte ihn aufzulösen. Ein Schüler von Erl Schuo [Ní Yùe] bat um die Erlaubnis hinzugehen und ihn auflösen zu dürfen. Aber er konnte nur eine Hälfte auflösen, die andere Hälfte konnte er nicht lösen. Da sprach er: ›Es ist nicht so, daß man ihn auflösen kann und nur ich ihn nicht aufzulösen vermag, sondern er läßt sich überhaupt nicht auflösen.‹ Man befragte den Mann von Lu. Der sprach: ›Ja man kann ihn wirklich nicht auflösen. Ich habe ihn gemacht und weiß, daß er nicht auflösbar ist. Aber einer, der ihn nicht gemacht hat und doch weiß, daß man ihn nicht lösen kann, der muß noch geschickter sein als ich.‹ So hat der Schüler des Erl Schuo den Knoten dadurch gelöst, daß er ihn nicht gelöst hat.«[245]

Es scheint mir eine geradezu geniale Intuition Wolfgang Bauers gewesen zu sein, das letzte Kapitel von *China und die Hoffnung auf Glück*, dasjenige über Máo und den chinesischen Marxismus, auf dieses Gleichnis zulaufen zu lassen. Für Bauer kommt darin ganz allgemein das »paradoxe Geheimnis« der Suche nach Glück, des Strebens nach der Verwirklichung von Idealen und Utopien zum Ausdruck: Je verbissener Menschen nach ihrer Verwirklichung streben, desto ferner rücken sie. Indem er das paradoxe Geheimnis zu lüften versucht, zieht er nicht nur sich allenthalben aufdrängende Schlussfolgerungen aus dem Scheitern eines Weges chinesischer Modernisierung, der die ihm innewohnenden Paradoxien lange konsequent verdrängt und verleugnet hat. Er formuliert darüber hinaus eine theoretische Perspektive, die einen interessanten Vorschlag für die vertiefte Besinnung auf die moderne Dialektik der Aufklärung und der Befreiung unterbreitet. Er schlägt vor, das »geheimnisvolle Problem«, warum das Streben nach der Verwirklichung moderner Ideale und Utopien unermessliches Unheil geschaffen hat, »weiser und kultivierter«, nämlich paradoxer zu lösen: durch Nicht-Lösung. Die Lösung ist zugleich Nicht-Lösung, denn sie besteht darin, von der Lösung desjenigen Teils abzulassen, der unlösbar ist: den Knoten also durch die Besinnung auf seine (partielle) Unlösbarkeit zu lösen. Der »Lösung durch Nicht-Lösung« (*yǐ bù jiě jiě zhī*) stellt Bauer das klassische Beispiel einer »totalen Lösung« gegenüber: das gewaltsame Durchschlagen des gordischen Knotens mit dem Schwert. Diese Art der Lösung hat »der Westen«, so Bauer weiter, »über lange Zeiträume seiner Geschichte, vor allem gerade in den letzten Jahrhunderten« bevorzugt.[246]

Im selben Kapitel interpretiert Bauer die moderne Idee der Revolution in China im Lichte der Transformationsphilosophie des *Buches der Wandlungen* und bemüht sich auf diese Weise, die Abgründigkeit des Verhältnisses von Revolution und Transformation besser zu verstehen.[247] Er sammelt eindringliche Hinweise dafür, dass die Modernisierung Chinas durch die Vermischung von Revolution und Transformation geprägt worden ist; aber auch dafür, dass die klassische chinesische Philosophie der Transformation für die Gegenwart nur dann Bedeutung erlangen kann, wenn sie nicht einfach den revolutionären Umwälzungen entgegengesetzt wird. Im Anschluss an diese Überlegungen stellt sich nämlich einmal mehr die Frage, ob sich die transkulturelle Verstrickung von Altem und Neuem, von Östlichem und Westlichem in der Gegenwart Chinas überhaupt auflösen lässt. Mehr noch: Ist die paradoxe Konstellation dieser Momente nicht vielleicht sogar interne Triebkraft von Máo Zédōngs Denken und Handeln gewesen? Bauer bemerkt einmal, Máo sei in der Schar der führenden chinesischen Kommunisten von Anbeginn »der chinesischste« gewesen.[248] Allerdings legt Bauers Analyse nahe, dass er zugleich auch höchst »unchinesisch« war, weil er wie kein anderer für eine »totalen Lösung« eintrat, eine Lösung, die das »geheimnisvolle Problem« der Paradoxien chinesischer Modernisierung, »nicht eigentlich löste, sondern auf eine fast barbarische Weise zerstörte«.

Oder ist der von Bauer vorgeschlagene hermeneutische Kontrast von totaler Lösung (Westen) und Lösung durch Nicht-Lösung (China) irreführend, weil er nicht hinreichend erkennen lässt, dass es auch in China immer wieder Experimente mit totalen Lösungen gab, auf die sich Máo ja affirmativ bezogen hat? Ein solcher Einwand ist sicherlich nicht unberechtigt. Ihm völlig zu folgen würde jedoch letztlich zur ebenfalls unbefriedigenden Kehrseite allzu schematisch wirkender Ost-West-Kontraste führen, nämlich zu einem Kulturrelativismus, für den es alles, was es im Osten gab, irgendwie auch im Westen gab und umgekehrt. Damit würde jedenfalls der Blick auf Bauers faszinierende These verstellt, dass die Kommunistische Partei Chinas einerseits die »notwendigerweise komplizierten, von Paradoxa durchsetzten Verhältnisse«[249] vielfach auf fatale Weise ignoriert hat, andererseits jedoch selber einem dialektischen Denken zum Durchbruch verholfen hat, das in beachtlichem Maße paradoxietolerant ist.

Bauers Analyse verweist auf die Affinität zwischen der Transformationsphilosophie des *Buches der Wandlungen* und dem maoistischen Verständnis von permaenter Revolution als Lebensform. Er kommt auf diesem Wege zu der bemerkenswerten Diagnose, dass die pathologischen Konsequenzen chinesischer Modernisierung auf eine kurzschlüssige Verbindung von Transformation und moderner Revolution zurückgeführt werden können. An die Stelle der Dialektik von Stille und Bewegung tritt dabei die Heroisierung revolutionärer Unruhe, »einer Bewegung, die nach Maos Auffassung von der permanenten Revolution ja eben nicht nur zur glücklichen Gesellschaft hinführt, sondern in sich bereits die Verwirklichung der glücklichen Gesellschaft darstellt«[250]. Die Verklärung der Ruhelosigkeit reicht auch in den Bereich des Ethischen hinein, wo Unbeweglichkeit und Ungerechtigkeit miteinander korrespondieren. Der Konfuzianismus, der nun für eine starre, hierarchisch geordnete, ungleiche Gesellschaft einsteht, wird damit zu einem Hindernis der Modernisierung, das auch aus moralischen Gründen beseitigt werden muss. Auf diesem Wege wurde allmählich ein ent-konfuzianisierter, entkultivierter, verwilderter Menschentyp geschaffen, »der seiner ganzen Anlage nach auf Kampf und Bewegung eingestellt ist und auch den gesamten Bereich des Zivilen davon durchdringen läßt [...] –, genau er ist es, den Mao Tse-tung [Máo Zédōng] in der ›Kulturrevolution‹ als Ideal wider den ›Dämon‹ der Erstarrung aufzubauen versuchte [...]«[251]. Der keine Opfer scheuende Kult der Bewegung ist aus der geradezu panischen Angst entstanden, die zur Bewältigung der Aufgabe chinesischer Modernisierung nötigen Kräfte könnten durch die Last der Tradition so stark vermindert und behindert werden, dass sie das ganze Projekt der Moderne in China doch noch zum Scheitern bringen: »Jeder Ansatz zur Stabilisierung gerät dadurch in den Verdacht, der Anfang einer neuen Stagnation, der Anfang vom Ende zu sein. Jeder

Rückgriff auf die Vergangenheit läßt befürchten, dass sich abermals der Staub von Jahrhunderten wie Mehltau über das soeben Gewachsene heruntersenken soll. Daher dieses immerwährende Antreiben, diese unzähligen Bewegungen und Sprünge, die augenscheinlich nur das Einnicken in den Schlaf der Vergangenheit verhindern sollen.«[252]

Lässt sich in diese zunehmend keineswegs als beglückend, sondern als desaströs erfahrene Unrast revolutionärer Bewegung wieder jene Dialektik von Stille und Bewegung einführen, die dereinst zentraler Bestandteil der klassischen Transformationsphilosophie war? Lässt sich die Tradition sozialistischer Revolution in diesem Sinne transformieren? Bauer geht dieser Frage philosophisch nach, indem er Máos Theorie des Widerspruchs und der Praxis mit der »Vorstellungswelt des *Buchs der Wandlungen*«[253] in Verbindung bringt. Im Anschluss an ein Zitat aus Máos »Theorie des Widerspruchs« bemerkt er: »Um die Grundlagen für diese Überzeugung von einer ›Dialektik der Natur‹ zu finden, ist es nicht notwendig, auf Engels zurückzugehen, und noch weniger auf Trotzki, mit dessen ›permanenter Revolution‹ die von Mao bestenfalls den Namen gemeinsam hat. Die Spuren führen vielmehr wieder zurück zum ältesten Buch, das China hervorgebracht hat, zum *Buch der Wandlungen*. Es gäbe nämlich in der Tat kaum eine exaktere Beschreibung des ontologischen Systems, das hinter dem *Buch der Wandlungen* steht, als eben diese Aussage Maos über die kreativen Widersprüche in den Dingen.«[254]

Der Begriff der Transformation, der hier ins Spiel kommt, speist sich im chinesischen Kontext aus historischen Quellen, die bis in die archaischen Anfänge der Kulturentwicklung zurückgehen, nämlich auf jene Philosophie der Transformation, die im *Buch der Wandlungen* Ausdruck gefunden hat. Aus dieser Perspektive liegt die Schlussfolgerung nahe, Máos Vision der Modernisierung habe bis in ihre anti-traditionalistische Radikalität hinein von der Verflechtung zwischen Transformation und Revolution gezehrt; oder: dialektisches Denken im China des 20. Jahrhunderts habe sich gerade deshalb der sowjetrussischen Ideologie gegenüber – von der es beeinflusst worden ist, die es teilweise aber auch erbittert bekämpft hat – als überlegen erwiesen, weil die Verbindung von materialistischer Dialektik und Transformationsphilosophie ihm zu größerer Flexibilität verholfen hat. Das ist zumindest eine plausible Erklärung für die starke Tendenz des chinesischen Sozialismus zum historischen Experimentalismus. Durch diesen ist es der kommunistischen Partei auch nach 1989 gelungen, einen gewissen Rest an politischer Legitimität zu bewahren, der sich durch rohe Gewalt und raffinierte Kontrollmechanismen alleine nicht sichern lässt. Nun liegt die Vermutung auf der Hand, dass gerade in diesem sozialistischen Experimentalismus ein historisch tiefreichendes Vermögen zu paradoxem Denken und Handeln überwintern konnte, das sich in der Theorie des Kommunizierens der drei Traditionen inzwischen wieder offen zeigt. Wenn diese sich als Indiz für die Reaktivierung paradoxen Denkens im gegenwärtigen China verstehen lässt, stellt sich die Frage, ob sie vor allem der Stabilisierung des »Sozialismus chinesischer Prägung« dient. Die Reflexionen, die ich in früheren Kapiteln dieses Buches in dieser Hinsicht zu unternehmen versucht habe, laufen auf ein anderes Ergebnis hinaus: Die geistige Legitimitätskrise des kommunistischen Regimes reicht so tief, dass sie – früher oder später – zum Zusammenbruch des kulturellen und politischen Rahmens führen wird, der 1949 etabliert worden ist.

Im Anschluss an Wolfgang Bauer lässt sich vermuten, dass die explosive Macht von Máos Denken der Fähigkeit entsprungen ist, transformatives Denken systematisch dem marxistischen Modell des revolutionären Klassenkampfes unterzuordnen. Máo war dialektischer Denker genug, um die Gefahren zu ahnen, die mit diesem antiken Erbe verbunden sind. Wenn dialektisches Denken letztlich verlangt, immer auch gegen sich selbst zu denken, sich immer auch gegen die innersten Triebkräfte des eigenen Denkens zu kehren, um es andauernd von innen her revolutionieren zu können, so war Máo zweifellos ein Meister dialektischen Denkens. Ein geistiger Antrieb zur Großen Kulturrevolution bestand dann nicht zuletzt darin, mit dem antiken Erbe im Innersten der sozialistischen Revolution radikal und gänzlich unsentimental Schluss zu machen.

Das ist konsequent aus der Perspektive einer von messianischem Utopismus getränkten Dialektik, die danach strebt, sich in einer letzten Wendung auch noch selbst aufzuheben. In dieser Hinsicht scheint die Rede von der »Kontinuität der dialektischen Linie Hegel-Marx-Lenin-Mao« berechtigt. Von der transformativen und paradoxen – oder wenn man so will: negativen – Dialektik des *Buches der Wandlungen* her betrachtet, ist diese Konsequenz jedoch höchst undialektisch. Demnach muss sich die enorme Vernichtungskraft, die Máos Denken aus der ihm innewohnenden Dialektik von revolutionärem Heroismus und transformativer Flexibilität gezogen hat, unvermeidlich gegen es selbst kehren. Denn: »Die Dinge können nicht endgültig vernichtet bleiben«, wie es in einer Erklärung zum Hexagramm 24 »Die Wiederkehr (Die Wendezeit)« heißt.[255] Die Wiederkehr der lichten und lebendigen Kraft kündigt sich zunächst nur unscheinbar durch das Auftauchen eines durchgehenden Yáng-Strichs auf der untersten Linie des Hexagramms *fù* (䷗) an. Diese Wiederkehr des Lebens, »gerade in dem Augenblick, da es vollständig besiegt zu sein scheint«, ist unausweichlich – daran glauben zumindest Philosophen, die aus einer vom *Buch der Wandlungen* geprägten geschichtsphilosophischen Perspektive des »Hin-und-Her zwischen Kultivierung und Vitalisierung« (*wénzhí xiāngfù*) an der Renaissance der klassischen Bildungskultur arbeiten.[256] Máo hat sich mit aller Macht gegen das Scheitern seiner revolutionären Vision gestemmt und damit auch gegen die Möglichkeit, dass die Weisheit paradoxen Denkens und das klassische Erbe Chinas doch noch die Oberhand gewinnen könnten. Wie mit dem Widerspruch zwischen der Verteidigung des revolutionären Erbes und einer Renaissance der alten Kultur umzugehen sei, taucht damit als große Frage und Aufgabe auf.

Philosophisch gesehen, verbirgt sich hinter Máos Kampf gegen das Erbe des *Buches der Wandlungen* in seinem eigenen Denken ein grundlegendes Problem: das der Naturdialektik. »Konsequente Dialektiker aus europäischen Philosophietraditionen lehnen«, so Hans Heinz Holz, »eine Dialektik der Natur ab«[257]. Eine solche Ablehnung sieht Holz jedoch auf die Annahme gegründet, dass »das kosmologische Band zwischen Mensch und Natur zerrissen ist«[258]. Wolfgang Bauer hatte ja in Máos Theorie des Widerspruchs und seiner Aussage »über die kreativen Widersprüche in den Dingen« sowie seiner Überzeugung von einer Dialektik der Natur das »ontologische System« des *Buches der Wandlungen* wiedererkannt.[259] Ganz ähnlich sieht Holz darin ein operationelles Modell für eine »naturwüchsige Dialektik«, »das zugleich eine inhaltliche Typologie der Situationen und eine formalisierte Verfahrensweise der Bewegung aus Widersprüchen entwickelt«[260]. Nur verkennt er die Schwierigkeiten, die Máo mit der Anerkennung dieser Seite seines eigenen Denkens haben musste. Nicht nur hatte er selber ein äußerst zwiespältiges Verhältnis zur kulturellen Tradition; das Erbe der klassischen Philosophie, insbesondere das konfuzianische, wurde nach 1949 allgemein als rückständig und der Modernisierung Chinas hinderlich angesehen. Máo hat sich zwar einerseits auf ganz traditionelle Weise als Dichter und Kalligraf stilisiert, andererseits aber alles in seiner Macht Stehende getan, um die sozialen und politischen Bedingungen der klassischen Literatenkultur zu vernichten. So betrachtet, erscheint sein Denken als zutiefst geprägt von der paradoxen Verknotung zwischen marxistisch-leninistischer Orthodoxie einerseits und klassischem Transformationsdenken andererseits. Gegen das Erbe paradoxer Dialektik in seinem eigenen Denken hat Máo geglaubt, das revolutionäre Schwert in seiner Hand könnte diesen Knoten doch noch einer »totalen Lösung« (Bauer) zuführen.

Die pathologischen und traumatischen Konsequenzen von Máos Lösungsversuchen sind auch Jahrzehnte nach seinem Tod kaum wirklich verstanden und aufgearbeitet. Ganz im Gegenteil: Die dringend nötige Aufarbeitung der maoistischen Vergangenheit wird allenthalben verschleppt und verhindert. Von daher sind die Blockaden, die der Kommunikation der drei Traditionen und der gleichmäßigen Verwirklichung ihrer normativen Ideale entgegenstehen, zweifellos enorm. Ein Teil der Aufarbeitung besteht in der Rekonstruktion der diskursiven Kämpfe zwischen konservativen, liberalen und sozialistischen Positionen, die den gewundenen Weg der Modernisierung Chinas begleitet haben. An dieser Stelle muss die Erörterung der meisten kulturellen, sozialen, ökonomischen und politischen Konfliktpotenziale beiseite bleiben, welche die Möglichkeit, den unlösbaren Knoten der Modernisierung durch (partielle) Nicht-Lösung zu lösen, bis zur Unmöglichkeit erschweren. Ich möchte am Schluss dieses Buches nur nochmals auf eine philosophisch besonders interessante Barriere der Kommunikation zu sprechen kommen, die verhindert, dass eine solche Möglichkeit auch nur gedacht werden kann.

Es ist charakteristisch für die Dialektik der Aufklärung, dass Aufklärung die Monster, die Aufklärung zerstören, selber, aus sich heraus, hervorbringt. Das ist eine jener modernen Paradoxien, die selbstverständlich nicht nur für Europa gelten, sondern auch, auf die eine oder andere Weise, für all die Regionen der Welt, die durch den europäischen Expansionismus in den Strudel der Modernisierung hineingerissen worden sind. Heute fällt es europäischen Intellektuellen außerordentlich schwer, in den teilweise höchst unangenehmen Herausforderungen, die vermittelt durch die Globalisierung über Europa hereinbrechen, die Folgen und Nebenwirkungen eigenen Denkens und Handelns wiederzuerkennen: also anzuerkennen, dass die europäischen Modernen an ihrer Erzeugung maßgeblich beteiligt waren. Europa hat mit den Paradoxien der Moderne auch deren Pathologien exportiert und hat zur Hervorbringung hybrider Diskursformationen beigetragen, ohne sich dessen bewusst zu sein. Mehr noch: ohne es auch nur wissen zu wollen. Ohne Selbstbesinnung, ohne Besinnung auf die paradoxen Effekte des Einflusses westlicher Philosophie in China und anderswo wird jedoch die »Tendenz zur Selbstgefälligkeit«[261] in und außerhalb der Kritischen Theorie kaum zu überwinden sein und die Selbstprovinzialisierung europäischer Gegenwartsphilosophie sich verstärken. Denn inzwischen sind es »die Anderen«, »die Fremden«, die weit eher als »wir (Europäer)« die Bedingungen der Möglichkeit mitbringen, transkulturell zu denken: Altes und Neues, Östliches und Westliches, Südliches und Nördliches neu zu verbinden und zu verarbeiten.

Móu Zōngsān hatte nicht Unrecht mit der Behauptung, Máos Denken habe die Weisheit des *Buches der Wandlungen* für seine revolutionären Zwecke missbraucht. Denn er hat die Transformationslogik der 64 Hexagramme einer Theorie des Widerspruchs dienstbar gemacht, in der es nicht länger um das gewundene, von paradoxen Verkehrungen gezeichnete Kommunizieren der Momente geht, sondern um die Vernichtung des politischen Feindes. Máo war Dialektiker genug, um zu wissen, dass es eine ideologische Endlösung nicht geben kann. Er hat sie jedoch trotzdem angestrebt. »Der jähe Wechsel nach seinem Tod 1976« jedoch »enthüllte seine große Vision als Chimäre.«[262] Gedanklich hat Máo jene paradoxe Wendung zum ökonomischen Liberalismus vorausgedacht, gefürchtet und verdammt, die nach seinem Tod blitzschnell vollzogen worden ist. Hat sich nicht letztlich doch die paradoxe Dialektik der Transformation gegenüber der dualistischen Dialektik des revolutionären Kampfes durchgesetzt? Máo war bis zum Schluss revolutionärer Ideologe, zutiefst davon überzeugt, dass die Paradoxietoleranz der klassischen chinesischen Philosophie der Modernisierung Chinas hinderlich ist und durch das Freund-Feind-Schema des revolutionären Kampfes ersetzt werden muss.[263] Seit Máos Tod scheint die tiefsitzende Angst davor, dass die mangelnde Kampfkraft transformativen und paradoxen Denkens global nicht konkurrenzfähig sein könnte, allmählich wachsendem Selbstvertrauen auf einen eigenständigen Modernisierungsweg gewichen zu sein. Gleichwohl steckt die selbstreflexive Durchdringung dieses Weges auch in der chinesischsprachigen Gegenwartsphilosophie noch in den Anfängen. Das hat nicht zuletzt damit zu tun, dass westliche Philosophen nach wie vor große Schwierigkeiten damit haben, ihre alte Paradoxiefurcht zu überwinden und Paradoxalität nicht länger vor allem als Mangel, als Problem oder gar als Krankheit anzusehen.

Nicht nur auf die chinesische Gegenwart passt der Satz aus Kants berühmter »Beantwortung der Frage: Was ist Aufklärung?«: »So zeigt sich hier ein befremdlicher, nicht zu erwartender Gang menschlicher Dinge; so wie auch sonst, wenn man ihn im Großen betrachtet, darin fast alles paradox ist.«[264] Nötigt nicht die Auseinandersetzung mit chinesischer Gegenwartsphilosophie zu der Vermutung, dieser Satz sei in weit radikalerer Hinsicht wahr, als es Kant an Ort und Stelle ahnen konnte: weil der Weg chinesischer Modernisierung »uns« dazu anhält, paradox denken und leben zu lernen?

Anhang

Umschrift und Aussprache des Chinesischen

In diesem Buch wird durchgängig Hànyǔ Pīnyīn verwendet, das international verbreitetste System der Romanisierung chinesischer Schriftzeichen. Das Standardchinesisch ist eine Tonsprache, in der die vier Töne phonemisch (wortunterscheidend) sind und jede Silbe mit einem bestimmten Tonhöhenverlauf ausgesprochen wird. In der Pīnyīn-Umschrift werden die vier Töne durch diakritische Zeichen kenntlich gemacht. Das sind kleine Markierungen über den Vokalen (ā á ǎ à). Der 1. Ton wird durch ein Makron (ā), der 2. Ton durch einen Akut (á), der 3. Ton durch ein Hatschek (ǎ) und der 4. Ton durch einen Gravis (à) dargestellt. Die korrekte Aussprache der Pīnyīn-Umschrift bedarf einer gewissen Übung, da sich, aus deutschsprachiger Sicht, einige Laute nicht intuitiv richtig aussprechen lassen. Darüber hinaus ist der Gebrauch der diakritischen Zeichen umstritten, weil er die Zugänglichkeit für nicht sinologisch geübte Leserinnen und Leser erschwert. Darin zeigt sich allerdings auch das grundlegende Problem, dass im deutschen Bildungssystem die Vermittlung von Grundkenntnissen der chinesischen Sprache bisher nicht üblich ist. In englisch- und deutschsprachigen Publikationen mit akademischem Anspruch finden die diakritischen Zeichen inzwischen zunehmend Verbreitung. Nähere Informationen zu Umschrift und Aussprache finden sich etwa unter https://de.wikipedia.org/wiki/Pinyin. Beim Gebrauch der Diakritika und im Hinblick auf andere formale Regeln im Umgang mit dem Chinesischen habe ich mich an der *Encyclopedia of Chinese Language and Linguistics* (Brill 2015) orientiert.

Seit dem 19. Jahrhundert sind viele Systeme der Romanisierung entwickelt worden, die für Nichtkenner sehr verwirrend sein können. Sofern in Zitaten andere Umschriften zur Anwendung kommen, werden diese beibehalten, aber in der Regel um die Pīnyīn-Umschrift in eckigen Klammern ergänzt, die an den diakritischen Zeichen leicht zu erkennen ist. Bis heute verwenden chinesische Wissenschaftler für ihre eigenen Namen verschiedene Umschriften. Um die damit verbundene Verwirrung zu verringern, werden Personennamen in der Regel in der Pīnyīn-Umschrift wiedergegeben, sofern es sich nicht um Autoren handelt, die bereits in westlichen Sprachen publiziert haben. Dann wird die in den entsprechenden Publikationen gebrauchte Umschrift des Namens beibehalten und die Pīnyīn-Umschrift in Klammern ergänzt. Im Namensregister werden die verschiedenen Versionen wie auch die chinesischen Schriftzeichen angeführt. Wie im Chinesischen üblich, steht bei Personennamen der Familienname vor dem Vornamen. In Ausnahmefällen werden für Personen- und Ortsnamen die regional oder international üblichen Umschriften beibehalten, etwa Sun Yat-sen statt Sūn Yìxiān oder Sūn Zhōngshān, Taipei statt Táiběi. Schriftzeichen stehen im Haupttext nur dort, wo die Gefahr der Verwechslung besteht und sie zur Identifizierung unbedingt notwendig erscheinen. Genauere Informationen finden sich in den Fußnoten sowie im Personen- und Sachregister.

Anmerkungen

1 Vgl. Fabian Heubel, »Umkehrende Transformation. Philosophie und Krisenbewusstsein im China des frühen 20. Jahrhunderts«, in: *Studia philosophica, Jahrbuch der Schweizerischen Philosophischen Gesellschaft,* 74/2015, S. 191–204.

2 Mit *chinesischsprachiger Gegenwartsphilosophie* ist hier diejenige Philosophie gemeint, die sich – nach dem historischen Schock von 1895 – des Chinesischen als sprachlichem Medium bedient und die, aufgrund der für das moderne Chinesisch charakteristischen Entwicklung, stark *sinophon* (umgangssprachlich) geprägt ist, ohne die *sinogrammatische* Qualität der klassischen Schriftsprache jedoch völlig aufzugeben, deren relative Unabhängigkeit von der mündlichen Aussprache nicht nur regionale Dialekte zu überbrücken vermochte, sondern auch den Einfluss der chinesischen Schriftsprache in Korea, Japan und Vietnam ermöglicht hat. *Chinesische Gegenwartsphilosophie* umfasst demgegenüber nicht nur die Arbeiten von ethnischen Chinesen, sondern auch Arbeiten innerhalb und außerhalb Chinas, die zum Thema chinesischer Philosophie entstanden sind und entstehen.

3 Axel Honneth und Ferdinand Sutterlüty, »Normative Paradoxien der Gegenwart – eine Forschungsperspektive«, in: *WestEnd. Neue Zeitschrift für Sozialforschung*, 8. Jg., Heft 1 (2011), S. 68.

4 Wāng Huī 汪暉 hat einer solchen Perspektive in expliziter Auseinandersetzung mit Habermas' *Theorie des kommunikativen Handelns* überzeugend Ausdruck verliehen: »[...] in the context of modern Chinese history, the ideas characteristic of modernity I have been studying like ›public‹, ›individual‹, ›society‹, ›science‹, ›socialism‹, and ›revolution‹, all touch upon cultural translation, transmission, exchange, and contact. In light of this, the problem of Chinese modernity cannot be studied only in the Chinese context, nor can analysis be pursued on a Western model that excludes the Other, because it was a process that included cultural interaction. [...] As far as the problem of Chinese modernity is concerned, from the proposition itself to the manner by which it takes shape to its pathological manifestations, nothing in its ambit is solely a matter internal to Chinese society, nor is anything strictly accountable to transplants form the outside. Instead, everything is the product of the interaction among different cultural and linguistic communities. As a result, the study of Chinese ›modernity‹ must concern itself with ›interculturality‹ or ›intercultural communicative action‹. This idea does not deny the passivity that is part of Chinese ›modernity‹, but it also serves to take into account the elements of cultural autonomy that are also part of this ›modernity‹. It is precisely because of this that we need to expand Habermas's theory of communicative action in order to extend his concept of ›intersubjectivity‹ to the study of other cultural and linguistic communities.« (Wang Hui [Wāng Huī], »Weber and the Question of Chinese Modernity«, in: *The Politics of Imagining Asia*, Cambridge, Mass.; London: Harvard University Press, 2003, S. 304 und S. 306.

5 Dieser Begriff der Transkulturalität lässt sich durch den Bezug auf Komparatistik und Interkulturalität weiter präzisieren. Unter interkultureller Philosophie verstehe ich eine philosophische Bewegung im Spannungsfeld *zwischen* Komparatistik und Transkulturalität. Während sich komparative Studien auf eine Weise für Unterschiede und Gemeinsamkeiten von Kulturen interessieren, welche die Existenz von ethnisch bzw. sprachlich geprägten Kulturräumen oder nationalen Kulturen, von eigener und fremder Kultur, mehr oder we-

niger voraussetzen – etwa in der Rede von westlicher und östlicher, europäischer und asiatischer, griechischer und chinesischer Philosophie –, interessieren sich transkulturelle Studien für Phänomene der Hybridisierung von Kulturen, die dazu nötigen, die Existenz von Kulturräumen oder nationalen Kulturen mehr oder weniger in Zweifel zu ziehen. In ihrem Extrem rührt die komparative Dimension an ein kulturnationalistisches, völkisch-rassistisches Verständnis von Kulturen, während die transkulturelle Dimension dazu tendiert, Kulturen prinzipiell für das Ergebnis von Prozessen der Hybridisierung zu halten und damit jede Form von Kulturalismus abzulehnen. Im deutschsprachigen Raum wird interkulturelle Philosophie nach wie vor sehr stark auf ihre komparative Dimension reduziert, was auf der anderen Seite dazu geführt hat, transkulturelle Ansätze in kritischem Gegensatz zu komparativen und interkulturellen zu positionieren. Das hat jedoch die missliche Konsequenz, komparative Ansätze nur noch als defizitär und regressiv wahrnehmen zu können und sich der Möglichkeit der Auseinandersetzung mit der Frage zu verschließen, warum die Annahme von Kulturräumen oder nationalen Kulturen die Situation von Philosophie in der globalen Welt nach wie vor in hohem Maße prägt und auf absehbare Zeit vermutlich weiter prägen wird.

6 Wolfgang Franke, *China und das Abendland*, Göttingen: Vandenhoeck & Ruprecht 1962, S. 122.

7 Siehe Wolfgang Franke, »Die Stufen der Revolution in China«, in: *Vierteljahreshefte für Zeitgeschichte*, 2. Jg. (1954), Heft 2, S. 149–176, und ders., *Das Jahrhundert der chinesischen Revolution 1851–1949*, München: R. Oldenbourg 1958.

8 Wolfgang Bauer, *China und die Hoffnung auf Glück. Paradiese, Utopien, Idealvorstellungen in der Geistesgeschichte Chinas*, München: dtv 1989 (zuerst München: Hanser 1971), S. 415.

9 Adorno, »Die beschworene Sprache. Zur Lyrik Rudolf Borchardts«, in: ders., *Gesammelte Schriften*, Frankfurt am Main: Suhrkamp 1997, Band 11, S. 549. Beeindruckenden Einblick in kulturelle und politische Hintergründe von Adornos Auseinandersetzung mit Rudolf Borchardt gibt Wolfgang Matz, *Eine Kugel im Leibe. Walter Benjamin und Rudolf Borchardt: Judentum und deutsche Poesie*, Göttingen: Wallstein 2011.

10 Theodor W. Adorno, »George und Hofmannsthal. Zum Briefwechsel: 1891–1906«, in: ders., *Gesammelte Schriften*, Band 10.1, S. 236.

11 Vgl. Lǐ Zéhòu 李澤厚, Liú Zàifù 李再復, *Gàobié gémìng: Èrshí shìjì Zhōngguó duìtánlù* 告別革命：二十世紀中國對談錄 [Farewell to Revolution: A Critical Dialogue on 20th-Century China], Taipei: Rye Field Publishing 1999.

12 Vgl. Wang Hui [Wāng Huī], *The End of the Revolution. China and the Limits of Modernity*, London/New York: Verso 2009.

13 Oskar Negt formuliert eine ähnliche Perspektive unter der Überschrift »sozialistische Demokratie – die schwierigste Modernisierung«: »Demokratie ist heute, angesichts der wuchernden und teilweise äußerst gefährlichen Produktivkräfte, eine *Existenzfrage* der Menschheit, kein bloßes Postulat, auf dessen Erfüllung man auch verzichten kann. Das ahnen auch die chinesischen Modernisierungspolitiker. Doch sie wissen nicht, wie sie unter Wahrung der Eigentümlichkeiten des chinesischen ›Weges zum Sozialismus‹ unverwechselbare *chinesische* Formen der Demokratie entwickeln können. Im Grunde geht es um die Frage: *Wie lassen sich die Ideen von Konfuzius, Marx und der Französischen Revolution miteinander verbinden?*« (Oskar Negt, *Modernisierung im Zeichen des Drachen. China und der europäische Mythos der Moderne*, Göttingen: Steidl 2007 (zuerst Frankfurt/M.: Fischer 1988), S. 515–516 (Hervorhebungen im Original).

14 Vgl. Mauro Basaure, Jan Philipp Reemtsma, Rasmus Willig (Hg.), *Erneuerung der Kritik. Axel Honneth im Gespräch*, Frankfurt am Main: Campus 2009, S. 74.

15 Diese Position wird durch den Friedensnobelpreisträger Liú Xiǎobō mit großer Konsequenz vertreten. Vgl. ders., »Réflexions d'un anti-traditionaliste: la révélation new-yorkaise« und »La philosophie du porc«, in: ders., *La philosophie du porc et autres essais*, Paris: Gallimard 2011.

16 Theodor W. Adorno, »Kritische Theorie und Protestbewegung. Ein Interview mit der *Süddeutschen Zeitung*«, in: ders., *Gesammelte Schriften*, Frankfurt am Main: Suhrkamp 2003, Band 20-1, S. 399.

17 Richard Wilhelm, *Die Seele Chinas*, Frankfurt am Main: Insel 1980 (1926), S. 25.

18 Wilhelm, *Die Seele Chinas*, S. 104.

19 Frank Dikötter gibt einen allgemeinen Überblick über lange durch

die einseitige Fixierung auf den kommunistischen Sieg verdeckte und vergessene Aspekte der Republik China von 1912 bis 1949. Im Gegensatz zur Auffassung, China habe sich erst nach dem Tode Máo Zédōngs zur modernen (und postmodernen) Welt hin geöffnet, beschreibt er die Republikzeit vor 1949 als ein »Zeitalter der Offenheit« in politischer, sozialer, kultureller und ökonomischer Hinsicht. Nach der kommunistischen Machtergreifung sind demnach viele Früchte dieser Öffnung rücksichtslos vernichtet worden; erst im Zuge der gegen Ende der 1970er Jahre beginnenden Reform- und Öffnungspolitik sind Bedingungen herangereift, um an den normativen Gehalt der Republikzeit vor 1949 wieder anzuknüpfen. Vgl. Frank Dikötter, *The Age of Openness. China before Mao*, Hong Kong: Hong Kong University Press 2008.

20 Die Passage im *Buch der Wandlungen*, auf die sich Wilhelm hier bezieht, lautet in der von ihm angefertigten Übersetzung: »Der Meister sprach: Die Keime zu erkennen, das ist wohl göttlich. Der Edle [...] kennt wohl die Keime. Die Keime sind der erste, unmerkliche Beginn der Bewegung, das was von Heil (und Unheil) zuerst sich zeigt. Der Edle sieht die Keime und handelt sofort.« (*I Ging [Yìjīng], Das Buch der Wandlungen*, aus dem Chinesischen verdeutscht und erläutert von Richard Wilhelm, Jena: Eugen Diederichs 1924, Zweites Buch, S. 261.)

21 An anderer Stelle schreibt Wilhelm: »Das Buch der Wandlungen [...] ist auf die Erkenntnis aufgebaut, daß nicht die ruhenden Zustände die letzte Wirklichkeit sind, sondern das geistige Gesetz, von dem das Geschehen seinen Sinn und den Impuls dauernder Wandlung erhält. Will man wirken, so muß man die Keime beobachten und in das Feld der Zukunft säen.« (Wilhelm, *Die Seele Chinas*, S. 339–340.)

22 Wilhelm, *Die Seele Chinas*, S. 83.

23 Wilhelm, *Ostasien. Werden und Wandel des chinesischen Kulturkreises*, Potsdam: Müller & Kiepenheuer Verlag 1928, S. 188.

24 Wilhelm, *Ostasien*, S. 190–191.

25 Wilhelm, *Ostasien*, S. 180.

26 Wilhelm, *Die Seele Chinas*, S. 79.

27 Sun Yat-sen, *San Min Chu I. The Three Principles of the People*, translated into English by Frank W. Price, Shanghai: China Committee, Institute of Pacific Relations 1927. In dieser Übersetzung lauten die drei

Prinzipien: principle of nationalism, principle of democracy, principle of livelihood. Im selben Jahr ist auch eine deutsche Teilübersetzung erschienen, in der von »drei Grundlehren« die Rede ist: Grundlehre von dem Volkstum, Grundlehre von den Volksrechten, Grundlehre von dem Volksleben. Siehe Sun Yat-Sen, *Die Grundlehren von dem Volkstum*, ins Deutsche übertragen von Tsan Wan, Berlin: Schlieffen-Verlag 1927.

28 Siehe Wolfgang Bauer, »Die Synthese Sun Yat-sens«, in: *China und die Hoffnung auf Glück*, S. 474.

29 Wilhelm, *Die Seele Chinas*, S. 89.

30 Wilhelm, *Ostasien*, S. 191.

31 »Darum wurden, wie statistisch nachgewiesen ist, in den europäischen Fabriken die Arbeiter vielfach in einer Weise behandelt, die sich auch mit den primitivsten Ansprüchen menschlicher Würde nicht mehr verträgt. Es bedurfte daher nur eines geringen Anstoßes von außen her, um die Unzufriedenheit in diesen Kreisen zu erregen.« (Wilhelm, *Ostasien*, S. 182.)

32 Wilhelm, *Ostasien*, S. 195.

33 Wilhelm, *Die Seele Chinas*, S. 121–122. Wilhelms enthusiastischer Beschreibung des kulturellen Klimas im republikanischen China entspricht Dikötters Rede von einem »goldenen Zeitalter des Engagements mit der Welt«: »[...] there were literally tens of thousands of creative individuals who were at the top of their fields, fully clued up with the rest of the world in the decades before the communist takeover.« Dikötter, *The Age of Openness*, S. 60–61. Aus ganz anderer, aber durchaus komplementärer Sicht beschreibt Yáng Rúbīn die Bedeutung »republikzeitlicher Gelehrsamkeit« (*mínguó xuéshù*), nämlich im Hinblick auf die große Zahl herausragender Wissenschaftler und Künstler, die nach 1949 auf der Flucht vor dem kommunistischen Regime nach Taiwan gekommen sind. Seiner Auffassung nach war für Taiwan dieser Zustrom hochgebildeter Festlandsflüchtlinge ein historischer Glücksfall, der viel zu wenig gewürdigt wird. Vgl. Yáng Rúbīn 楊儒賓, *1949 lǐzàn* 1949 禮讚 [Eloge auf das Jahr 1949], Taipei: Linking 2015.

34 Marie-Claire Bergère, *Sun Yat-sen*, Stanford, California: Stanford University Press 1998, S. 6 und S. 394.

35 Am Schluss der Einführung ihres Buches über Sun Yat-sen wagt

Bergère eine prophetische Bemerkung: »Long considered in China itself as an unlucky pioneer or a frustrated utopian, Sun Yat-sen has been dismissed as a man of transition who occupied the stage for no more than an interlude, only until such time as the real hero could make his entrance. Mao Zedong, the man with an iron fist and an assured dogma, got the credit for restoring China's national sovereignty and institutional stability and for launching economic modernization. But [...] it may well be that in years to come, perspectives will change and, with the anticipated triumph of ›Greater China‹ in the twenty-first century, communism in its turn will appear as no more than a transitory phase in the revolution and modernization prophesied by Sun Yat-sen.« (Bergère, *Sun Yat-sen*, S. 7–8.)

36 Siehe Karl August Wittfogel, *Das erwachende China. Ein Abriß der Geschichte und der gegenwärtigen Probleme Chinas*, Wien: Agis-Verlag 1926, S. 7; ders., *Sun Yat Sen. Aufzeichnungen eines chinesischen Revolutionärs,* herausgegeben und eingeleitet durch eine Darstellung der Entwicklung Sun Yat Sens und des Sun-Yat-Senismus von K.A. Wittfogel, Wien-Berlin: Agis-Verlag o.J. [vermutlich 1927], S. 162.

37 Siehe Wittfogel, *Sun Yat Sen*, S. 155.

38 Wilhelm, *Ostasien*, S. 184.

39 Tai Tschi Tao [Dài Jìtāo], *Die geistigen Grundlagen des Sun Yat Senismus*, Berlin: Würfel Verlag 1931, S. 8–9. Dài Jìtāo erläutert den Zusammenhang wie folgt: »Sun Yat-sen umfaßt vollkommen die wahren Gedanken Chinas, wie wir sie bei Yau und Schun und auch bei Kung Dsï und Mong Dsï wiederfinden. Dadurch wird uns klar, dass Sun Yat Sen der Erneuerer der seit 2000 Jahren ununterbrochenen chinesischen sittlichen Kultur ist. Im vergangenen Jahr hat ein russischer Revolutionär an Sun Yat Sen die folgende Frage gerichtet: ›Welche Grundlage haben Ihre Revolutionsgedanken?‹ Sun Yat Sen hat darauf geantwortet: ›In China hat es einen Gedanken gegeben, der von Yau, Schun, Yü, Tang, Wen Wang, Wu Wang, Dschou Gung his zu Kung Dsï getragen worden ist; seither ist er ununterbrochen, ich habe wieder an ihn angeknüpft und versucht, ihn weiter zu entwickeln.‹ Der Fragende hat dies nicht verstehen können und sich weiter erkundigt; Sun Yat Sen hat noch mehrmals versucht, ihm seine Antwort zu erklären. Aus dieser Unterredung können wir ersehen, daß Sun Yat Sen von seinen Gedanken überzeugt war, gleichzeitig können wir

ersehen, daß seine Nationalrevolution auf dem Wiedererwachen der chinesischen Kultur beruht. Er hat die schöpferische Kraft Chinas wieder ins Leben rufen und den Wert der chinesischen Kultur für die ganze Welt nutzbar machen wollen, um somit den Universalismus verwirklichen zu können.« (Ders., *Die geistigen Grundlagen des Sun Yat Senismus*, Berlin: Würfel Verlag 1931, S. 62.)

40 Carson Chang (Zhāng Jūnmài), »Richard Wilhelm. Der Weltbürger«, in: *Sinica*, 5. Jg., Heft 2, S. 71-73.

41 Wittfogel, *Sun Yat Sen*, S. 144-145. Wolfgang Franke hat sich, wie kaum ein anderer deutscher Sinologe, mit der Geschichte chinesischer Revolution(en) seit dem 19. Jahrhundert beschäftigt und dabei einen sehr scharfen Blick für moderne Formen entwickelt, »traditionelle konfuzianische Ideologie« politisch auszuschlachten. Präzise beschreibt er etwa, wie die Nationale Volkspartei Chinas (KMT) Ende der 1920er Jahre »von der Revolution zur Restauration« überging und dabei versuchte, die konfuzianische Ethik als Mittel zur »Wahrung der bestehenden sozialen Struktur und zur Disziplinierung des Volkes« zu nutzen. (Wolfgang Franke, *Das Jahrhundert der chinesischen Revolution 1851–1949*, München: R. Oldenbourg 1958, S. 234–235.) Auch seine Darstellung des »Kampfes gegen den Konfuzianismus« während der 4.-Mai-Bewegung zeugt von einer beeindruckenden Fähigkeit, der traditionskritischen Perspektive zeitgenössischer chinesischer Intellektueller Ausdruck zu verleihen. (Wolfgang Franke, *Chinas kulturelle Revolution. Die Bewegung vom 4. Mai 1919*, München: R. Oldenbourg 1957, S. 40–51.)

42 Siehe Wittfogel, *Sun Yat Sen*, S. 149–150.

43 Wittfogel, *Sun Yat Sen*, S. 149.

44 Manabendra Nath Roy, *Revolution und Konterrevolution in China*, Berlin: Soziologische Verlagsanstalt 1930, S. 241.

45 Roy, *Revolution und Konterrevolution in China*, S. 209.

46 Wittfogel, *Sun Yat Sen*, S. 149.

47 Wittfogel, *Sun Yat Sen*, S. 150.

48 Wittfogel, *Sun Yat Sen*, S. 138.

49 In der englischen Version des neukonfuzianischen Manifests von 1958 fassen Zāng Jūnmài (Carsun Chang), Táng Jūnyì (Tang Chun-i), Móu Zōngsān (Mou Tsung-san) und Xú Fùguān (Hsu Fo-kuan) ihre Kritik an der Entwicklung des Marxismus-Leninismus in China wie

folgt zusammen: »After all, Marxist-Leninism has no positive basis in Chinese culture. It was accepted only because it denounced encroachments by imperialists and capitalists, and could in principle be used as a means to preserve national survival and independence. The future development of Chinese politics cannot be precisely predicted, but it is certain that Marxist-Leninism will be discarded eventually and the spiritual life of the nation will press forward towards the establishment of a democratic government.« (»A Manifesto for a Re-appraisal of Sinology and Reconstruction of Chinese Culture«, in: Carsun Chang, *The Development of Neo-Confucian Thought*, Bd. 2, New York: Bookman Associates 1962, S. 475–476.

50 Roy, *Revolution und Konterrevolution in China*, S. 243.

51 Roetz, *Die chinesische Ethik der Achsenzeit: Eine Rekonstruktion unter dem Aspekt des Durchbruchs zu postkonventionellem Denken*, Frankfurt am Main: Suhrkamp 1992, S. 17.

52 Roetz, *Die chinesische Ethik der Achsenzeit*, S. 17 (kursiv im Original).

53 Roetz, *Die chinesische Ethik der Achsenzeit*, S. 11 (kursiv im Original).

54 Roetz, »Questions to Tu Weiming«, S. 377.

55 Vgl. etwa Wolfgang Ommerborn, Gregor Paul, Heiner Roetz (Hg.), *Das Buch Mengzi im Kontext der Menschenrechtsfrage*, Berlin: LIT Verlag 2011.

56 Amy Allen hat den bemerkenswerten Versuch unternommen, die Kritische Theorie der Frankfurter Schule im Namen der »Dekolonisierung kritischer Theorie« für außereuropäische Fragen der Moderne(n) zu öffnen (vgl. Amy Allen, *The End of Progress. Decolonizing the Normative Foundations of Critical Theory*, New York: Columbia University Press 2015.). Dabei fällt allerdings schnell auf, dass postkoloniale und dekoloniale Theorien von historischen und regionalen Erfahrungen geprägt sind, die auf Ostasien im Allgemeinen und China im Besonderen nur bedingt anwendbar sind. Das scheint vor allem daran zu liegen, dass sich dort die Kritik an Imperialismus und Kolonialismus seit dem 19. Jahrhundert weniger auf das Lamento über westliche Unterdrückung und Beherrschung verlegt hat als auf breite, die Masse der Bevölkerung erfassende Bemühungen von den Stärken des Westens zu lernen, um sich selbst zu stärken. Mit dem Imperativ der Selbstbehauptung und Selbststärkung geht sodann ein zutiefst ambivalentes, aber gleichwohl vielfach affirmatives Verhält-

nis zum modernen Fortschrittsbegriff einher: das Vertrauen darauf, die Vorherrschaft des Westens mit seinen eigenen Mitteln brechen zu können. Allens Überzeugung, dass Kritische Theorie vor allem durch die Kritik am Fortschrittsbegriff der europäischen Moderne für außereuropäische Kulturen geöffnet werden kann, erweist sich somit im Hinblick auf Ostasien als nicht sehr hilfreich.

57 Jullien, *De l'universel, de l'uniforme, du commun et du dialogue entre les cultures*, Paris: Fayard 2008, S. 206; dt. Jullien, *Das Universelle, das Einförmige, das Gemeinsame und der Dialog zwischen den Kulturen*, Berlin: Merve 2009, S. 164.

58 Jullien, *De l'universel*, S. 198; fehlt in der deutschen Übersetzung.

59 Anders Richard Wilhelm und Heiner Roetz. Wilhelm verweist im Kommentar zu seiner Übersetzung der beiden Stellen affirmativ auf den kategorischen Imperativ Kants (Kung Futse [Kǒng Fūzǐ], *Gespräche*, Jena: Eugen Diederichs 1921, S. 35 und 176.). Roetz widmet sich diesem Problem sehr ausführlich und differenziert. Vgl. ders., *Die chinesische Ethik der Achsenzeit*, S. 219–241, und *Konfuzius*, S. 69–79. Während Jullien eine kantianisch inspirierte Interpretation der fraglichen Passagen polemisch abkanzelt, zeigt Roetz beträchtliche Sensibilität für die responsive Seite im konfuzianischen Verständnis der Goldenen Regel, ist jedoch letztlich davon überzeugt, dass diese an deren post-konventionelle Bedeutung nicht heranreicht. Für eine zusammenfassende Darstellung seiner Position siehe Roetz, »Überlegungen zur Goldenen Regel. Das Beispiel China«, in: Jan Ole Beckers et al. (Hg.), *Dialog – Reflexion – Verantwortung. Zur Diskussion der Diskurspragmatik*, Würzburg: Königshausen & Neumann 2013, S. 221–239.

60 Jullien, *De l'universel*, S. 211; dt. S. 168.

61 Jullien, *De l'universel*, S. 206; fehlt in der deutschen Übersetzung.

62 Jullien, *De l'universel*, S. 210–211, 205; dt. S. 167–168.

63 Jullien, *De l'universel*, S. 208; fehlt in der deutschen Übersetzung. Zitat aus dem Buch *Zhuāngzǐ*, Kap. 26; *Dschuang Dsi* [*Zhuāngzǐ*] (Wilhelm), S. 205: »Wo finde ich einen Menschen, der die Worte vergißt, auf dass ich mit ihm reden kann?« Vgl. auch Jullien, *De l'universel*, S. 207–208; dt. 165. Die entsprechende Passage aus dem Kapitel 27 übersetzt Wilhelm wie folgt: »Wer sich auf diese Rede ohne Worte versteht, der kann sein ganzes Leben lang reden, ohne Worte gemacht zu haben; er kann sein ganzes Leben lang schweigen und hat doch geredet.« (S. 207)

64 Jullien, *Procès ou Création*, S. 120.

65 Hu Shih [Hú Shì], *The development of the logical method in ancient China*, Shanghai: The Oriental book company 1928. Es handelt sich um eine von John Dewey an der Columbia University betreute und 1917 fertiggestellte Dissertation. Vgl. dazu Joachim Kurtz, *The Discovery of Chinese Logic*, Leiden, Boston: Brill 2011, S. 346–350. Kurtz gibt hier einen konzisen Überblick dieser Entwicklung und beschreibt ihre Verwicklung in die politischen Verhältnisse.

66 Mit diesen philosophischen Optionen waren bereits in den 1910er und 1920er Jahren auch geopolitische Fragen aufs Engste verflochten. Im Streit zwischen wissenschaftlicher und metaphysischer Lebensanschauung, der 1923 ausbricht, spielt der Kontrast zwischen angloamerikanischem Empirismus und Pragmatismus auf der einen Seite sowie französisch-deutscher Lebensphilosophie (Bergson, Eucken, Driesch) auf der anderen eine herausragende Rolle. Hú Shì war ein Protagonist auf der einen Seite, Carsun Chang [Zhāng Jūnmài] auf der anderen. Vgl. Rudolf Eucken und Carsun Chang, *Das Lebensproblem in China und Europa*, Leipzig: Quelle & Meyer 1922. Zweifellos reflektiert Roetz' Hinwendung zu Diskursethik und Pragmatismus die tiefgreifende Wende, die philosophisches Denken in Deutschland nach 1945 vollzogen hat.

67 Gān Yáng 甘陽, *Tōng sān tǒng* 《通三統》 (Das Kommunizieren der drei Traditionen), Běijīng: Sānlián 2014. Französische Teilübersetzung: Gān Yáng, »Prendre en compte la continuité historique pour penser la politique aujourd'hui« (traduction du chinois de Sébastien Billioud), in: *Extrême-Orient Extrême-Occident*, Nr. 31 (Regards sur le politique en Chine aujourd'hui), Paris: Presses Universitaires de Vincennes 2009, S. 125–139.

68 Vgl. Li Gi [Lǐjì], *Das Buch der Sitte des älteren und jüngeren Dai. Aufzeichnungen über Kultur und Religion des alten China*, aus dem Chinesischen verdeutscht und erläutert von Richard Wilhelm, Düsseldorf-Köln: Diederichs o.J., S. 57.

69 Siehe Wāng Huīs Kommentar in: Gān Yáng, *Tōng sān tǒng*, S. 56–57.

70 Gān Yáng, *Tōng sān tǒng*, S. 5.

71 Gān Yáng, *Tōng sān tǒng*, S. 3–4.

72 Gān Yáng, *Tōng sān tǒng*, S. 5.

73 Gān Yáng, *Tōng sān tǒng*, S. 28.

74 Gān Yáng, *Tōng sān tǒng*, S. 32–33.
75 Gān Yáng, *Tōng sān tǒng*, S. 135.
76 Gān Yáng, *Tōng sān tǒng*, S. 88.
77 Gān Yáng, *Tōng sān tǒng*, S. 112.
78 Gān Yáng, *Tōng sān tǒng*, S. 113.
79 Gān Yáng, *Tōng sān tǒng*, S. 141.
80 *Athenaeum*. Eine Zeitschrift von August Wilhelm Schlegel und Friedrich Schlegel, Berlin: Friedrich Vieweg 1898, Ersten Bandes Zweytes Stück, S. 38 (Nr. 147).
81 Zur Rezeption von Leo Strauss in China vgl. Kai Marchal, »Die ›eigentliche konfuzianische Verschärfung‹. Leo Strauss in China«, in: *minima sinica*, 1/2007, S. 1–14.
82 Gān Yáng 甘陽, *Zhèngzhì zhérén Shītèláosī: Gǔdiǎn bǎoshǒu zhǔyì zhèngzhì zhéxué de fùxīng*政治哲人施特勞斯：古典保守主義政治哲學的復興 [Der politische Philosoph Leo Strauss. Die Renaissance der politischen Philosophie des klassischen Konservatismus], Hong Kong: Oxford University Press 2003.
83 Liú Xiǎofēng 劉小楓, *Shītèláosī de lùbiāo* 施特勞斯的路標 [Leo Strauss als Wegmarke], Běijīng: Huáxià chūbǎnshshè 2013.
84 Vgl. Móu Zōngsān 牟宗三, »Lüèlùn dàotǒng, xuétǒng, zhèngtǒng 略論道統、學統、正統« (Über die Tradition des Weges, die Tradition des Lernens und die Tradition der Politik), in: *Shēngmìng de xuéwèn* 生命的學問, Taipei: Sānmín 2013, S. 68.
85 Vgl. Kapitel VII und ausführlicher Fabian Heubel, »Gebrochene Kontinuität: Selbstkultivierung und Demokratie im zeitgenössischen Neokonfuzianismus«, in: Philipp Mahltig, Eva Sternfeld (Hg.), *Kontinuität und Umbruch in Chinas Geschichte und Gegenwart*, Wiesbaden: Harrassowitz 2014, S. 41–60.
86 Zur Diskussion von Móu Zōngsāns Moralphilosophie vgl. Sébastien Billioud, *Thinking Through Confucian Modernity. A Study of Mou Zongsan's Moral Metaphysics*, Leiden and Boston: Brill 2012.
87 In diesem Schlüsselbegriff seiner Philosophie bezieht sich Móu auf das Hexagram 29 (*kǎn*) des *Buches der Wandlungen*, von Wilhelm als »Das Abgründige« übersetzt, von Dennis Schilling als »Die Schlucht (Der Abgrund)«. Abgrund und Schlucht stehen für »Gefahr« (*xiàn*). »Selbstverkehrung« (*zìwǒ kǎnxiàn*) bedeutet etwas Widersinniges, Verkehrtes zu tun, nämlich sich in den Abgrund (hier: der Moder-

nisierung) zu stürzen und der größten Gefahr auszusetzen. Dies jedoch in der Hoffnung auf eine rettende Verkehrung der Situation zum Guten: »Darum wird die Gefahr auch als Schlucht bezeichnet, d. h. ein Zustand, in dem man sich befindet wie das Wassern in einer Schlucht, und aus der man herauskommt, wie das Wasser, wenn man sich richtig verhält.« (*I Ging [Yìjīng], Das Buch der Wandlungen*, aus dem Chinesischen verdeutscht und erläutert von Richard Wilhelm, Erstes Buch, S. 85.)

88 Móu Zōngsān, »Lüèlùn dàotǒng, xuétǒng, zhèngtǒng«, S. 75.

89 Gān Yáng, *Tǒng sān tǒng*, S. 3.

90 Wolfgang Bauer, *China und die Hoffnung auf Glück. Paradiese, Utopien, Idealvorstellungen in der Geistesgeschichte Chinas*, München: dtv 1989 (zweite Auflage), Kap. V.4.

91 Vgl. *I Ging [Yìjīng], Das Buch der Wandlungen*, aus dem Chinesischen verdeutscht und erläutert von Richard Wilhelm, Erstes Buch, S. 141–144.

92 Jullien, *Transformations silencieuses*, S. 187–188.

93 Jullien, *Transformations silencieuses*, S. 189.

94 Vgl. Jullien, »De l'écart au commun«, S. 24.

95 Dieses Buch ist in einer als Experiment verdienstvollen, aber philosophisch wenig hilfreichen deutschen Übersetzung unter dem Titel *Das rechte Auflichten* erschienen: Michael Friedrich, Michael Lackner, Friedrich Reimann (Hg.), Chang Tsai [Zhāng Zǎi], *Zheng Meng, Rechtes Auflichten* (aus dem Chinesischen übertragen und mit Einleitung und Kommentar versehen), Hamburg: Meiner 1996.

96 Vgl. François Jullien, »Lecture ou Projection: Comment lire (autrement) Wang Fuzhi?«, *Études chinoises*, vol. IX, no.2 (1990), S. 131–149; Jean François Billeter, »Comment lire Wang Fuzhi?«, *Études chinoises*, vol. IX, no.1 (1990), S. 95–127.

97 Vgl. Wáng Fūzhī 王夫之 (alias Wáng Chuánshān 王船山): *Chuánshān quánshū* 船山全書 (Gesammelte Schriften von Chuánshān), Bd. 13 (dieser Band enthält die beiden Kommentare von Wáng Fūzhī zum *Buch der Wandlungen* oder *Yìjīng: Zhōuyì nèizhuàn* 周易內傳 und *Zhōuyì wàizhuàn* 周易外傳 sowie den klassischen Text selbst), Chángshā: Yuèlù shūshè 1993.

98 Jullien, *Procès ou Création. Une introduction à la pensée des lettrés chinois (Essai de problématique interculturelle)*, Paris: Seuil 1989, S. 171; vgl.

auch Jullien, *Figures de l'immanence: Pour une lecture philosophique du Yi king*, Paris: Grasset 1993, S. 257–261.

99 Jullien, *Figures de l'immanence*, S. 266.

100 Diese Möglichkeit schließt Jullien explizit aus: »C'est pourquoi il n'y a pas, de mon point de vue, de ›métaphysique énergétique‹ de Wang Fuzhi. Tout le travail de Wang Fuzhi, notamment dans sa façon d'articuler li 理 et qi 氣, que ce soit dans sa philosophie première ou dans sa pensée de l'Histoire, est précisément de désamorcer la possibilité d'une coupure métaphysique – et cela par une critique rigoureuse de Wang Yangming qui, sous influence du bouddhisme, prêtait à cette possibilité« (Jullien, »Reponse à l'intervention de Fabian Heubel au colloque de Cerisy, septembre 2013«; dieser Text ist bisher nur in chinesischer Übersetzung erschienen). Mit Julliens Bemerkung erweist sich zunächst einmal die Behauptung, *das* chinesische Denken kenne keinen »metaphysischen Schnitt«, als inakzeptable Vereinfachung, denn Wáng Fūzhīs großer theoretischer Gegenspieler Wáng Yángmíng (1488–1518), dessen Lehre den Neukonfuzianismus des 20. Jahrhunderts tiefgreifend beeinflusst hat, kannte ihn ja offenbar. Dies allerdings nur, wie Jullien sofort ergänzt, unter dem Einfluss des Buddhismus – der ja »indisch« und nicht »chinesisch« ist. Aus Julliens Bemerkung wird somit deutlich, dass es eine puristische Auffassung »chinesischen Denkens« ist, die es ihm erlaubt, die These zu vertreten, das »chinesische Denken« der Immanenz kenne keine Metaphysik.

101 Jullien, *Figures de l'immanence*, S. 257–261; Jullien, *L'invention de l'idéal et le destin de l'Europe*, Paris: Seuil 2009, S. 262–263.

102 Vgl. Jullien, *Procès ou Création*, S. 193–194.

103 Jullien, *Procès ou Création*, S. 171–172.

104 Jullien, *Procès ou Création*, S. 170.

105 Vergleicht man wichtige deutsche Übersetzungen dieses Satzes aus dem *Buch der Wandlungen*, wird schnell deutlich, dass sie das Problem der Metaphysik, das sich hier stellt, kaum auch nur ahnen lassen – zu schweigen davon, dass mögliche Bezüge zur chinesischen Gegenwartsphilosophie vollständig ignoriert werden. Richard Wilhelm: »Darum: Was oberhalb der Form ist, heißt der SINN, was innerhalb der Form ist, heißt das Ding.« (*I Ging [Yìjīng], Das Buch der Wandlungen*, aus dem Chinesischen verdeutscht und erläutert von Richard

Wilhelm, Zweites Buch, S. 246.) Dennis Schilling: »Daher heißt das, was als Gestalt aufsteigt, Weg. Was als Gestalt niedersinkt, heißt Gerät.« (Schilling [Hg.], *Yijing: Das Buch der Wandlungen*, Berlin: Verlag der Weltreligionen im Insel Verlag 2009, S. 221.) Rainald Simon: »Daher wird das oberhalb der Formen Dào genannt; das unterhalb der Formen Ding.« (Simon [Hg.], *Yijing: Buch der Wandlungen*; chinesisch-deutsch/übers. und hrsg. von Rainald Simon, Stuttgart: Reclam 2014, S. 480.)

106 Jullien, *Procès ou Création*, S. 191.

107 Der Konfuzianismus ist eine enorm vielfältige und in sich heterogene Tradition. Wie seine historischen Entwicklungsphasen unterschieden werden können, ist selber umstritten. Eine verbreitete Auffassung geht von drei großen Etappen aus: antiker Konfuzianismus bis zur Gründung des chinesischen Kaiserreichs im Jahre -221; Neokonfuzianismus der Sòng (960–1279)- und Míng (1368–1644)-Zeit; moderner Konfuzianismus oder Neukonfuzianismus seit dem späten 19. Jahrhundert. Der zeitgenössische Neokonfuzianismus, der sich nach 1949 vor allem in Hong Kong und Taiwan weiterentwickelt hat, ist eine Variante des Neukonfuzianismus, die sich als zeitgenössische Aktualisierung des klassischen Neokonfuzianismus versteht.

108 Vgl. Fabian Heubel, »Kritik als Übung. Über negative Dialektik als Weg ästhetischer Kultivierung«, in: *Allgemeine Zeitschrift für Philosophie*, 40.1, S. 63–82.

109 Jullien übersetzt *tōng* häufig durch Kommunikation, aber auch mit Kontinuation oder Kontinuität. Vgl. Jullien, *Procès ou Création*, Kap. 13; Jullien, *Figures de l'immanence*, Kap. 8.

110 Axel Honneth, *Die Idee des Sozialismus. Versuch einer Aktualisierung*, Berlin: Suhrkamp 2015, S. 103.

111 Im Folgenden verweist *Zhuāngzǐ* (kursiv) auf das Buch und Zhuāngzǐ auf die Person, die traditionell als (Haupt-)Verfasser zumindest von Teilen des Buchs angesehen worden ist.

112 Vgl. Fabian Heubel, »Immanente Transzendenz im Spannungsfeld von europäischer Sinologie, kritischer Theorie und zeitgenössischem Konfuzianismus«, in: *Polylog, Zeitschrift für interkulturelles Philosophieren*, Nr. 26 (2011), S. 91–114.

113 Jean François Billeter, *Notes sur Tchouang-tseu et la philosophie*, Paris: Allia 2010, S. 34. Dieses Kapitel ist eine stark gekürzte und überar-

beitete Version von Fabian Heubel, »Entdramatisierung der Subjektivität. Über das Buch *Zhuāngzǐ* als Quelle für eine Demokratie der Zukunft«, in: *Bochumer Jahrbuch zur Ostasienforschung* 38, München: Iudicium 2015, S. 63–88. Vgl. auch ders., »Zhuangzi im Kapitalismus: Überlegungen zu Effektivität und Effizienz«, in: *Widerspruch. Münchner Zeitschrift für Philosophie*, Nr. 56 (2012/2), S. 67–85; ders., »Kritische Kultivierung und energetische Subjektivität. Reflexionen zur französischsprachigen Zhuangzi-Forschung«, in: Markus Schmücker und Fabian Heubel (Hg.), *Dimensionen der Selbstkultivierung. Beiträge des Forums für asiatische Philosophie*, Freiburg: Alber 2013, S. 104–146.

114 Billeter, *Notes sur Tchouang-tseu et la philosophie*, Paris: Allia, S. 34–35.

115 Billeter, *Contre François Jullien*, Paris: Allia 2006, S. 62–63.

116 Billeter, *Notes sur Tchouang-tseu et la philosophie*, S. 36.

117 Billeter, *Notes sur Tchouang-tseu et la philosophie*, S. 39–40.

118 Billeter, *Notes sur Tchouang-tseu et la philosophie*, S. 30; Billeter, *Leçons sur Tchoung-tseu*, Paris: Allia 2002, S. 145.

119 Billeter, *Notes sur Tchouang-tseu et la philosophie*, S. 30; Billeter, *Leçons sur Tchouang-tseu*, S. 119.

120 Billeter, *Notes sur Tchouang-tseu et la philosophie*, S. 89.

121 Yáng Rúbīn [Yang Rur-bin] 楊儒賓, *Rúmén nèi de Zhuāngzǐ* 儒門内的莊子[Zhuāngzǐ als Konfuzianer], Taipei: Linking 2016.

122 Vgl. Billeter, *Notes sur Tchouang-tseu et la philosophie*, S. 38–39.

123 Beispielhaft hierfür Xú Fùguān 徐復觀, *Zhōngguó yìshù jīngshén* 中國藝術精神 [Der Geist chinesischer Kunst], Taipei: Táiwān xuéshēng shūjú 1966.

124 Siehe dazu Kapitel VII.

125 Yáng Rúbīn (Yang Rur-bin), »Yóu zhī zhǔtǐ 遊之主體«, in: *Rúmén nèi de Zhuāngzǐ*, S. 173–224.

126 Lài Xīsān 賴錫三, *Dàojiā xíng zhīshì fènzǐ lùn:* Zhuāngzǐ *de quánlì pīpàn yǔ wénhuà gēngxīn* 道家型知識分子論:《莊子》的權力批判與文化更新 [Theorie des daoistischen Intellektuellen. Kritik der Macht und kulturelle Erneuerung im *Zhuāngzǐ*], Taipei: National Taiwan University Press 2013, S. 171–234.

127 Vgl. dazu vor allem Billeter, *Un paradigme*, Paris: Allia 2012.

128 Billeter, *Notes sur Tchouang-tseu et la philosophie*, S. 36.

129 Billeter *L'art chinois de l'écriture*, Genève: Skira 1989, S. 246.

130 Billeter, *Notes sur Tchouang-tseu et la philosophie*, S. 49.

131 Billeter, *Notes sur Tchouang-tseu et la philosophie*, S. 52.

132 Billeter, *Leçons sur Tchouang-tseu*, Paris: Allia 2002, S. 55; deutsche Übersetzung: ders. *Das Wirken in den Dingen. Vier Vorlesungen über den Zhuangzi*, aus dem Französischen von Thomas Fritz, Berlin: Matthes & Seitz, 2015, S.55 (in der deutschen Übersetzung wird »régime de l'activité« mit »Form der Aktivität« wiedergegeben). Christoph Menke spricht mit Bezug auf Nietzsches Ideal des Künstlers von einem »Übergang« vom Zustand selbstbewusster Vermögen zu demjenigen der Entfesselung der Kräfte im Rausch. Vgl. Menke, *Kraft. Ein Grundbegriff ästhetischer Anthropologie*, Frankfurt am Main: Suhrkamp 2008, S. 113. Vgl. auch die ausführliche Diskussion in Fabian Heubel, »Entdramatisierung der Subjektivität. Über das Buch *Zhuāngzǐ* als Quelle für eine Demokratie der Zukunft«, in: *Bochumer Jahrbuch zur Ostasienforschung* 38 (*Auf Augenhöhe. Festschrift zum 65. Geburtstag von Heiner Roetz*), München: Iudicium 2015, S. 63–88.

133 Billeter, *Leçons sur Tchouang-tseu*, S. 144–145, dt. 141–142.

134 Billeter, *Leçons sur Tchouang-tseu*, S. 145–146, dt. 143.

135 Billeter, *Leçons sur Tchouang-tseu*, S. 119, dt. 116.

136 Billeter, *Leçons sur Tchouang-tseu*, S. 146, dt. 143.

137 Billeter, *L'art chinois de l'écriture*, S. 269.

138 Billeter, *L'art chinois de l'écriture*, S. 279.

139 Billeter, *L'art chinois de l'écriture*, S. 269–282; Billeter, *Essai sur l'art chinois de l'éciture et ses fondements*, Paris: Allia 2010.

140 Vgl. Billeter, *Chine trois fois muette. Essai sur l'histoire contemporaine et la Chine*, Paris: Allia 2006.

141 Billeter, *Notes sur Tchouang-tseu et la philosophie*, S. 52.

142 Billeter, *Notes sur Tchouang-tseu et la philosophie*, S. 55.

143 Billeter, *Notes sur Tchouang-tseu et la philosophie*, S. 55.

144 Billeter, *Notes sur Tchouang-tseu et la philosophie*, S. 108.

145 Billeter, *Notes sur Tchouang-tseu et la philosophie*, S. 112.

146 Vgl. Wu Guanjun [Wú Guànjūn] 吳冠軍, *The great dragon fantasy: a Lacanian analysis of contemporary Chinese thought*, Singapore; Hackensack, NJ: World Scientific Publishing 2014, Kap. 4: »Liberals and New Leftists as ›Discursive Enemies‹«.

147 Wāng Huī 汪暉, *Xiàndài zhōngguó sīxiǎng de xīngqǐ* 現代中國思想的興起 [Die Entstehung des modernen chinesischen Denkens], Běijīng: Shēnghuó, dúshū, xīnzhī, sānlián shūdiàn 2008.

148 Vgl. Wang Hui [Wāng Huī], »Weber and the Question of Chinese Modernity«, in: ders., *The Politics of Imagining Asia*, edited by Theodore Huters, Cambridge, Mass., London, Harvard University Press: 2011, S. 304–306.

149 Wang Hui [Wāng Huī], *Die Gleichheit neu denken. Der Verlust des Repräsentativen*, herausgegeben von Julian Nida-Rümelin und Wolfgang Thierse mit Sigmar Gabriel und Thomas Meyer, Hamm: Klartext Verlag 2012, S. 78.

150 Wang Hui [Wāng Huī], *Die Gleichheit neu denken*, S. 82.

151 Wang Hui [Wāng Huī], *Die Gleichheit neu denken*, S. 82.

152 Wang Hui [Wāng Huī], *Die Gleichheit neu denken*, S. 106.

153 Dennis Schilling übersetzt in seiner Analyse der Interpretation, die Zhāng Tàiyán (Zhāng Bǐnglín) vom zweiten Kapitel des *Zhuāngzǐ* gibt, dessen Titel (*qí wù lùn*) mit »Diskurs über das Gleichsetzen der Dinge«. Vgl. ders., *Die Rezeption des Yogācāra-Buddhismus im politisch-philosophischen Schrifttum Chinas am Ende der Kaiserzeit. Eine Studie zu den Werken von Tán Sìtóng (1865–1898) und Zhāng Bǐnglín (1869–1936)*, Habilitationsschrift, München 2003, Band 2. Wilhelm spricht allzu frei, aber nicht ohne Berechtigung von »Ausgleich der Weltanschauungen«. Die von mir im Folgenden gewählte Übersetzung »Diskurs über die Gleichstellung der Dinge« lehnt sich an Schillings Übersetzung an. In der chinesischen Version seines Textes spricht Wāng Huī wörtlich von der »Gleichheit der Gleichstellung der Dinge« (*qíwù píngděng* 齊物平等), in der von ihm autorisierten englischen Version von »equality of all things«, der die deutsche Übersetzung »Gleichheit aller Dinge« folgt. Die Übersetzung »equality of all things« geht, soweit ich sehe, auf Gia-fu Feng und Jane English zurück. Vgl. *Chuang tsu, Inner chapters*, A new translation by Gia-fu Feng and Jane English, New York: Vintage Books 1974. Für eine eingehendere philosophische Diskussion ist diese Übersetzung allerdings kaum brauchbar. Viren Murthy übersetzt in seiner ausführlich politische Fragen berücksichtigenden Studie zu Zhāng Tàiyán mit »On the Equalization of Things«. Vgl. ders., *The Political Philosophy of Zhang Taiyan: The Resistance of Consciousness*, Leiden and Boston: Brill 2011, S. 208.

154 Wang Hui [Wāng Huī], *China from Empire to Nation-State*, translated by Michael Gibbs Hill, Cambridge, Mass.: Harvard University Press

2014. Von Wāng Huīs umfangreicher *Entstehung des modernen chinesischen Denkens*, das die chinesische Moderne bis ins 11. Jahrhundert zurückverfolgt, ist bisher nur die lange Einleitung ins Englische übersetzt worden. Im Vorwort weist der Übersetzer auf die Schwierigkeiten hin, welche die antike und neokonfuzianische Terminologie insbesondere in dem Moment bereitet, in dem sie in den philosophischen Diskurs der Gegenwart eingebracht wird.

155 Vgl. Jiang Qing [Jiǎng Qìng], *A Confucian Constitutional Order. How China's Past Can Shape Its Political Future*, translated by Edmund Rydan, edited by Daniel A. Bell and Ruping Fan [Fān Rùipíng], Princeton: Princeton University Press 2013. Mehr zu diesen beiden Positionen in Kapitel VII.

156 Wang Hui, *Die Gleichheit neu denken*, S. 109.

157 Wang Hui, *Die Gleichheit neu denken*, S. 110.

158 Vgl. Lee Ming-huei [Lǐ Mínghuī], »Schöpferische Transformation der deutschen Philosophie. Das Beispiel der Interpretation des Begriffs ›Ding an sich‹ bei Mou Zongsan«, in: ders., *Konfuzianischer Humanismus. Transkulturelle Kontexte*, Bielefeld: Transcript 2013.

159 »Des Himmels Bewegung ist kraftvoll. So macht der Edle sich stark und unermüdlich.« (*I Ging [Yìjīng], Das Buch der Wandlungen*, aus dem Chinesischen verdeutscht und erläutert von Richard Wilhelm, Erstes Buch, S. 3.) »Der Gang des Himmels ist kraftvoll tätig. So stärkt sich selber der Fürstensohn, ohne zu ermüden.« (*Yijing. Das Buch der Wandlungen*, aus dem Chinesischen übersetzt und herausgegeben von Dennis Schilling, S. 12.)

160 Wang Hui, *Die Gleichheit neu denken*, S. 110; deutsche Übersetzung auf Grundlage der chinesischen Version leicht verändert.

161 Das Motiv des »paradoxen Sowohl-als-auch« wird allgemein als zentral für Móu Zōngsāns Denken angesehen und kommt auf verschiedene Weise zum Ausdruck. Besonders bekannt ist seine Idee immanenter Transzendenz, einer Lebenshaltung, die »sowohl immanent als auch transzendent« (*jí nèizài jí chāoyuè*) ist (vgl. dazu Kapitel IV). Für die folgenden Überlegungen waren Móu Zōngsāns Vorträge zum zweiten Kapitel des *Zhuāngzǐ* eine wichtige Anregung. Sie sind von Lú Xuěkūn 盧雪崑bearbeitet und im Jahre 2003 in der Monatszeitschrift *Legein* veröffentlicht worden. Im hiesigen Kontext ist insbesondere der vierzehnte Vortrag von Bedeutung: Móu Zōngsān 牟宗

三, »Zhuāngzǐ ,Qíwùlùn' jiǎngyǎn lù 莊子〈齊物論〉講演錄« [Vorträge zu Zhuāngzǐs »Die Gleichstellung der Dinge«], Dì shísì jiǎng 第十四講 [Vierzehnter Vortrag], Éhú yuèkān èrshíbā juàn dì qī qí zǒng hào dì sānsānyī 鵝湖月刊二十八卷第七期總號第三三一 [*Legein Monthly* (2003), Band 28, Heft 7, Gesamtnummer 331], S. 22–27. Interessant ist auch die auf einem Seminar Móus beruhende Ausarbeitung von Táo Guózhāng 陶國璋, *Móu Zōngsān jiǎngshù, Táo Guózhāng zhěnggòu, Zhuāngzǐ qíwùlùn yìlǐ yǎnxī* 牟宗三講述，陶國璋整構，莊子齊物論義理演析 [Philosophische Analyse von Zhuāngzǐs »Die Gleichstellung der Dinge«, vorgetragen von Móu Zōngsān, bearbeitet von Táo Guózhāng], Taipei: Shūlín 1999, besonders S. 186–207.

162 Vgl. Habermas' gegen Adornos negative Dialektik gerichtete Bemerkung: »Wer an einem Ort, den die Philosophie einst mit ihren Letztbegründungen besetzt hielt, in einer Paradoxie verharrt, nimmt nicht nur eine unbequeme Stellung ein; er kann die Stellung nur halten, wenn mindestens plausibel ist, dass es keinen Ausweg gibt. Auch der Rückzug aus einer aporetischen Situation muß verlegt sein, sonst gibt es einen Weg, eben den zurück. Dies, meine ich, ist aber der Fall.« (Jürgen Habermas, *Der philosophische Diskurs der Moderne. Zwölf Vorlesungen*, Frankfurt am Main: Suhrkamp 1988, S. 155. Kritisch dazu Alex Demirović, *Der nonkonformistische Intellektuelle. Die Entwicklung der Kritischen Theorie zur Frankfurter Schule*, Frankfurt am Main: Suhrkamp 1999, S. 523–524. Für Demirović sind Adornos Texte »moderne Exerzitien«, in denen der »Zwangscharakter der Logik« gebrochen werden soll, aber ohne das Ziel theoretischer Erkenntnis aufzugeben. Die philosophische Aufgabe, die sich hier auftut, besteht darin, einerseits wichtige Errungenschaften von Habermas' Kommunikationstheorie aufzunehmen, andererseits aber auch jene modernen Exerzitien in paradoxem Denken und Leben weiterzuentwickeln, und zwar nach Möglichkeit ohne den Anspruch an die »Selbstreflexion des Denkens« zu lockern, den Adorno in der *Negative Dialektik* formuliert hat. Vgl. Fabian Heubel, »Kritik als Übung. Über negative Dialektik als Weg ästhetischer Kultivierung«, *Allgemeine Zeitschrift für Philosophie*, 40.1 (2015), S. 63–82.

163 Wilhelm: »Jeder Schritt vorwärts und rückwärts bringt in Gefahr. An ein Entkommen ist nicht zu denken. Darum darf man sich nicht zu einem Handeln verleiten lassen, durch das man nur noch tiefer in die

Gefahr geriete. Sondern man muß, so unangenehm das Verweilen in solcher Lage ist, zunächst innehalten, bis ein Ausweg sich zeigt.« (*I Ging [Yìjīng], Das Buch der Wandlungen*, aus dem Chinesischen verdeutscht und erläutert von Richard Wilhelm, Erstes Buch, S. 85.)

164 Zur Einführung in den Begriff der Fadheit vgl. François Jullien, *Eloge de la fadeur, A partir de la pensée et de l'esthtétique de la Chine*, Paris: Philippe Picquier 1991; deutsche Übersetzung: *Über das Fade. Eine Eloge*, Berlin: Merve 1999. Vgl. auch Xià Kějūn 夏可君, *Píngdàn de zhéxué* 平淡的哲學 [Philosophie der Fadheit], Běijīng: Zhōngguó shèhuì chūbǎnshè 2009.

165 Jürgen Habermas, *Theorie des kommunikativen Handelns*, Frankfurt am Main: Suhrkamp 1987, Band I, S. 8. Wang Hui [Wāng Huī], »Weber and the Question of Chinese Modernity«, S. 306.

166 *Dschuang Dsi* [Zhuāngzǐ], *Das wahre Buch vom südlichen Blütenland*, aus dem Chinesischen verdeutscht und erläutert von Richard Wilhelm, Jena: Eugen Diederichs 1912, S. 20.

167 Foucault, *Les mots et les choses*, Paris: Gallimard 1966, S. 13; ders., *Die Ordnung der Dinge*, Frankfurt am Main: Suhrkamp 1974, S. 25.

168 Vgl. Habermas, *Vergangenheit als Zukunft*, München: Piper 1993, S. 127–128.

169 Dschuang Dsi [Zhuāngzǐ], *Das wahre Buch vom südlichen Blütenland* (Wilhelm), S. 21.

170 Vgl. dazu das Gleichnis vom menschlichen, irdischen und himmlischen Pfeifen (Wilhelm spricht vom »Orgelspiel des Himmels«), mit dem das Kapitel beginnt. (Dschuang Dsi [Zhuāngzǐ], *Das wahre Buch vom südlichen Blütenland*, aus dem Chinesischen verdeutscht und erläutert von Richard Wilhelm, S. 11.).

171 Martin Buber, *Reden und Gleichnisse des Tschuang-Tse*, Leipzig: Insel 1910, S. 9. Zum Hintergrund von Bubers Interesse an chinesischer Philosophie vgl. die Einleitung zum Band 2.3 der Martin Buber Werkausgabe (Schriften zur chinesischen Philosophie und Literatur). Die Übersetzung Bubers scheint sich vor allem auf die englische Übersetzung des Sinologen Herbert A. Giles zu stützen.

172 Hans-Georg Möller, *In der Mitte des Kreises. Daoistisches Denken*, Berlin: Verlag der Weltreligionen im Insel-Verlag 2010, S. 64.

173 Möller, *In der Mitte des Kreises*, S. 59.

174 Vgl. Möller, *In der Mitte des Kreises*, S. 208–212.

175 Möller, *In der Mitte des Kreises*, S. 63.

176 Vgl. etwa Chén Yūn 陳贇, »›Wénmíng lùn‹ shìyě zhōng de dàlù rúxué fùxīng jí qí wèntí「文明論」視野中的大陸儒學復興及其問題« [Die Renaissance konfuzianischen Lernens auf dem Festland und ihre Probleme betrachtet aus der Perspektive der »Theorie der Zivilisationen«], in: *Tiānyá*, Nr. 5 (2015), S. 4–15.

177 Liu Xiaobo [Liú Xiǎobō], *Ich habe keine Feinde, ich kenne keinen Haß. Ausgewählte Schriften und Gedichte*, herausgegeben von Tienchi Martin Liao und Liu Xia, aus dem Chinesischen übersetzt von Karin Betz und Hans Peter Hoffmann, Frankfurt am Main: Fischer Verlag 2013, S. 347.

178 Zum 100. Jahrestag der Revolution von 1911 hat Zhāng Qiānfān an der Peking-Universität einen Vortrag zum Thema »Xīnhài-Revolution und chinesische Verfassungspolitik« (»Xīnhài gémìng yǔ Zhōngguó xiànzhèng 辛亥革命與中國憲政«) gehalten, der von freimütiger Kritik am Regime der Kommunistischen Partei Chinas geprägt ist und sich vielfach normativ auf die Republikzeit vor 1949 und die Vorbildfunktion der Demokratisierung in Taiwan bezieht. Eine Videoaufzeichnung des Vortrags hat im Internet weite Verbreitung gefunden, obwohl sie in China alsbald nur noch unter Schwierigkeiten zugänglich war. Der Vortrag ist später veröffentlicht worden in *Xiànzhèng zhōngguó de mìngyùn* 憲政中國的命運 [Manifesto of Constitutional China], Hong Kong: Shìjiè huáwén chūbǎn jīgòu 2013. Während die Verbindung von Konfuzianismus und Sozialismus breit diskutiert werden kann, unterliegen Versuche, Konfuzianismus und Liberalismus zusammenzuführen, erheblich stärkeren Restriktionen durch offene und versteckte Mechanismen der Zensur. Die Ausarbeitung der philosophischen Begründung seiner Thesen findet sich etwa in Zhāng Qiānfān 張千帆, *Wèile rén de zūnyán—Zhōngguó gǔdiǎn zhèngzhì zhéxué pīpàn yǔ chónggòu* 為了人的尊嚴－中國古典政治哲學批判與重構 [Für die Menschenwürde. Kritik und Rekonstruktion der klassischen chinesischen politischen Philosophie], Běijīng: Zhōngguó mínzhǔ fǎzhì chūbǎn shè 2012. Vgl. auch Zhang Qianfan [Zhāng Qiānfān], »The Idea of Human Dignity: A Reconstruction of Confucianism«, *Journal of Chinese Philosophy* 27, no. 3 (2000), S. 299–330.

179 Heiner Roetz, *Die chinesische Ethik der Achsenzeit*, S. 16–17. Die folgenden Ausführungen stützen sich teilweise auf Fabian Heubel, »Gebro-

chene Kontinuität: Selbstkultivierung und Demokratie im zeitgenössischen Neokonfuzianismus«, in: Philipp Mahltig und Eva Sternfeld (Hg.), *Kontinuität und Umbruch in Chinas Geschichte und Gegenwart*, Wiesbaden: Harrassowitz 2014, S. 41–60.

180 Vgl. die andere Übersetzung von Richard Wilhelm unter dem Titel »Die große Wissenschaft«, in: *Li Gi [Lǐjì]. Das Buch der Riten, Sitten und Gebräuche*, aus dem Chinesischen übersetzt und herausgegeben von Richard Wilhelm, Düsseldorf und Köln: Eugen Diederichs 1981, S. 46–55.

181 Xióng Shílì 熊十力, *Dújīng shìyào* 讀經示要 [Über das Lesen der Klassiker], Taipei: Míngwén shūjú 1984, S. 199.

182 Vgl. Lee Ming-huei [Lǐ Mínghuī] 李明輝, »›Nèishèng wàiwáng‹ wèntí chóngtàn「內聖外王」問題重探«, in: Chou Ta-hsing [Zhōu Dàxīng] 周大興 (Hg.), *Lǐjiě, quánshì yǔ rújiā chuántǒng: Zhǎnwàng piān* 理解、詮釋與儒家傳統：展望篇 [Verstehen, interpretieren und die konfuzianische Tradition: Ein Ausblick], Taipei: Institute of Chinese Literature and Philosophy, Academia Sinica 2009, S. 85–86.

183 Vgl. Lee Ming-huei [Lǐ Mínghuī], »Culture et démocratie : réflexions à partir de la polémique entre libéraux taiwanais et néo-confucéens contemporains«, in: Sébastien Billioud und Joël Thoraval (Hg.), *Extrême-Orient Extrême-Occident* (Regards sur le politique en Chine aujourd'hui), no. 31, Paris: Presses Universitaires de Vincennes 2009, S. 59; und ders., »A Critique of Jiang Qing's ›Political Ruism [Confucianism]‹«, in: *Contemporary Chinese Thought*, Volume 45, Issue 1, 2013, S. 17.

184 Jiang Qing [Jiǎng Qìng], *A Confucian Constitutional Order. How China's Ancient Past Can Shape Its Political Future*, edited by Daniel A. Bell and Ruiping Fan, translated by Edmund Ryden, Princeton and Oxford: Princeton University Press 2013, S. 27. In diesem Buch wird »königlicher Weg« (wáng dào) durch »Way of the humane authority« übersetzt, um den antiquierten Eindruck des Worte »königlich« zu vermeiden. Siehe auch Jiang Qing [Jiǎng Qìng], »Le confucianisme de la ›Voie royale‹, direction pour le politique en Chine contemporaine«, in: Sébastien Billioud und Joël Thoraval (Hg.), *Extrême-Orient Extrême-Occident* (Regards sur le politique en Chine aujourd'hui), no. 31, Paris: Presses Universitaires de Vincennes 2009, insbesondere S. 114–115.

185 Lee Ming-huei [Lǐ Mínghuī] 李明輝, *Rújiā shìyě xià de zhèngzhì zhéxué* 儒家視野下的政治哲學 [Politische Philosophie aus konfuzianischer Perspektive], Taipei: National Taiwan University Press 2005, S. 281.

186 Móu Zōngsān 牟宗三, *Zhèngdào yǔ zhìdào* 政道與治道 [Der Weg der Politik und der Weg des Regierens], in: *Móu Zōngsān xiānshēng quánjí* 牟宗三先生全集 [Gesammelte Werke des Herrn Móu Zōngsān], Taipei: Lingking 2003, Bd. 10, S. 30–36.

187 Vgl. Liú Xiǎobō 劉曉波, *Zhōngguó dāngdài zhèngzhì yǔ Zhōngguó zhīshì fènzǐ* 中國當代政治與中國知識份子 [Politik im gegenwärtigen China und die chinesischen Intellektuellen], Taipei: Tángshān chūbǎn shè 1990.

188 Móu Zōngsān, *Zhèngdào yǔ zhìdào*, S. 27.

189 Móu Zōngsān, *Zhèngdào yǔ zhìdào*, S. 23.

190 Móu Zōngsān, *Zhèngdào yǔ zhìdào*, S. 1. Siehe zu diesem Thema vor allem das Kapitel 2 mit dem Titel »Über den chinesischen Weg des Regierens«.

191 Xióng Shílì, *Dújīng shìyào*, S. 200.

192 Für eine philologisch und nicht philosophisch orientierte Gegenposition siehe *Das große Lernen* (*Daxue*), herausgegeben und mit einem Nachwort versehen von Ralf Moritz, Stuttgart: Reclam 2003, S. 5.

193 Móu Zōngsān, *Zhèngdào yǔ zhìdào*, S. 61–68. Siehe auch Sébastien Billioud, *Thinking through Confucian Modernity, A Study of Mou Zongsan's Moral Metaphysics*, Leiden: Brill 2012, insbesondere Kapitel 6 (»Self-Cultivation«).

194 Siehe Sébastien Billioud, *Thinking through Confucian Modernity*, Kapitel 1 (»Setting the Ground for a True Autonomy of the Moral Subject«).

195 Móu Zōngsān, *Zhèngdào yǔ zhìdào*, S. 64.

196 Vgl. Lee Ming-huei [Lǐ Mínghuī], »Wang Yangming's Philosophy and Modern Theories of Democracy«, in: *Dao* (2008) 7, S. 283–294, besonders S. 288. Zu Wáng Yángmíng und seiner Schule vgl. die phänomenologisch herangehende große Studie von Iso Kern, *Das Wichtigste im Leben. Wang Yangming (1472–1529) und seine Nachfolger über die »Verwirklichung des ursprünglichen Wissens«*, Basel: Schwabe 2010.

197 Móu Zōngsān 牟宗三, *Xīntǐ yǔ xìngtǐ* 心體與性體, in: *Móu Zōngsān xiānshēng quánjí* 牟宗三先生全集 [Gesammelte Werke des Herrn Móu Zōngsān], Taipei: Lingking 2003, Bd. 5, S. 6.

198 Jean François Billeter bekundet zwar Respekt vor dem Werk von Móu Zōngsān, ist allerdings der Meinung, dass es »dazu verdammt ist, steril zu bleiben«. Er vertritt die Auffassung, Móus Rekonstruktion der Geschichte chinesischen Denkens werde durch die Annahme geleitet, dass jene um eine »bestimmte Idee der Weisheit (sagesse), oder genauer der Heiligkeit (sainteté)« zentriert ist. Seine Kritik lässt sich wie folgt zusammenfassen: Móu Zōngsān, und mit ihm der zeitgenössische Neokonfuzianismus insgesamt, bleiben (1.) unrettbar verstrickt in den »imperialen Despotismus« der vormodernen »chinesischen Zivilisation«; Móus Verständnis der Möglichkeit, konfuzianisches Lernen und Demokratie miteinander zu versöhnen, stützt sich (2.) auf eine metaphysische Idee der »Heiligkeit«, die von moderner Kritik als Schwärmerei entlarvt werden kann. Der Versuch ist folglich zum Scheitern verurteilt. Siehe Jean François Billeter, *Gegen François Jullien*, aus dem Französischen von Tim Trzaskalik, Berlin: Matthes & Seitz 2015, S. 81; ders. *Contre François Jullien*, Paris: Allia 2006, S. 85–86.

199 Vgl. Heiner Roetz, »Confucianism between Tradition and Modernity, Religion, and Secularization: Questions to TU Weiming«, in: *Dao* (2008) 7, besonders S. 376–379.

200 Móu Zōngsān, *Zhèngdào yǔ zhìdào*, S. 62.

201 Peng Guoxiang [Péng Guóxiáng], »Inside the Revival of Confucianism in Mainland China: The Vicissitudes of Confucian Classics in Contemporary China as an Example«, in: *Oriens Extremus*, Nr. 49 (2010), S. 233. Peng schreibt weiter, dass »such politicization and commercialization would really be the kiss of death for the Confucian classics« (S. 234).

202 Móu Zōngsān 牟宗三, Lìshǐ zhéxué 歷史哲學, in: *Móu Zōngsān xiānshēng quánjí* 牟宗三先生全集 [Gesammelte Werke des Herrn Móu Zōngsān], Bd. 9, S. 73.

203 François Jullien, *De l'universel, de l'uniforme, du commun et du dialogue entre les cultures*, Paris: Fayard 2008, S. 255; deutsche Übersetzung: *Das Universelle, das Einförmige, das Gemeinsame und der Dialog zwischen den Kulturen*, Berlin: Merve 2009, S. 199–200.

204 Jullien, *De l'universel*, S. 256–257; dt. S. 200–202.

205 Jullien, *De l'universel*, S. 256; dt. S. 200.

206 Móu Zōngsān, *Zhèngdào yǔ zhìdào*, S. 23.

207 Vgl. Lee Ming-huei [Lǐ Mínghuī] 李明輝, »›Nèishèng wàiwáng‹ wèntí chóngtàn「內聖外王」問題重探«, S. 84. Siehe auch Roetz, *Die chinesische Ethik der Achsenzeit*, S. 72.

208 Vgl. Heiner Roetz, *Die chinesische Ethik der Achsenzeit*, Kapitel 5.

209 Roetz wendet sich gegen eine kommunitaristische Interpretation des Konfuzianismus, die Konfuzianismus und »rights-based liberalism« oder »rites« und »rights« gegeneinander ausspielt. Siehe dazu David L. Hall und Roger T. Ames, *The Democracy of the Dead: Dewey, Confucius, and the Hope for Democracy in China*, Chicago and Lassalle, Illinois: Open Court 1999. Grundlegend für diese Position: David L. Hall und Roger T. Ames, *Thinking through Confucius*, Albany: State University of New York Press 1987. Kritisch dazu Roetz, *Konfuzius*, München: C.H. Beck 2006.

210 Siehe Axel Honneth, *Leiden an Unbestimmtheit: Eine Reaktualisierung der Hegelschen Rechtsphilosophie,* Stuttgart: Reclam 2001, und ders., *Das Recht auf Freiheit: Grundriß einer demokratischen Sittlichkeit,* Berlin: Suhrkamp 2011.

211 Zur regressiven Aneignung konfuzianischer Sitten durch die Kommunistische Partei Chinas siehe Ralph Weber, »Konfuzianische Selbstkultivierung als Philosophem und Politikum«, in: *Polylog – Zeitschrift für interkulturelles Philosophieren*, Nr. 26 (Winter 2011), S. 19–42.

212 Im Folgenden zitiere ich die Version des Manifests, die unter dem Titel »Chinesische Kultur und die Welt« in einer Aufsatzsammlung von Táng Jūnyì erschienen ist: Táng Jūnyì 唐君毅, »Zhōnghuá wénhuà yǔ shìjiè 中華文化與世界« [Chinesische Kultur und die Welt], in: *Shuō zhōnghuá mínzú zhī huā guǒ piāolíng* 說中華民族之花果飄零 [Über die wurzellose Unstetigkeit des chinesischen Volkes], Taipei: Sānmín shūjú 2005, S. 119–184. Eine stark gekürzte englische Version findet sich in Carsun Chang [Zhāng Jūnmài], *The Development of Neo-Confucian Thought*, Bd. 2, New York: Bookman Associates 1957. Der Titel lautet: »A Manifesto for a Re-appraisal of Sinology and Reconstruction of Chinese Culture«.

213 Táng Jūnyì et al., »Zhōnghuá wénhuà yǔ shìjiè« [Chinesische Kultur und die Welt], S. 121–122.

214 Táng Jūnyì et al., »Zhōnghuá wénhuà yǔ shìjiè« [Chinesische Kultur und die Welt], S. 127.

215 Táng Jūnyì et al., »Zhōnghuá wénhuà yǔ shìjiè« [Chinesische Kultur und die Welt], S. 130.

216 Táng Jūnyì et al., »Zhōnghuá wénhuà yǔ shìjiè« [Chinesische Kultur und die Welt], S. 151–152.

217 Táng Jūnyì et al., »Zhōnghuá wénhuà yǔ shìjiè« [Chinesische Kultur und die Welt], S. 158–159.

218 Táng Jūnyì et al., »Zhōnghuá wénhuà yǔ shìjiè« [Chinesische Kultur und die Welt], S. 160.

219 Táng Jūnyì et al., »Zhōnghuá wénhuà yǔ shìjiè« [Chinesische Kultur und die Welt], S. 163. Vgl. zum Motiv der konfuzianischen Keime von Demokratie den Aufsatz von Anne Cheng, in dem auch das Manifest diskutiert wird: »Des germes de démocratie dans la tradition confucéenne?«, in: Mireille Delmas-Marty, Pierre-Etienne Will (Hg.), *La Chine et la démocratie*, Paris: Fayard 2007, S. 83–107.

220 Táng Jūnyì et al., »Zhōnghuá wénhuà yǔ shìjiè« [Chinesische Kultur und die Welt], S. 153.

221 Vgl. Stephan Schmidt, »›Der große Chinese von Königsberg‹. Kants Rolle und Funktion im Kontext der Modernisierung konfuzianischen Denkens im 20. Jahrhundert«, in: *Allgemeine Zeitschrift für Philosophie* 33 (2008), Heft 1, S. 5–29, und ders., »Moralsubjekt und Erkenntnissubjekt. Zu einer kategorialen Unterscheidung im Denken des modernen Konfuzianismus«, in: *Polylog – Zeitschrift für interkulturelles Philosophieren* 19 (2008), S. 63–84.

222 Vgl. hierzu vor allem Olf Lehmann, *Zur moralmethaphysischen Grundlegung einer konfuzianischen Moderne: »Philosophisierung« der Tradition und »Konfuzianisierung« der Aufklärung bei Mou Zongsan*, Leipzig: Universitäts-Verlag 2003.

223 Vgl. dazu Péng Guóxiáng 彭國翔, »Móu Zōngsān de gòngchǎn zhǔyì pīpàn 牟宗三的共產主義批判« [Móu Zōngsāns Kritik des Kommunismus], in: *Zhìzhě de xiànshì guānhuái. Móu Zōngsān de zhèngzhì yǔ shèhuì sīxiǎng* 智者的現世關懷：牟宗三的政治與社會思想 *(Eines Weisen weltliche Sorge. Móu Zōngsāns politisches und soziales Denken), Taipei: Linking 2016, S. 272-340.*

224 Vgl. Fabian Heubel, »Aistethik oder Transformative Philosophie und Kultur der Fadheit«, in: *Polylog – Zeitschrift für interkulturelles Philosophieren*, Nr. 22 (2009), S. 35–53.

225 Herausragendes Beispiel ist selbstverständlich der chinesische Einfluss auf die europäische Aufklärung im 18. Jahrhundert. Heiner Roetz' Kritik an Charles Taylors *A Secular Age* legt den Finger auf

eine allgemeinere Tendenz, nicht-europäischen Einflüssen den ihnen gebührenden Platz in der Geschichtsschreibung zu verweigern: »The European Enlightenment is as much a product of European history as it is an expression of inter- and trans-cultural dynamics. [...] I would like to emphasize this point in particular against Charles Taylor's voluminous analysis of the ›Secular Age‹ which in all its learnedness is a formidable document of North-Atlantic parochialism. [...] Presumably, there is a strategy behind this neglect: To trump secular thought by making it part of the Christian culture itself.« (Heiner Roetz, »The Influence of Foreign Knowlege on Eigtheenth Century European Secularism«, in: *Religion and Secularity. Transformations and Transfers of Religious Discourses in Europe and Asia*, edited by Marion Eggert and Julian Hölscher, Leiden: Brill 2013, S. 9–10.)

226 Móu Zōngsān 牟宗三, »Chāoyuè de fēnjiě yǔ biànzhèng de zònghé 超越的分解與辯證的綜合« [Transzendentale Analyse und dialektische Synthese], in: *Móu Zōngsān xiānshēng quánjí* 牟宗三先生全集 [Gesammelte Schriften des Herrn Móu Zōngsān], Taipei: Linking 2003, Band 27, S. 459-466. Vgl. die englische Übersetzung: »Transcendental Analysis and Dialectical Synthesis«, in: *Late Works of Mou Zongsan. Selected Essays on Chinese Philosophy*, translated and edited by Jason Clower, Leiden: Brill 2014, S. 114–122.

227 Mao Tse-tung [Máo Zédōng], *Worte des Vorsitzenden Mao Tse-tung*, Peking: Verlag für fremdsprachige Literatur 1967, S. 20.

228 Mao Tse-tung [Máo Zédōng], *Worte des Vorsitzenden Mao Tse-tung*, S. 22. Vgl. Joachim Schickel, *Große Mauer, große Methode. Annäherungen an China*, Frankfurt am Main: Suhrkamp, 1976, S. 178.

229 Vgl. etwa Frank Dikötter, *The Tragedy of Liberation. A History of the Chinese Revolution 1945–1957*, London: Bloomsbury 2014; ders., *Mao's Great Famine. The History of Chinas Most Devastating Catastrophe,* 1958–1962, New York: Walker & Co. 2010; ders., *The Cultural Revolution. A People's History 1962-1976*, London: Bloomsbury 2016.

230 Mao Tse-tung [Máo Zédōng], *Worte des Vorsitzenden Mao Tse-tung*, S. 10.

231 Vgl. Peter Trawny, *Heidegger und der Mythos der jüdischen Weltverschwörung*, Frankfurt am Main: Klostermann, 2015 (dritte Auflage).

232 Theodor W. Adorno, *Negative Dialektik*, Frankfurt am Main: Suhrkamp 1975, S. 358.

233 Alain Badiou, *L'hypothèse communiste*, o.O.: Lignes 2009, S. 124–126. *Die kommunistische Hypothese*, Berlin: Merve 2011, S. 103–105. Vgl. auch die Einführung von Slavoj Žižek in Mao Tse-tung [Máo Zédōng], *On practice and contradiction*, London; New York: Verso 2007.

234 Vgl. Hermann Schmitz, *Adolf Hitler in der Geschichte*, Bonn: Bouvier 1999.

235 Adorno, *Negative Dialektik*, S. 354.

236 Adorno, *Negative Dialektik*, S. 355.

237 Hans Heinz Holz, *Widerspruch in China. Politisch-philosophische Erläuterungen zu Mao Tse-tung*, München: Hanser 1970, S. 84.

238 Vgl. Joachim Schickel, »I Ching. Logisches anzumerken«, in: ders., *Große Mauer, große Methode*, S. 231–283; Holz, »Die Lehre vom Widerspruch«, in: ders., *Widerspruch in China*, S. 72–99.

239 Mao Tse-Tung [Máo Zédōng], *Worte des Vorsitzenden Mao Tse-tung*, S. IV.

240 Holz, *Widerspruch in China*, S. 79: »Daß die Interpretation der Zeichen 63 und 64 zum logischen Modell einer permanenten Revolution kommen muß, liegt auf der Hand.«

241 Móu Zōngsān hatte schon sehr früh ein scharfes Gespür für die Bedeutung von Dialektik als Machttechnik (*quánshù*) in den Händen Máo Zédōngs. Simon Leys hat dieser sardonischen Seite von Dialektik eine an Präzision schwer zu überbietende Definition gegeben: »Dialectics is the jolly art that enables the Supreme Leader never to make mistakes – for even if he did the wrong thing, he did it at the right time, which makes it right for him to have been wrong, whereas the Enemy, even if he did the right thing, did it at the wrong time, which makes it wrong for him to have been right.« Siehe Simon Leys, »The art of interpreting non-existent inscriptions written in invisible ink on a blank page«, in: ders., *The hall of uselessness. Collected essays*, New York: The New York Review of Books 2013, S. 194; Móu Zōngsān 牟宗三, »Pì gòngchǎn zhǔyì zhě de ›máodùn lùn‹ 闢共產主義者的「矛盾論」« [Zur Widerlegung der »Theorie des Widerspruchs« der Kommunisten], in: *Móu Zōngsān xiānshēng quánjí* 牟宗三先生全集 [Gesammelte Schriften des Herrn Móu Zōngsān], Taipei: Linking 2003, Bd. 9, S. 89–119. Zum Erbe des Legismus im China des 20. Jahrhunderts vgl. Heiner Roetz, »Der antike Legismus – eine Quelle des modernen chinesischen Totalitarismus?«, in: Harro

von Senger/Marcel Senn (Hg.), *Maoismus oder Sinomarxismus*, Stuttgart: Franz Steiner Verlag 2016, S. 75–99. Allgemein zur Schule des Legismus (oder Legalismus) vgl. Hubert Schleichert/Heiner Roetz, *Klassische chinesische Philosophie. Eine Einführung*, Frankfurt am Main: Klostermann 2009 (dritte, neu bearbeitete Auflage), S. 179–238.

242 Vgl. Móu Zōngsān, »Chāoyuè de fēnjiě yǔ biànzhèng de zònghé« [Transzendentale Analyse und dialektische Synthese], S. 462–465; Móu Zōngsān, »Zhuāngzǐ ›Qíwùlùn‹ jiǎngyǎn lù« [Vorträge zu Zhuāngzǐs »Die Gleichstellung der Dinge«], S. 23–24 und S. 27.

243 Habermas, *Theorie des kommunikativen Handelns*, Band I, S. 515.

244 Dazu genauer Fabian Heubel, »Culture de soi et créativité – Réflexions sur la relation entre Mou Zongsan et le Confucianisme énergétique«, in: *Extrême-Orient Extrême-Occident*, no. 29, Paris: Presses Universitaires de Vincennes 2007, S. 152–177.

245 *Frühling und Herbst des Lü Bu We*, aus dem Chinesischen verdeutscht und erläutert von Richard Wilhelm, Jena: Eugen Diederichs 1928, S. 267–268.

246 Für dieses und viele der folgenden Zitate siehe Wolfgang Bauer, *China und die Hoffnung auf Glück*, S. 574–575.

247 Damit weist Bauers Perspektive deutlich über François Julliens Diskussion des Verhältnisses von Revolution und Transformation hinaus, die den Kontrast von Revolution (Europa) und Transformation (China) allzu schematisch handhabt. Siehe etwa Jullien, *Les transformations silencieuses*, Paris: Grasset 2009, S. 92.

248 Bauer, *China und die Hoffnung auf Glück*, S. 533.

249 Bauer, *China und die Hoffnung auf Glück*, S. 529.

250 Bauer, *China und die Hoffnung auf Glück*, S. 559.

251 Bauer, *China und die Hoffnung auf Glück*, S. 561.

252 Bauer, *China und die Hoffnung auf Glück*, S. 572.

253 Bauer, *China und die Hoffnung auf Glück*, S. 538.

254 Bauer, *China und die Hoffnung auf Glück*, S. 541–542.

255 *I Ging [Yìjīng], Das Buch der Wandlungen*, aus dem Chinesischen verdeutscht und erläutert von Richard Wilhelm, Drittes Buch, S. 102.

256 Vgl. Kē Xiǎogāng 柯小剛, *Gǔdiǎn wénjiào de xiàndài xīnmìng* 古典文教的現代新命 [Das moderne Schicksal der klassischen Bildungskultur], Shànghǎi: Rénmín 2012, S. 37–91, zum Hexagramm Nr. 24 besonders S. 85. Vgl. auch ders., *Dàoxué dǎolùn (wàipiān)* 道學導論

(外篇) [Einführung in die Lehre vom Weg (Äußerer Teil)], Shànghǎi: Huádōng shīfàn dàxué 2010, S. 113–140.

257 Holz, *Widerspruch in China*, S. 82.

258 Holz, *Widerspruch in China*, S. 82. Für Holz hat Leibniz das »einzige europäische Denksystem« entwickelt, in dem die damit verbundenen Probleme modellhaft überwunden worden sind. (Ebenda, S. 117.)

260 Bauer, *China und die Hoffnung auf Glück*, S. 540–541.

260 Holz, *Widerspruch in China*, S. 83.

261 Amy Allen, *The End of Progress. Decolonizing the Normative Foundations of Critical Theory*, S. 31.

262 Bauer, *China und die Hoffnung auf Glück*, S. 576.

263 Der Begriff der Paradoxietoleranz ist von Thomas Bauers Diskussion der »Ambiguitätstoleranz« im klassischen Islam inspiriert. Bauers Auffassung nach ist die Abkehr von dieser Ambiguitätstoleranz Ergebnis einer fatalen Modernisierungsdynamik, in der islamisches Denken mit der »unheilvollen westlichen Verkettung von *Ambiguitätsfurcht, Wahrheitsobsession* und *Universalisierungsehrgeiz*« konfrontiert worden ist. Siehe Thomas Bauer, *Die Kultur der Ambiguität. Eine andere Geschichte des Islams*, Berlin: Verlag der Weltreligionen 2011, S. 395–405.

264 *Immanuel Kant*, »Beantwortung der Frage: Was ist Aufklärung?«, in: *Immanuel Kant Werkausgabe*, Frankfurt am Main: Suhrkamp 1977, Bd. XI, S. 61.

Personenregister

Adorno, Theodor W. 16, 30, 193 ff., 199, 215 f., 232, 240 f.
Amelung, Iwo 17
Ames, Roger T. 179, 238
Apel, Karl-Otto 57 ff.
Aristoteles 59
Badiou, Alain 194, 241
Bauer, Wolfgang 64, 91, 201–206, 208 f. 215, 218, 225, 242 f.
Billeter, Jean François 18, 97, 110–116, 118–127, 143, 155, 225, 227 ff., 237
Blättler, Sidonia 17
Borchardt, Rudolf 29, 215
Buber, Martin 152 f., 155, 233
Cài Yuánpéi (Tsai Yüan Pei, Ts'ai Yüan P'e) 蔡元培 41, 45 f., 54
Celan, Paul 11
Chiang Kai-shek (Jiǎng Jièshí) 蔣介石 48, 191
Chung, Chen-yu (Zhōng Zhènyǔ) 鍾振宇 19
Dài Jìtāo (Tai Chi-tao oder Tai Tschi Tao) 戴季陶 47 f., 219
Dèng Xiǎopíng 鄧小平 64 f., 68 ff., 88, 95
Engels, Friedrich 65, 205
Fāng Yǐzhì 方以智 117
Fingarette, Herbert 179
Foucault, Michel 62, 76, 131, 149, 233
Franke, Wolfgang 27, 215, 220
Fröhlich, Thomas 17
Gān Yáng 甘陽 64–70, 72–76, 78 f., 82 f., 87, 89, 106, 158, 175, 223 ff.
Gandhi, Mahatma 159
Guō Xiàng 郭象 153, 155
Habermas, Jürgen 57 ff., 131, 143, 148, 195, 199, 214, 232 f., 242
Hadot, Pierre 62
Hall, David L. 179, 238
Havel, Václav 159
Hegel, Georg Wilhelm Friedrich 16, 56, 86, 116, 144 f., 176–179, 191, 193, 196, 198 ff., 207, 238
Heidegger, Martin 16, 29, 75, 194, 240
Hitler, Adolf 193, 195, 199, 241
Holz, Hans Heinz 196, 208, 241, 243
Honneth, Axel 17, 214, 216, 227, 238
Hú Shì (Hu Shih) 胡適 61, 223
Jiāng Dāndān 姜丹丹 19
Jiǎng Qìng 蔣慶 166 f., 231, 235
Jullien, François 18, 58–62, 95–105, 110, 112 ff., 155, 177, 222 f., 225-228, 233, 237, 242
Kāng Yǒuwéi 康有為 28, 30, 49, 64, 66, 87, 138, 167
Kant, Immanuel 16, 56, 59, 103, 118 f., 139, 172 f., 178, 187, 193, 211, 222, 239, 243
Kē Xiǎogāng 柯小剛 19, 75, 242
Kerner, Ina 17
Konfuzius, Kǒngzǐ 孔子 47 f., 50, 58 f., 68, 75, 80, 86, 141, 149, 216, 222, 238
Ku Hong Ming (Gū Hóngmíng) 辜鴻銘 46
Lài Xīsān 賴錫三 19, 118, 228
Lǎozǐ (Lao-tse) 老子 111
Lee Ming-huei (Lǐ Mínghuī) 李明輝 18, 166 f., 178, 231, 235 f., 238
Lenin, Wladimir Iljitsch 32, 34, 48, 63, 65, 78, 88, 185, 196, 207, 209
Lǐ Xuětaō 李雪濤 19
Lǐ Zéhòu 李澤厚 30, 92, 216
Liáng Qǐchāo 梁啟超 138
Lín Biāo 林彪 196

Lín Jùnchén 林俊臣 19
Liu Tsang-long (Liú Cānglóng) 劉滄龍 19
Liú Xiǎofēng 劉小楓 76 f., 224
Liu, Joyce C.H. (Liú Jìhuì) 劉紀蕙 19
Máo Zédōng (Mao Tse-tung) 毛澤東 32, 39, 48 f., 52, 68 ff., 77, 90 f., 93 ff., 98, 161, 191–194, 196–211
Marchal, Kai 19, 224
Marx, Karl 65, 191, 196, 207, 216 (für Marxismus siehe Sachregister)
Menke, Christoph 17, 229
Möller, Hans-Georg 152–155, 233 f.
Móu Zōngsān (Mou Tsung-san) 牟宗三 56, 78 f., 80–84, 117 f., 139, 144 ff., 165–176, 178–181, 187, 191, 193, 196 f., 198 ff., 210, 220, 224 f., 231 f., 236 f., 239, 240 ff.
Nietzsche, Friedrich 119, 140, 146, 229
Obert, Mathias 19
Péng Guóxiáng 彭國翔 19, 237, 239
Peng Hsiao-yen (Péng Xiǎoyán) 彭小妍 19
Roetz, Heiner 18, 55–58, 60, 162, 174, 179, 221 ff., 229, 234, 237–242
Roy, Manabendra Nath 50, 54, 220 f.
Saar, Martin 17
Schickel, Joachim 196, 240 f.
Schilling, Dennis 18, 224, 227, 230 f.
Schlegel, Friedrich 75 f., 224
Schmitt, Carl 29, 77
Schmitz, Hermann 194, 241
Strauss, Leo 76 f., 224
Sun Yat-sen (Sūn Yìxián oder Sūn Wén, Sūn Zhōngshān) 孫逸仙、孫文、孫中山 19, 42, 44, 46–50, 52, 64 ff., 70, 79, 90, 129, 138, 192, 213, 217–220
Táng Jūnyì (Tang Chun-I) 唐君毅 181, 220, 238 f.
von Hofmannsthal, Hugo 29
Wáng Fūzhī 王夫之 94 f., 97–101, 104 f., 117, 198, 200, 225 f.
Wāng Huī 汪暉 30, 67, 129 ff., 133, 136 f., 139 f., 143, 147 f., 157, 175, 214, 216, 223, 229 ff., 233
Weber, Max 56, 131, 148, 214, 230, 233
Wilhelm, Richard 37–49, 53–57, 82, 91, 104, 106, 149 f., 153, 216–227, 231 ff., 235, 242
Wittfogel, Karl August 47–57, 82, 219 f.
Xià Kějūn 夏可君 19, 233
Xióng Shílì 熊十力 165, 170 f., 179, 235 f.
Xú Fùguān (Hsu Fo-kuan) 徐復觀 181, 220, 228
Yáng Rúbīn (Yang Rur-bin) 楊儒賓 18, 115–118, 218, 228
Zhāng Jūnmài (Carsun Chang) 張君勱 181, 220, 223, 238
Zhāng Qiānfān 張千帆 161, 234
Zhāng Tàiyán 章太炎 136, 138, 141 f., 148, 156 f., 230
Zhāng Zǎi 張載 101, 117, 200, 225
Zhū Xī 朱熹 165
Zhuāngzǐ (Zhuāng Zhōu) 莊子 111 f., 115–119, 121–127, 149 f., 152, 154, 227 f., 232 f., 242

Žižek, Slavoj 194

Sachregister

Academia Sinica 18 f., 41, 235
Aktivität 115, 119 f., 123 ff., 229
Aktualisierung 45, 64, 93, 106, 227
Altertum 15, 42, 75 f.

Altes und Neues, Alt und Neu 13, 15, 25, 38 f., 41 f., 45 f., 50, 54 f., 62, 75, 78, 91 f., 99, 108 f., 140, 145, 174, 189, 196, 198, 203, 210
altes China 3 ff., 50, 53 ff., 60 f., 80, 87, 121, 130, 223
anderer Anfang 28, 75
Andersdenken 189
Anerkennung 78, 82, 85, 88, 90, 115, 119, 121, 127, 135, 139 f.
Anfang 28, 41, 44, 50 f., 75, 86, 92, 104, 113, 166
Anti-Kommunismus 174, 196
Anti-Traditionalismus 34, 38, 71, 79, 130, 162, 176
Argumentation 58, 60 ff.
Askese (gōngfū 工夫), asketisch 142, 157, 172, 198–201
Asketik (gōngfūlùn 工夫論) 118
asketische Dialektik (gōngfū biànzhèng 工夫辯證) 198 ff.
ästhetische Kultivierung 123
ästhetische Modernisierung 118
Aufarbeitung der Vergangenheit 56, 89
Aufklärung 30, 150, 202, 209, 211, 239, 243
Aufrichtigmachen der Gesinnung (chéng yì 誠意) 65
Auschwitz 192 f., 195
Ausgleichung der Familie (qí jiā 齊家) 165, 170
Auslöschung der gelben Rasse 192
äußere Königlichkeit (wài wáng 外王) 80, 166, 170 ff., 174, 178 f.
äußere Kultivierung (wài xiū 外修) 165 f., 170, 179
außereuropäische Kultur 190, 222
Autonomie 57, 114, 122, 127
Autoritarismus, autoritär 42, 81, 98, 130, 141, 159, 161 f., 164, 169, 176, 180
Barbarei, barbarisch 39, 193, 195 f., 203
Befreiung 140, 158, 162, 192, 202
Befriedung der Welt (píng tiān xià 平天下) 165, 170
Besinnung 174, 202, 210
Bewusstseinsphilosophie 173
Bewusstseinssubjekt 121, 123, 153, 155
Bildungskultur 15, 21, 30, 39, 70–75, 82, 139, 174, 195, 207, 242
Bildungssystem 28, 39, 71 f., 77, 79
Bindung 29 f., 164, 187
Bourgeoisie 140, 191
Brüderlichkeit (bóài 博愛) 43, 48, 110
Buch der Wandlungen (Yìjīng oder I Ging 易經) 15, 40 f., 91, 94, 96, 99, 101–107, 109, 140, 167, 196 f., 200, 202, 204 f., 207 f., 210, 217, 224–227, 231, 233, 242
Buddhismus, buddhistisch 61, 105, 137 f., 144 f., 160, 198 ff., 226, 230
buddhistische Metaphysik 105
bürgerliche Revolution 48, 51 ff., 65, 82
China vormals ohne Weg der Politik (Zhōngguó yǐqián wú zhèngdào 中國以前無政道) 168
China-Institut (Frankfurt am Main) 37, 47, 53
chinesische Kultur 23, 25, 39, 54, 73, 75 f., 81, 85 f., 112, 175, 178, 181–190, 196, 217, 220, 238 f.
chinesische Kunst des Schreibens (Kalligrafie) 123 ff.
chinesische Philosophie 11, 13, 16 ff., 20–23, 36, 55 ff., 95, 100, 110, 135, 139, 147, 152, 187 f., 198, 202, 211, 213, 215, 233, 242
chinesische Revolution 42, 48, 51, 89, 110, 215, 219 f.
chinesische Schriftsprache 132, 213
chinesisches Denken 102
chinesisches Wesen 54, 71, 146

Christentum, Christianisierung Chinas 30, 159 f., 167, 240
Daoismus 58, 61, 75, 111, 116, 119, 137 f., 144 f., 147, 154, 168, 198 ff., 228, 233
Das große Lernen (Dàxué 大學) 74, 165 ff., 169–172, 179, 236
De-Ideologisierung 148
Dekolonisierung 221
Demokratie 31, 34 f., 43, 49 f., 52, 56, 63, 65, 71, 78–83, 88, 117, 129 f., 132–138, 143, 159–169, 171 f., 184–186, 194, 216, 224, 228 f., 235, 237, 239
demokratische Politik (mínzhǔ zhèngzhì 民主政治) 163 f., 166, 169, 172
Demokratisierung 26, 63, 65, 84, 96, 130, 134 f., 158 f., 161, 165, 171, 195, 234
Despotismus 71, 96 ff., 112 f., 124, 156, 168, 237
Desubjektivierung 120, 127, 151 f, 155
Dezentralisierung 69
Dialektik, dialektisch 26, 79, 82 f., 85, 94, 101, 107, 144 ff., 150, 176, 188 f., 191, 193–211, 227, 232, 240 ff.
Dialektik als Exerzitium 199
Dialektik der Natur, Naturdialektik 205, 208
Differenz 21, 23, 103, 111
Differenzgleichheit (chāyì píngděng 差異平等) 157
Diktatur 31, 133 f., 140, 160 ff.
Ding an sich (wùzìshēn 物自身) 139, 143, 231
Dinge sein lassen, wie sie sind (ràng shìwù shì qí suǒ shì 讓事物是其所是) 139
Diskontinuität 41, 67, 82, 91 f., 96, 99, 106 f., 112 ff., 118 f., 122, 125, 127, 157
Diskursethik 57, 223
diskursive Kommunikation 62
Disponibilität, disponibel 60,110, 127
drei Volksprinzipien, Drei-Prinzipien-Lehre 42 f., 49 f., 52, 64, 79, 138
einfache Menschen, einfache Leute (shùmín 庶民) 170
energetische Transformation, Energetik, energetisch 80, 94, 103, 112, 124–127, 200, 228
Energie, Atem-Energie (qì 氣) 107, 113, 115, 117, 123 ff.
Entdramatisierung des Denkens 127
Entzweiung 106 f.
epistemologische Askese 157
erfahrungsabhängige Metaphysik 200
Erforschen der Dinge (gé wù 格物) 165
Erkenntnissubjekt (rènshì zhǔtǐ 認識主體) 186 f., 239
Erkenntnistheorie 137 ff.
Eröffnung einer neuen äußeren Königlichkeit (kāichū xīn wàiwáng 開出新外王) 166
Erreichen des Wissens (zhì zhī 致知) 165
Etatismus (guójiā zhǔyì 國家主義) 130
Ethik der Anpassung 56
Ethnozentrismus, ethnozentrischer Nationalismus 23, 30, 59, 175
Ethos des Lernens 181, 183, 186
Europa, europäisch 15 f., 18, 20–26, 29, 39 f., 43, 55 f., 59, 61 f., 68, 71, 75 f., 95 f., 100–106, 110, 113, 115, 122 f., 131 ff., 137, 150, 163 f., 168, 176 f., 187, 190, 192 f., 200, 208, 215 f., 218, 222 f., 226 f., 239 f., 243
Eurozentrismus 24 f., 58, 131
Experiment, experimentell, Experimentalismus 44, 46, 63, 69, 93, 110, 157 f., 203, 206, 225
externe Modernisierung 24

Fadheit 147, 233, 239
Familialismus 70, 164
Festlands-Neukonfuzianismus (dàlù xīn rújiā 大陸新儒家) 173
Feudalismus 32, 140
Fortschrittsteleologie 52
Französische Revolution 43, 110, 216
Freiheit 29, 43, 46, 49, 68, 93, 110, 126 f., 140, 150, 159, 162 ff., 201, 238
Freund-Feind 133, 211
Fundamentalismus 71, 138, 184
Ganzheitlichkeit 106, 122
Gebrauch (yòng 用) 79 f., 83
gebrochene (gewundene) Kontinuität (qūzhé de chíxù 曲折的持續) 83
Gebrochenheit, gebrochen 40, 80, 83, 98, 106, 174, 176, 224, 232, 234 f.
Gefahr 21, 29, 33, 44, 59, 77, 123, 125, 145 f., 160, 167, 185, 206, 216, 224 f., 232
gegenläufige Besinnung (nì jué 逆覺) 146
gegenläufige Transformation (nìzhuǎn 逆轉) 170 f., 174
Gegenwart, gegenwärtig 12, 14, 17 f., 23, 25, 35, 41, 45, 47, 53, 55, 62, 66, 68, 72, 80, 84, 88, 106, 116, 133, 135, 137, 144, 148, 170 f., 181 f., 196, 202 f., 206, 211, 214, 219, 224, 231, 235 f.
Geist, geistig 11–14, 21, 23, 25, 28 ff., 40 f., 43 ff., 47, 53 f., 59, 61 f., 94, 103, 105, 120, 122 f., 130, 139, 148, 159, 163, 173, 176, 178, 182 f., 185 f., 188 f., 194, 196 ff., 206 f., 215, 217, 219 f., 225, 228
geistige Kultivierung (jīngshén xiūyǎng 精神修養) 198
gemeinsame Normen (gòngfǎ 共法) 83
Gerät (qì 器) 102 ff., 227
Gerechtigkeit 30, 160, 204
Geschichtsphilosophie 41, 65, 86, 94 f., 145, 189, 194, 200, 207
Geschichtsteleologie 82, 98
gewundene Kommunikation (qūtōng 曲通) 145, 158, 172, 174 f., 180
gewundene Kommunikation der drei Traditionen (qūtōng sāntǒng 曲通三統) 180
Gleichheit 43, 68, 71, 73, 110, 129, 133–137, 141, 143, 157, 162, 184, 230 f.
Gleichheit der Gleichstellung der Dinge (qíwù píngděng 齊物平等) 230
Gleichstellung der Dinge (qíwù 齊物) 135–138, 140–143, 147–150, 154, 156 f., 196, 230, 232, 242
Globalisierung, global 68, 72, 86, 89, 130, 136 f., 210 f., 215
Goldene Regel 58, 222
Griechenland 61, 75
große Barriere (dà bìsè 大鼻塞) 186
große Weltgemeinsamkeit (shìjiè dàtóng 世界大同) 87
große Gemeinsamkeit (dàtóng 大同) 66, 87
großes Kontinuum, große einende Tradition (dàyītǒng 大一統) 98
harmonische Koexistenz 65
Heilige und Weise (shèng xián 聖賢) 80
heiliger Mensch (shèngrén 聖人) 75
Herz im Faden wandeln zu lassen (yóu xīn yú dàn 遊心於淡) 147
Herz-Wesensnatur-Lehre (xīnxìng zhī xué 心性之學) 173
Hexagramm (Buch der Wandlungen) 91, 107 f., 207, 210, 242
Himmel, himmlisch (tiān 天) 11, 80, 119 f., 123, 126, 167, 170, 184, 197, 231, 233

Himmel, Erde und Mensch 80, 167
Hin-und-Her 120 f., 141, 150, 156 f., 207
Hin-und-Her zwischen Kultivierung und Vitalisierung (wénzhí xiāngfù 文質相復) 207
historisches Apriori 149
höchste Stufe der Selbstbesinnung (zuìgāo de zìjué jìngjiè 最高的自覺境界) 168
Humanismus, humanistisch 70 ff., 155, 231
hybrid, Hybridisierung, Hybridität 23 ff., 85, 87 f., 96, 177, 189 f., 197, 210, 215
hybride Modernisierung 13, 20, 24 ff., 32 f., 35 f., 85, 89, 91 f., 98, 110, 125, 132, 142
Idealismus, idealistisch 44, 47, 117 f., 145, 172 f., 189, 191, 193, 198–201
idealistisches Subjekt moralischer Innerlichkeit (xīnxìng zhǔtǐ 心性主體) 118 energetisch-transformatives Subjekt (qìhuà zhǔtǐ 氣化主體) 118
Identität 21, 23, 26, 34, 111, 127, 132, 146, 154, 163, 177 f.
Ideologie, ideologisch 30 ff., 34, 40, 44 ff., 63, 65, 67, 77 f., 84, 89, 93, 101, 109, 116, 133, 140, 145, 148, 156 f., 169, 174 f., 180, 182, 188 f., 192 f., 196, 199 f., 206, 210, 220
Immanenz, immanent 57 f., 91, 95, 100–104, 112 ff., 126, 187 f., 200, 226 f., 231
immanente Transzendenz 91, 188, 227
imperial, Imperialismus 15, 20, 24 f., 35, 40, 43 f., 64, 71, 79, 86, 96–99, 109, 112, 114, 122, 124, 129, 144, 154, 156, 158, 168 f., 172, 183, 221, 237
individuelle und innerliche moralische Kultivierung (gèrén zhī nèi zài de dàodé xiūyǎng 個人之內在的道德修養) 186
innere Heiligkeit (nèi shèng 內聖) 80, 118, 166, 170 f., 237
innere Kultivierung (nèi xiū 內修) 165 f., 175
Innerweltlichkeit 156
Institut für Sozialforschung 17, 47
Integration 69, 118 ff., 122 f., 127
Interkulturalität, interkulturell 20 ff., 25 f., 29, 58, 61, 127, 131 f., 139, 214 f., 227, 238 f.
interne Modernisierung 124
Intersubjektivität 57, 131, 174, 214
islamische Revolution 167
Japan, japanisch 14, 20, 22, 30, 40, 44, 74, 86, 213
Kapitalismus, kapitalistisch 32, 43, 49, 129 f., 133, 194, 238
kategorischer Imperativ 59, 193, 195, 222
Keime des Werdens 38, 41, 48
Klassenkampf 43, 49, 52, 191 ff., 206
Klassiker, das Klassische, klassisch 15 f., 21 ff., 28, 36, 38 f., 41 f., 54–58, 64, 66, 70–74, 79 f., 91, 95, 97, 106, 108, 110 f., 131 f., 137, 139, 140, 144–147, 151, 164 f., 171, 177, 179, 182, 185, 187, 196, 198, 200, 202, 205, 208 f., 213, 224, 227, 234 f., 243
klassische Bildungskultur 15, 30, 39, 70 f., 82, 139, 174, 195, 207, 242
Knoten, Verknotung 14, 32 f., 42, 66, 85, 92, 99, 109, 150, 201 f., 209
Kohärenz 96, 112, 119
Kollektivismus, kollektiv 33, 35, 44, 98, 109, 125 f., 159, 175, 194
Kommentartradition 107, 121 f.
Kommunikation, kommunikativ 14, 19–22, 25, 29, 35, 45 f., 50, 53,

55, 57–62, 66, 77, 81, 84, 86, 88, 90, 93 f., 96, 99, 106–110, 126, 131 f., 137, 143, 145–148, 150, 154, 156–158, 172, 174 f., 180, 186, 199, 209, 214, 227, 232 f., 242
Kommunikation der Revolutionen 90, 109 f.
Kommunismus, kommunistisch 27 f., 30 f., 38, 47–50, 53 ff., 64, 68 f., 77, 84, 89, 94, 139 f., 159, 161, 174, 189 ff., 195 f., 198, 203, 217 f., 234, 238 f., 241
Kommunistische Partei Chinas 28, 31 f., 34, 38, 49, 63, 65 f., 68 f., 71, 87, 93 f., 97, 130, 133, 158, 160 ff., 179 f., 191, 194, 196 f., 203, 206
Kommunizieren 20, 25, 39, 42, 46, 50, 54, 64, 66–70, 75 ff., 81 ff., 85–90, 94, 99, 106, 108 f., 127, 152, 158, 175, 180, 206, 210, 223
Kommunizieren der drei Traditionen (tōng sān tǒng 通三統) 67, 70, 75 f., 81, 85 f., 89, 223
Kommunizieren der Veränderungen zwischen Alt und Neu, Östlichem (Chinesischem) und Westlichem (tōng gǔ jīn dōng (zhōng) xī zhī biàn 通古今東（中）西之變) 25
Komparatistik, komparativ 15, 21, 23, 54, 60, 103, 111, 126, 177, 214 f.
Konformismus 112 f.
Konfusion 119, 121
Konfuzianismus, konfuzianisch 18, 21 f., 28, 31 f., 34 f., 39, 41, 47–50, 56–60, 63–66, 68, 70 ff., 74 f., 77–82, 87 f., 93 f., 101, 105, 115–118, 137–141, 144 f., 147, 154, 158–181, 183–190, 192, 195, 199 f., 204, 208, 220, 222, 224, 226 ff., 231, 234–239
königlicher Weg (wáng dào 王道) 138, 166, 235
Konservatismus, konservativ 13, 27–31, 34, 42, 45 f., 49, 53, 64, 67 f., 71 ff., 76 ff., 81, 84, 86–89, 102, 117, 159, 161 f., 167, 174, 180, 185, 190, 200, 209, 224
konservative Revolution (revolutionärer Konservatismus) 27–30, 34, 49, 64, 77, 167
konstitutionelle Monarchie 30, 51, 167
Konterrevolution 220 f.
Kontinuität, kontinuierlich 24, 28, 41, 54, 67–70, 79, 83, 91–93, 98–99, 104, 106–107, 113 f., 126, 155, 157, 174–178, 180, 196, 207, 224, 227, 235
Körper/Leib (shēntǐ 身體) 103, 112, 114 f., 118, 120–123
kreative Transformation (chuànghuà 創化) 23, 116, 177, 196
Kreativität, kreativ 16, 23, 67, 76,81 f., 113–116, 118, 123–125, 148, 177, 196, 205, 208
Krise 20 f., 44, 63, 87, 133–137, 165, 206, 213
Kritik, kritisch, selbstkritisch 23, 25, 30, 34, 42 f., 48, 53, 56 ff., 65, 68 f., 71, 73 f., 81, 84, 97, 103, 105, 108, 111 f., 114, 116–119, 121, 124 ff., 129 f., 132 f., 141 f., 146, 152, 154 ff., 161, 169–175, 177–181, 183 f., 187 ff., 192 f., 196 f., 199 f., 215 f., 220 ff., 227 f., 232, 234, 237 ff.
Kritische Theorie 13, 17 f., 54 f., 57 f., 130, 192, 199, 210, 216, 221 f., 227, 232
Kultivierung, kultivieren 80, 85, 120, 122–127, 146 f., 150, 157, 165–172, 175, 179, 186 ff., 196, 198 f., 202, 204, 207, 227 f., 232
Kultur, kulturell 11–15, 20–28, 38, 40 ff., 45, 49, 52, 54, 56, 59, 62, 64–69, 72 f., 75, 77, 81 ff., 86 ff., 90,

92 f., 98 f., 111 f., 116 f., 122, 128, 132, 135 f., 146–149, 158, 160 f., 163, 167 f., 171, 175–178, 183 f., 186, 188 ff., 195, 205 f., 208 f., 214 f., 217 ff., 222, 228, 239, 243
kulturelle oder zivilisatorische Selbstbesinnung (wénhuà zìjué oder wénmíng zìjué 文化自覺 oder 文明自覺) 71
Kulturkonservatismus 86, 117, 185, 190
Kulturnationalismus 23, 34, 71, 76, 85, 88, 176 f.
Kulturrevolution (Große Proletarische Kulturrevolution) 27, 30, 34, 38 f., 69 f., 79, 130, 183, 194, 204, 207
Kunst 60, 116 f., 119, 122–126, 148, 218, 228 f.
Leere (xū 虛), Leerung (xūhuà 虛化) 119 ff., 127, 141
Legismus (Legalismus, fǎjiā 法家) 168, 197, 241 f.
Legitimität, Legitimation 21, 31, 34, 63, 66, 68, 71, 88, 116, 134, 138, 141, 166 ff., 206
Lernfähigkeit und Offenheit chinesischer Kultur 190
Liberalismus, liberal 13, 27 f., 31, 34 f., 42, 45 f., 56, 63–68, 71, 78, 81, 84, 86, 88 f., 93, 97, 125, 130, 133 f., 138, 158–163, 180, 190, 194, 201, 209, 211, 229, 234, 238
Linie Hegel–Marx–Lenin–Mao 196, 207
List der Vernunft 194 f., 198
Literatenkultur 189, 208
Logik, logisch 40, 61 f., 69, 98, 109, 117, 136, 149, 189, 197 f., 223, 232, 241
Lösung durch Nicht-Lösung (yǐ bù jiě jiě zhī 以不解解之) 201 ff.
Machtkritik 118, 121, 141, 154 f.
Maoismus, maoistisch 30, 34, 55 f., 64, 66, 70, 77 f., 84, 88, 195, 204, 209, 242
Markt, Marktwirtschaft 63 ff., 68, 88, 129 f., 135, 137, 158
Marxismus (Marxismus-Leninismus), marxistisch 32, 34, 43, 47, 49, 54, 63, 68, 78, 82, 88 f., 93 ff., 139 f., 156 f., 174, 185, 188 f., 192, 201, 206, 209, 220 f., 242
Massenmord 191, 193
Materialismus, materialistisch 31, 52, 61, 82, 94, 101, 117, 174, 189, 191 ff., 197–201, 206
Menschenrechte 57, 138, 164, 221
menschlich, das Menschliche 40, 48, 119 f., 123, 151, 170, 218, 233
Menschlichkeit (rén 仁) 179
Metaphysik (xíng ér shàng xué 形而上學 oder xíng shàng xué 形上學), metaphysisch 14, 57, 80 f., 99–105, 110, 118, 125, 132, 172 f., 187 f., 194, 200, 223 f., 226, 236 f.
Metaphysik der Kommunikation 99
Moderne, modern 14 ff., 22–26, 28, 30, 39, 50, 52, 55, 61, 65, 67 ff., 72, 75 f., 78, 90 f., 96 f., 98, 101, 103, 105, 108 f., 112, 117 f., 121, 128, 130–133, 137–141, 143 f., 146–149, 155, 164 ff., 169–176, 178 ff., 182, 184 f., 187–190, 193, 195, 199, 202, 204, 209 f., 214, 216 f., 220 ff., 224, 227, 229–233, 239, 241 f.
Modernisierung 13, 20–28, 32 f., 35 f., 49, 52, 56, 67, 70, 72 ff., 78, 80, 85 ff., 91 f., 94, 98, 102, 106, 109 f., 117 f., 125, 129, 131 f., 135, 140, 142 ff., 148, 150, 177 f., 180, 183–187, 189, 190, 196, 200, 202 ff., 208 ff., 216, 224 f., 239, 243
Modifikation 107 f.

Moral, moralisch 17, 41, 56 f., 80 f., 116 ff., 138, 141, 159 ff., 166, 168 f., 172 ff., 176, 178 f., 185 ff., 193, 197, 204, 224, 236, 239
Moralität 178 f.
moralische Metaphysik, Moralmetaphysik 80 f., 118, 173
nach außen kommunikationsfähig (xiàngwàitōng 向外通) 186
nachmetaphysisch 57, 100
Nationale Volkspartei Chinas (KMT, Kuomintang, Guómíndǎng 中國國民黨) 48, 63, 220
Nationalismus (mínzú zhǔyì 民族主義) 29, 43, 49 f., 52, 73, 88, 129 f., 175 ff., 180, 185, 192, 217
Nationalsozialismus 75, 77, 192 ff.
Nationalstudien, nationale Studien (guóxué 國學) 175, 177
Naturphilosophie 112, 115, 126, 138, 197
negative Dialektik 227, 232, 240 f.
Neoliberalismus, neoliberal 34, 129, 135
Neokonfuzianismus (klassischer) 79, 105, 139 f., 145, 164 f., 171, 200, 227, 231
neue äußere Königlichkeit (xīn wàiwáng 新外王) 166, 171, 179
neues China (junges China) 15, 24, 37–42, 50, 53, 174, 198
Neukonfuzianismus, neukonfuzianisch 39, 78, 87 f., 160, 164, 173, 220, 226 f.
nicht regressive Aneignung der Tradition 56, 163, 179
nicht-diskursive Kommunikation 62
Nicht-Lösung 14, 201 ff., 209
nicht-metaphysisch 100–103
Nichtidentität 118, 122, 127, 151, 154
normativ 15, 17, 23–26, 31, 32–35, 40, 42, 44, 46, 52 f., 60, 66 f., 72, 75 f., 79 f., 82 f., 84 f., 88 ff., 93, 99, 104, 109, 118, 122, 140, 146, 152, 154, 161 f., 175, 179, 188, 209, 214, 217, 221, 234, 243
normative Paradoxie 17, 32, 35, 53, 66, 83, 85, 89, 99, 214
Normativität des Paradoxen 154
Offenheit für das Zufällige 127
Öffentlichkeit der Welt (des Himmelunten) (tiānxià wéi gōng 天下為公) 184
Ohne-Tun (wúwéi 無為) 185, 123
Ökonomie, ökonomisch 11, 32 f., 43, 48, 52, 54, 65, 69, 93, 129 f., 135, 176, 183, 186, 188, 194, 209, 211, 217
Okzidentalisierung 155
Ontologie, ontologisch 101, 107, 191, 198, 200, 205, 208
Ordnung der Dinge 141, 149, 156, 233
Ost und West, Östliches und Westliches 13, 15, 21 ff., 25, 45 f., 54 f., 62, 78, 92, 99, 108 f., 121, 126 f., 131, 140, 145, 155, 196, 198, 203, 210, 215
Ostasien 26, 44, 47, 51, 55, 122, 132, 217 ff., 221 f.
paradox, Paradoxie 14 f., 17, 28, 31 ff., 35 f., 45, 50, 52 f., 60–63, 66, 72, 89, 112, 114, 117 f., 121 f., 124–128, 130, 144 f., 146 f., 149 f., 151, 153 f., 156 f., 162, 180 f., 188, 190, 195, 198–203, 206–211, 214, 233
paradoxe Kommunikation 14, 89, 109, 127, 145–148, 150, 152, 154, 180
paradoxe Konstellation 14 f., 31 ff., 35 f., 50, 52, 62 f., 66, 72, 82 ff., 87, 89 f., 98 f., 106, 203
paradoxes Sowohl-als-auch (guǐjué xiāngjí 詭譎相即) 196, 200 f., 231
Paradoxien der Moderne 131 f., 143 f., 148, 174, 202 f., 210

Paradoxietoleranz 203, 211, 243
Partikularismus, Partikularität 59, 113
Pathologie, pathologisch 32f., 66, 74f., 81, 99, 131, 142, 204, 209f., 214
permanente Revolution 90, 93, 197, 204f., 241
persönliche Gleichheit (réngé píngděng 人格平等) 184
philosophischer Diskurs der Moderne 138, 146, 232
Plötzlichkeit 92, 151f.
Pluralität, plural 26, 97, 118, 127, 136, 143
Politik, politisch 11–15, 20ff., 25–34, 39–49, 53f., 63–66, 68f., 73, 76f., 78f., 81ff., 87f., 90f., 93, 95–98, 106, 109, 111f., 122, 124ff., 129f., 134–138, 141ff., 158, 160–169, 172ff., 176, 179, 181, 183–186, 191–196, 206, 208ff., 214–217, 220f., 223f., 230f., 234–239, 241
politisches Subjekt (zhèngzhì zhǔtǐ 政治主體) 186
post-heroisches Ethos der Transformation 90
post–kommunistisch 35, 94
postkonventionell 179, 221f.
postmodern 26, 155, 217
post-revolutionär 14, 31, 90, 98, 190
Proletariat, proletarisch 27, 38, 49f.
Prozess, prozessual 20, 23, 26, 49, 51, 60, 67, 95, 112, 114, 121, 125, 131, 142, 155, 169, 177, 191, 215
Radikalismus, Radikalisierung, radikal 14, 20, 28, 30, 32, 34, 38, 43, 49ff., 54, 66, 71, 73, 77, 79f., 96f., 104f., 113f., 126, 130, 140, 145f., 156, 158, 162f., 167, 173, 175, 185, 195f., 207, 211
Rassismus, rassistisch, Rassenideologie, Rassenkampf 177, 185, 192, 215
Rationalismus, Rationalität, rational 58, 111, 143–146
Regierung des Staates (zhì guó 治國) 165
Rekonstruktion 13, 15, 21, 24, 45, 52f., 55ff., 65, 68, 80f., 87, 93, 103, 105, 115, 117f., 120, 134f., 138ff., 161, 163f., 171f., 175, 179, 186f., 209, 221, 234, 237
Religion (religiös) 43, 80, 141, 167, 172, 223, 227, 233, 237, 240, 243
Renaissance 34, 39f., 68, 70, 72, 74, 76, 85, 181, 195, 207f., 224, 234
Republik China 20, 41, 53, 63, 65, 79, 84, 88, 161, 217
Republikzeit 28, 38ff., 42, 45ff., 54, 79f., 92, 138, 148, 217f., 234
Resonanz 18, 59, 62
Responsivität, responsiv (gǎnyìng 感應) 59–62, 222
Revolution, revolutionär, Umwälzung (gémìng 革命) 12–15, 17, 20f., 26–36, 38f., 40–44, 46–56, 63–67, 73, 77, 82, 84–87, 89–99, 106–110, 113, 129, 132, 134–140, 142, 148, 156ff., 161ff., 167, 183, 189f., 192, 194, 197, 202–211, 214ff., 234, 240, 242
Revolution der Wissensordnung 21, 27, 73
Reziprozität 58f.
Richtigstellen des Herzens (zhèng xīn 正心) 165
Ritual, Riten (lǐ 禮) 141, 154, 169
Rückbesinnung 39, 71, 81, 183f.
Schmetterling 150–153, 155ff.
Selbstbehauptung 74, 176, 189, 221
Selbstbesinnung 43, 45, 71, 74, 76, 82, 90, 135, 139, 144, 146, 150, 157, 168, 175, 210
Selbstkultivierung (xiū shēn 修身, zìwǒ xiūyǎng 自我修養) 74, 80, 122,

125 f., 146, 165, 168 ff., 186, 224, 228, 235, 238
Selbstnegation 73, 80, 145 f., 173, 178
Selbstreflexion, selbstreflexiv, Selbstreflexivität (zìxǐng 自省) 24, 27, 29, 84, 142, 148, 172, 183, 195, 211, 232
Selbststärkung 74, 140, 145, 192, 221
Selbsttransformation (zì huà 自化) 24, 150, 154, 183, 188
Selbstverkehrung (zìwǒ kǎnxiàn 自我坎陷) 78, 82, 84, 144 ff., 173 f., 178, 224
Selbstverkehrung des ursprünglichen Wissens (liángzhī zhī zìwǒ kǎnxiàn 良知之自我坎陷) 173
Sinologie, sinologisch 11 ff., 17 f., 41, 53 ff., 57 f., 94 f., 112, 137, 173, 177, 179, 187, 212, 220 f., 227, 233, 238
Sinozentrismus 71, 83
Sittlichkeit 178 f., 238
sowohl immanent als auch transzendent (jí nèizài jí chāoyuè 即內在即超越) 231
Sozialdarwinismus 86, 140, 144, 192
Sozialismus, sozialistisch 13, 15, 27, 31 f., 34 f., 42 f., 45 f., 48–54, 63 ff., 75, 77 f., 84, 86–89, 91, 93, 96, 98, 129 f., 132 f., 138 f., 143, 158 ff., 162, 180, 189, 192, 194, 201, 205 f., 209, 216, 227, 234
Spontaneität, spontan 60, 119 f., 123 ff., 130, 147, 153
Sprache, Sprechen 11 f., 16, 23, 26, 29 f., 43, 59 f., 96, 131 ff., 141–144, 150, 154, 170, 176, 201, 212 f., 215
Staatsbürger (guómín 國民) 170
Struktur 68 f., 78, 83, 87, 104, 107 f., 124, 139, 146, 158, 163, 167, 194, 220
Subjekt, Subjektivität 35, 56 f., 110–128, 132, 136, 138, 143, 151–155, 161, 165 f., 172, 174 ff., 178, 186 ff., 228 f., 239
Subjektlosigkeit 110 f., 120, 127, 155
Taiwan 18 f., 63, 65, 70, 84, 88, 164, 181, 189, 218, 227, 234 f.
Teleologie, teleologisch 31, 49, 52, 82, 86, 98, 200
totale Lösung 90, 202 f., 209
Totalitarismus, totalitär 122 f., 125 f., 162, 241
Totalität 115, 125
Tradition, traditionell 16, 28, 35, 48, 56, 63–90, 94 ff., 98 f., 103, 106, 109, 114 f., 128, 135, 143, 145, 152, 158, 160–163, 168 f., 171 f., 174–177, 179 f., 189 f., 197, 200, 204 ff., 208, 220, 224, 227, 235, 237
Traditionsfeindschaft, Anti-Traditionalismus, Traditionskritik 34, 38, 77, 80, 130, 162, 176, 182, 216
Tragik, tragisch 126 f., 147
Transformation, transformativ 13 f., 20, 23 ff., 32, 40 f., 45, 62, 80, 84, 87 f., 90–100, 103–119, 123–128, 150 f., 153–157, 166, 170 f., 174 f., 177, 187 f., 196 f., 200, 202, 204–207, 209 ff., 213, 225, 231, 239 f., 242
Transkulturalität, transkulturell 13, 15 f., 18, 23 ff., 45 f., 50, 67, 74, 93, 96, 98 f., 108, 111, 125, 140, 145, 174, 178, 185, 187, 189 f., 196, 198 f., 203, 210, 214 f.
transkulturelle Dynamik 13, 16, 23 ff., 67, 96, 98, 111, 140, 145, 196
transkulturelle Formel 25, 108 f.
transkulturelle Kommunikation 46, 50, 93, 108 f., 126
transkulturelle Kritik 121, 126, 181, 199
transkulturelle Renaissance des Klassischen 74
transpositional 45 f., 93, 99, 109, 154, 157

Transzendenz, transzendent 80, 91, 100 f., 103, 113, 153, 159, 167, 188, 227, 231, 240
Traum 85 f., 149–153, 155 f.
Trauma, traumatisch 89, 209
tugendorientierter Weg des Regierens (déhuà zhī zhìdào 德化之治道) 167
Tun-ohne-zu-tun (wéi wú wéi 為無為) 124, 147
Übersetzung 16, 22, 25 f., 38, 41, 43, 53, 59 f., 91, 96, 100–104, 106, 131 f., 137, 144, 149–153, 156, 172 f., 179, 187, 217, 222–227, 229 ff., 233 ff., 237, 240
Übung 123 f., 141, 147, 157, 188, 199, 212, 227, 232
Unauflösbarkeit, Unlösbarkeit 32, 52, 90, 127, 198, 202, 209
Ungleichheit 71, 73, 134, 137, 143, 204
Universalismus, universalistisch 24, 56–59, 87, 135, 161, 163 f., 170 f., 178, 180 f., 185, 188, 220, 243
ursprüngliches Wissen, moralisches Wissen (liángzhī 良知) 173
Utopie, Utopismus 66, 167, 202, 207, 215, 219
Verdinglichung 62, 141, 156
Vernichtung 38, 44, 51, 157, 182, 185, 191 f., 195 f., 207 f., 210, 217
Versöhnung 31, 37, 42 f., 49 f., 52, 54, 56, 81, 118, 126, 165, 169, 179, 185, 237
Verwestlichung 24, 163, 183
Vitalisierung 196, 207
Volksdemokratie, demokratische Diktatur des Volkes 133, 162
Volksleben 43, 129, 218
Volksrecht 43, 218
Volkstum 43, 129, 218
Wandlung 15, 40 f., 91, 94, 96, 99–109, 125, 127, 140, 151 ff., 155 f., 167, 196 f., 200, 202, 204 f., 217, 224–227, 233, 242
Weg (dào 道) 14, 17, 22, 24, 27, 32, 35, 38, 49 ff., 67, 69, 77–84, 87 f., 91, 94, 102 ff., 106, 109, 125, 131, 135, 138, 142, 145, 150, 162 f., 166–170, 173 f., 190, 195, 202, 209, 211, 216, 224, 227, 232, 235 f.
Weg des Regierens (zhìdào 治道) 168, 236 f.
Weisheit 59, 137, 181, 208, 210, 237
Wendung ins Desaströse (zhuǎnwéi huòhài 轉為禍害) 199
Wert des Rest-Lassens, das nicht ausschöpft (yǒuyú bù jìn zhī jiàzhí 有餘不盡之價 值) 188
Wesen (tǐ 體) 54, 71, 79 f., 83, 146, 159, 181, 183 f.
Westen, westlich 24, 40, 42, 44 f., 51, 67, 69, 71, 73 f., 78 f., 83, 85, 87, 97, 100, 121, 130, 134, 139 f., 144, 148, 163, 166, 169, 182, 184 f., 189 f., 196, 198, 202, 221 f.
Widerspruch 19, 23, 33, 36, 49, 59 ff., 65, 77, 82, 100, 147, 150, 188, 197 f., 208, 210, 241, 243
Wissens-Asymmetrie 20 f.
Wissenschaft, wissenschaftlich 43, 45 f., 54, 61, 79 ff., 83, 117, 132 f., 172, 184, 186 f., 223, 235
Zeitdiagnose, Diagnose 33, 41, 60, 73, 98, 116, 136, 204
zeitgenössischer Neokonfuzianismus (dāngdài xīn rújiā 當代新儒家) 18, 56 f., 65, 116 ff., 139, 144, 147, 161, 163–166, 172 f., 176, 178, 184, 186 f., 224, 227, 235, 237
Zhuāngzǐ 97, 111–122, 126 f., 141, 143, 147–157, 166, 200, 222, 227–233, 242
Zivilisationsbruch 82, 195

Fabian Heubel hat an der Goethe-Universität in Frankfurt am Main Sinologie, Philosophie und Botanik studiert. 1995 Magister im Fach Sinologie bei Heiner Roetz mit einer Arbeit zur Selbstkultivierung im frühen Konfuzianismus. 2000 Promotion im Fach Philosophie an der TU Darmstadt bei Gernot Böhme mit einer Dissertation über Michel Foucault und die Idee einer kritischen Theorie der Selbstkultivierung. 1993–1994 als Stipendiat des Deutschen Akademischen Austauschdienstes (DAAD) Studium der chinesischen Sprache an der Fu-Jen-Universität in Taipei (Taiwan, Republik China); von 1997-1999 als Stipendiat des DAAD am Institute of Chinese Literature and Philosophy der Academia Sinica (Taipei). Ab 2001 Forschungstätigkeit an diesem Institut, seit 2013 als Research Fellow. Lehrtätigkeit an verschiedenen Universitäten in Taiwan, der VR China und in Deutschland. Von 2012-2013 Humboldt-Stipendiat an der Goethe-Universität (Institut für Sozialforschung und Institut für Sinologie). Seit 2014 assoziiertes Mitglied des Instituts für Sozialforschung. Er ist Autor von *Das Dispositiv der Kreativität* (Darmstadt 2002) und Mitherausgeber von *Dimensionen der Selbstkultivierung: Beiträge des Forums für asiatische Philosophie* (Freiburg 2013) sowie von zahlreichen Aufsätzen in chinesischer, deutscher, englischer und französischer Sprache.